ZHUCE KUAIJISHI RENQI GUANLI YINGXIANG
SHENJI ZHILIANG YANJIU

注册会计师任期管理影响审计质量研究

吴伟荣 ◎ 著

中国财经出版传媒集团

经济科学出版社
Economic Science Press

图书在版编目（CIP）数据

注册会计师任期管理影响审计质量研究／吴伟荣著
.—北京：经济科学出版社，2022.5
ISBN 978 - 7 - 5218 - 3664 - 6

Ⅰ.①注…　Ⅱ.①吴…　Ⅲ.①注册会计师 - 管理 - 影
响 - 审计质量 - 研究　Ⅳ.①F233②F239.2

中国版本图书馆 CIP 数据核字（2022）第 075645 号

责任编辑：李　军　谭志军
责任校对：郑淑艳
责任印制：范　艳

注册会计师任期管理影响审计质量研究
吴伟荣　著
经济科学出版社出版、发行　新华书店经销
社址：北京市海淀区阜成路甲 28 号　邮编：100142
总编部电话：010 - 88191217　发行部电话：010 - 88191522
网址：www. esp. com. cn
电子邮箱：esp@ esp. com. cn
天猫网店：经济科学出版社旗舰店
网址：http://jjkxcbs. tmall. com
北京季蜂印刷有限公司印装
710 × 1000　16 开　15 印张　220000 字
2022 年 5 月第 1 版　2022 年 5 月第 1 次印刷
ISBN 978 - 7 - 5218 - 3664 - 6　定价：76.00 元
（图书出现印装问题，本社负责调换。电话：010 - 88191510）
（版权所有　侵权必究　打击盗版　举报热线：010 - 88191661
QQ：2242791300　营销中心电话：010 - 88191537
电子邮箱：dbts@ esp. com. cn）

前　言

审计质量问题受到学术界的关注是因为其关系资本市场的发展和事务所的竞争优势。审计质量受到客户特征和制度环境等外部因素的影响，也受到事务所特征、非审计服务、审计师变更、关键审计事项等事务所因素的影响，注册会计师的人口学特征、执业特征、社会关系和隐性特征也会影响审计质量，但关注注册会计师任期管理的较少。本书从审计质量基本理论、注册会计师任期管理影响审计质量的机制分析、注册会计师任期管理影响审计质量的变化研究三个方面来回答这一问题。

绪论结合理论背景和现实背景挖掘出研究意义，梳理研究内容和研究方法后，提炼出本书的创新（第 1 章）。

第 1 篇我们首先梳理审计质量基本理论，包括审计质量文献综述和如何衡量审计质量。审计质量文献综述主要从外部因素、事务所因素和注册会计师角度来梳理影响因素，经济后果主要从对会计信息质量、审计治理效应、市场反应、对事务所和分析师的影响角度进行梳理（第 2 章）。审计质量的衡量包括反思现有替代变量、构建评价指标体系和优化三方面（第 3 章）。

在回答了审计质量基本理论之后，第 2 篇接下来剖析注册会计师任期管理影响审计质量的机制。首先考察签字注册会计师的背景特征会不会影响审计质量（第 4 章），其次剖析制度背景在审计师特征影响审计质量中的调节作用（第 5 章）；最后考察注册会计师执业特征对审计质量的影响，包括执业经验（第 6 章）、任期（第 7 章）和任期管理（第 8 章）。

审计质量基本理论、任期管理影响审计质量的机制问题解决后，第 3 篇聚焦于影响的变化。首先关注的是注册会计师通过任期管理实现的超长累计任期会对股价崩盘风险造成什么影响（第9章）。其次研究机构投资者持股在注册会计师超长累计任期影响审计质量中的调节机制（第10章）。

研究结论与研究展望在上述理论分析和实证分析的基础上，紧密围绕审计质量基本理论，任期管理影响审计质量的机制问题及变化等问题，探讨值得进一步研究的方向（第11章）。

本书可能的创新之处体现在：第一，重新认识了注册会计师轮换问题。目前学术界对注册会计师轮换问题的研究主要集中在强制性轮换方面，本书围绕自愿性轮换问题，研究注册会计师任期管理和过渡性注册会计师对审计质量的影响，将有助于深化对注册会计师轮换问题的研究，同时也为政府完善注册会计师轮换制度提供经验证据。

第二，深化了对注册会计师任期的认识。已有文献研究注册会计师任期主要关注其连续任期，本书考察注册会计师累计任期，关注任期管理现象，以及通过任期管理实现的事实上的超长累计任期对资本市场的影响，做了开拓性的研究工作。

第三，丰富了注册会计师审计与资本市场关系的研究。注册会计师审计对资本市场影响的路径此前鲜有探讨，本书探讨注册会计师任期管理引致的超长累计任期影响股价崩盘风险的路径，打开了这一研究的缺口。

目　录

第1篇　审计质量基本理论

第1章 绪 论

德丰和张（2014）倡导更多地从注册会计师视角研究其对审计质量的影响，已有的研究中，关注注册会计师任期管理这一现象的文献较为鲜见。

中共十八届三中全会提出，要放开对会计审计等服务业领域的外资准入限制，对内资会计师事务所而言，提高审计质量是其唯一出路。本书从这一理论背景和现实背景出发开展研究，将有助于丰富审计相关理论，拓宽研究审计质量的视野，提高注册会计师审计质量。本书利用规范分析和实证分析方法考察审计质量是什么、任期管理为什么影响审计质量、如何变化这三个问题。

本书在对注册会计师轮换问题、注册会计师任期、注册会计师审计与资本市场关系的研究上有所创新。

1.1 问题提出与研究意义

1.1.1 问题提出

1. 理论背景

学术界关注审计质量是因为其关系资本市场的发展和事务所的竞争优势，审计质量是注册会计师发现并揭露错报的概率，取决于注册会计师的专业胜任能力和独立性（迪安杰洛，1981；瓦茨和齐默尔曼，1986）。

客户特征（肖作平，2006；刘力和马贤明，2008；拉斯泰尔等，2011）、制度背景（龚启辉等，2011；德丰和伦诺克斯，2011）等外部因素会影响审计质量，事务所特征（弗朗西斯，2009；斯金纳和斯里尼瓦桑，2012）、非审计服务（贾马尔和桑德尔，2011）、审计师变更和关键审计事项等事务所因素会影响审计质量。此外，注册会计师个人特征也会对审计质量产生影响。

高阶梯队理论认为，不同背景特征的管理者对企业创新（卡梅洛－奥尔达斯等，2005）、投资（姜付秀等，2009）等方面的影响有差异。高阶梯队理论也被用于研究注册会计师背景特征对审计质量的影响，注册会计师的技能和个性会对审计质量产生影响（尼尔森和谭，2005），注册会计师的教育背景、专业技能、个性和认知风格会对审计质量产生不同的影响（纳尔逊，2009），女性注册会计师更易受到男性客户的影响（戈尔德等，2009）。德丰和张（2014）呼吁更多注册会计师视角的研究。

注册会计师与客户契约关系的长短对审计质量的影响不一致，"学习效应"认为，长任期有助于提高审计质量（约翰斯通等，2002；普华永道，2002，2013；贝克和吴，2006；美国公众公司会计监督委员会，2011b），也有观点认为会降低独立性，损害审计质量（美国参议院麦卡夫委员，1976；特纳，2002；凯瑞和西姆内特，2006；戴维斯等，2009；美国公众公司会计监督委员会，2011a）。已有研究存在如下问题：第一，关于注册会计师任期和审计质量关系的研究结论不一致；第二，只关注连续任期，鲜有关注任期管理的动机、维度及经济后果。这就为本书留下了研究的空间。在对注册会计师个人特征的研究中，从背景特征出发，进一步聚焦于其执业经验和任期，挖掘任期管理的现象，对于深入理解审计质量是什么及如何提高审计质量有重要的理论意义。

2. 现实背景

审计可以保证会计信息的可信度，进而提高资源配置效率，复杂的交易和会计标准提供了审计增加价值的潜力。美国审计职业在历史上第一次处于政府直接监管下，引发了审计市场供需变化，掀起了研究审计质量的浪潮。康美药业等舞弊案件引发了资本市场对审计质量的关注，延伸了对研究的关注。审计质量高，股东更可能获得有用信息，降低信息不对称和买卖价差，增加投资者流动性和减少资本成本。财政部和国家工商行政管理总局鼓励事务所转制成特殊普通合伙制，其中大型会计师事务所转制的时间是 2010 年 12 月 31 日前，中型会计师事务所转制的时间是 2011 年 12 月 31 日前。意味着会计师事务所开始变革，会不会提高审计质量呢？学者们也在探讨。中共十八届三中全会放开会计审计等服务业领域外资准入的限制后，国内事务所为了生存和发展，必须提高审计质量，签字注册会计师是重要的影响因素，关于注册会计师任期管理的研究目前较少。

国外市场经济发达国家规定审计轮换制度以提高审计独立性。美国于 1997 年要求项目经理在审计同一项目七年后必须轮换，冷冻期两年；2002 年，萨班斯—奥克斯利法案要求复核人和项目经理在审计同一项目五年后都必须轮换；2003 年，美国证监会进一步规定了复核人和项目经理的冷冻期为五年。我国的注册会计师轮换制度从 2003 年开始实行，签字注册会计师为客户连续提供服务不超过五年，间隔两年。但事务所会通过任期管理延长审计时间。主要包括两种情况：一种是在第四年提前轮换，第六年又回来；另一种是在所内轮换签字注册会计师，事务所任期延长。任期管理可能会对审计质量产生不利影响。雷曼兄弟在亏损被曝出前收到的审计意见都是标准无保留意见，出具审计意见的安永会计师事务所和雷曼保持了 19 年的审计关系。这一现象使审计轮换制度重新受到了监管部门和学术界的关注和反思。

1.1.2　研究意义

注册会计师是资本市场的"看门人"，其审计质量也构成了经济高质量发展的微观基础，关注注册会计师任期管理对审计质量的影响，具有一定的理论价值和实践意义。

（1）有助于丰富审计理论研究。从注册会计师任期管理视角考察对审计质量影响的文献甚少，本研究可以丰富这一领域。

（2）有助于拓宽审计质量研究视野。审计质量会给民众、社会带来巨大影响，制度背景没有形成促使事务所提高审计质量的制度压力，理论研究和监管实践中需要尤其关注。

（3）有助于提高审计质量。提高审计质量会使会计师事务所和社会受益，本研究对加强会计师事务所质量建设有指导意义。

1.2 研究内容与研究方法

1.2.1 研究内容

本书的研究思路是：从审计质量是什么、注册会计师任期管理为什么会影响审计质量、注册会计师任期管理对审计质量的影响如何变化三个方面来回答注册会计师任期管理影响审计质量的问题。

绪论首先介绍了研究的理论背景和现实背景，挖掘研究意义，概括研究内容，探讨创新点（第1章）。

第1篇我们首先回答审计质量是什么的问题，包括审计质量文献综述和如何衡量审计质量。审计质量的衡量首先反思现有替代变量，然后构建新的评价指标体系，对评价指标进行优化。

审计质量取决于注册会计师发现客户违反会计准则的能力和报告这种违规的动机，即审计质量是注册会计师胜任能力和独立性的联合产物。近年来，国内外审计质量相关的研究呈现井喷趋势，出现了审计质量相关的大量文献，我们分别从审计质量的定义、外部因素对审计质量的影响研究、会计师事务所对审计质量的影响研究、注册会计师对审计质量的影响研究和审计质量的经济后果几方面进行梳理（第2章）。

解决审计质量的衡量问题，一方面，有助于人们从定量的角度更加清晰地认识审计质量；另一方面，也为本书后面的实证研究奠定了基础。审计质量主要是通过替代指标进行间接衡量，其衡量指标主要包括事务所规模、审计品牌、盈余管理和审计收费。第3章在对现有替代变量进行反思的基础上建立了综合评价指标并进行优化（第3章）。

在回答了审计质量是什么之后，第2篇接下来回答注册会计师任期管理为什么会影响审计质量这一问题。首先探讨注册会计师人口学特征对审计质量的影响以及制度背景的调节机制；接着考察执业特征对审计质量的影响，在对注册会计师执业经验分析的基础上，进一步考察了既有任期和预期任期对审计质量的影响；在研究任期的影响时，发现了任期管理的现象。

第 4 章关注人口学特征对审计质量的影响，发现年长的注册会计师主持项目的审计质量更高、学历高的注册会计师主持项目的审计质量更高、女性签字注册会计师所主持项目的审计质量更高；此外，签字注册会计师背景特征对审计质量的影响在特殊普通合伙制和有限责任制中有差异。

第 5 章利用 1992～2019 年的 A 股上市公司财务数据，以及中国注册会计师协会网站手工收集的注册会计师的信息，采用固定效应回归模型，考察审计师特征对审计质量的影响。女性注册会计师负责的审计项目质量更高，高学历的注册会计师负责的项目审计质量更更高，合伙人注册会计师负责的审计项目质量更高，党员注册会计师负责项目的审计质量更高。政府监管、媒体监督正向调节上述影响。研究表明，审计师特征和制度背景是影响审计质量的重要因素。

第 6 章关注注册会计师执业经验对审计质量的影响，研究发现签字注册会计师执业经验与审计质量存在先升后降的影响作用。进一步研究发现，政府监管、会计师事务所规模正向调节签字注册会计师的执业经验对审计质量的影响。

第 7 章着重运用高层梯队理论和公共压力理论，以我国 1992～2019 年上市公司为样本，考察了在媒体监督的作用下，签字注册会计师的既有任期和预期任期对审计质量的影响。结果发现：签字注册会计师既有任期和审计质量之间是"U"形关系，预期任期和审计质量之间是正相关关系；媒体监督在既有任期影响审计质量中起到了正向调节作用，但在特殊普通合伙制中强于有限责任制，在非国有公司中强于国有公司；媒体监督在预期任期影响审计质量中未起到调节作用。

第 8 章关注任期管理对审计质量的影响，发现注册会计师任期管理降低了审计质量，过渡性注册会计师的审计质量也降低了，政府监管抑制了上述两种作用的发挥。

第 3 篇关注任期管理影响审计质量的变化问题，先考察任期管理情形下的超长累计任期对股价崩盘风险的影响，进一步考察机构投资者持股在注册会计师超长累计任期影响审计质量中的调节机制。

从现实中不难发现，在注册会计师强制轮换制度下，出现了大量任期管理现象，来实现事实上的超长累计任期，以延长对客户的审计时间。这一现象会影响审计质量吗？目前学术界关注不够，且结论也不一致。第9章关注超长累计任期对股价崩盘风险的影响，研究发现注册会计师超长累计任期会增加股价崩盘风险，非效率投资在其中发挥完全中介效应，信息披露发挥部分中介效应。

机构投资者因为持股数量多，故而有较强的监管动机；并且监管成本较低，因为其经验丰富、信息渠道广、信息处理能力专业。通过主动监管，机构投资者获得的价值更多。机构投资者会主动干预公司治理来增加信息的披露，改善信息环境。因此，可以合理预期，机构投资者对于其观察到的管理层隐藏坏消息的行为会进行适度的干预，对于其注意到的注册会计师与管理层合谋的行为也会予以适度的监督。第10章从机构投资者持股视角，考察其在注册会计师超长累计任期影响审计质量中的调节机制。

研究结论与研究展望在上述理论分析和实证研究的基础上，紧密围绕审计质量是什么、注册会计师任期管理对审计质量的影响及变化的问题，提出可能的政策启示和探讨未来的研究方向（第11章）。

本书研究的思路如图1-1所示。

1.2.2 研究方法

（1）规范分析法。本书从理论上分析了注册会计师人口学特征和执业特征对审计质量的影响，执业特征中着重分析了执业经验、任期和任期管理的影响，并且分析了制度环境的调节机制，通过判断和推理来寻找可能的更好对策。

（2）实证分析法。在实证研究部分运用了工具变量法、索贝尔中介因子检验方法和倾向得分匹配法等方法，以解决内生性问题和传导路径问题。

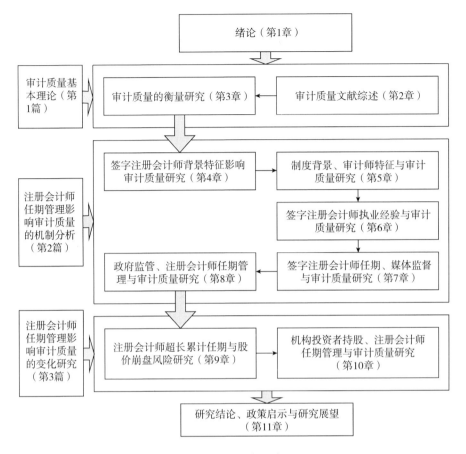

图 1-1　研究思路

1.3　创新之处

本书通过对现有研究的系统梳理，着重运用新制度经济学、管理学和财务学理论，采用规范分析和实证分析等研究方法，首先回答审计质量是什么，其次分析注册会计师任期管理为什么会影响审计质量，最后分析注册会计师任期管理对审计质量的影响如何变化，力求在如下几个方面有所创新：

（1）关注注册会计师任期管理的现象，将对注册会计师个人特征的研究从人口学特征的视角转移到执业特征视角。在德丰和张（2014）的呼吁下，注册会计师视角的研究开始兴起，但目前主要是关于人口学背景特征的研究，从执业特征视角进行深度挖掘，探究经验、既有任期与预期任期和任期管理对审计质量的影响，将审计质量影响因素又开启了一扇新的窗户。

（2）重新认识注册会计师轮换问题。目前学术界对注册会计师轮换问题的研究主要集中在强制性轮换方面，而较少涉及自愿性轮换问题。本书考察注册会计师任期管理和自愿轮换情形下过渡性注册会计师对审计质量的影响，为后续进一步完善注册会计师轮换制度提供经验借鉴。

（3）重新认识注册会计师任期。已有研究注册会计师任期的研究主要关注注册会计师的连续任期，本书考察注册会计师累计任期，关注任期管理现象，以及通过任期管理实现的事实上的超长累计任期对资本市场的影响，做了开拓性的研究工作。

（4）丰富了注册会计师审计与资本市场关系的研究。审计质量如何影响资本市场一直是一个黑箱，本书剖析任期管理情形下注册会计师超长累计任期对股价崩盘风险的影响，打开了审计影响资本市场箱子的一角。

另外，本书通过理论研究为实际提供经验证据，从注册会计师、事务所和政府角度为促使会计师事务所提高审计质量提出了具有一定理论参考价值的对策和建议。

第 1 篇

审计质量基本理论

第 1 篇我们首先回答审计质量是什么的问题，包括审计质量文献综述和如何衡量审计质量。审计质量文献综述从审计质量的定义、外部因素对审计质量的影响、会计师事务所对审计质量的影响、注册会计师对审计质量的影响和审计质量的经济后果几个方面进行梳理。审计质量的衡量首先反思现有替代变量，其次构建新的评价指标体系，对评价指标进行优化。

第 2 章　审计质量文献综述

审计质量受到注册会计师专业胜任能力和独立性的影响。迪安杰洛（1981）发现，大规模会计师事务所更独立，不会为了维系客户而冒审计失败的风险，审计质量更高。西穆内克和斯坦（1989）发现，四大会计师事务所有动力提供高审计质量来维持其建立的品牌声誉。很多研究关注四大会计师事务所和非四大会计师事务所审计质量的差异，发现四大会计师事务所的风格保守、审计质量高（弗朗西斯和克里希南，1999）。

四大会计师事务所有很多的分所。迪安杰洛（1981）从分所角度展开的研究发现，特定客户对某会计师事务所来说可能不重要，但却是分所重要的客户。克里希南（2005）等陆续研究分所的审计质量。弗朗西斯和于（2009）发现，四大会计师事务所大的分所拥有更多的专家，审计质量更高。

从分所角度继续延伸，德丰和弗朗西斯（2005）开始关注注册会计师对审计质量的影响。陈等（2010）发现，在投资者保护的环境下，注册会计师的独立性受客户重要性的影响。

审计质量的研究主要从外部因素对审计质量的影响研究、会计师事务所对审计质量的影响研究、注册会计师对审计质量的影响研究和审计质量的经济后果四个方面展开。

2.1　审计质量的定义

审计质量关系资本市场的健康发展以及会计师事务所的竞争优势，几十年来一直作为审计领域的研究重点而广受关注。在实务界，审计质量通常被定义为审计师遵守审计准则的程度（克里斯·赫曼等，2001），2003年美国审计总署对审计质量的含义做出了阐释，审计质量是指审计师在审计财务信息的合理性时必须按照注册会计师审计准则中规定的规范程序来实施。但是在学术界，审计质量尚无明确而统一的定义。究其原因，审计质量是一个抽象的概念，很难直接衡量，在审计研究中也只是寻找一些代理变量进行表示，同时，不同学者也分别从不同角度对审计质量进行了阐释。

迪安杰洛（1981）的观点最具代表性，他将审计质量定义为注册会计师在审计过程中充分发挥自身行业自主性和独立性，发现企业的违规现象，并将这种违规现象向企业外部的利益相关者进行披露。在这种观点中，实际上将审计质量看成是一个二元变量：审计成功和审计失败，这也是目前学术界大部分人都认同的观点。瓦茨和齐默尔曼（1981）同样认为审计质量为注册会计师发现被审计单位内部的违规行为，并发现注册会计师发现和报告违规行为的概率受到专业能力和审计独立性等因素的影响。德丰和张（2014）认为这种观点同样导致了一个问题：一部分审计研究人员将审计质量定义一个"非黑即白"的二元过程，认为审计师的责任只是保证企业的报表合规（如果审计人员事实上不是独立的，或者独立审计人员由于未能按照公认会计原则的要求收集足够的证据而错误地发布了一份审计报告，则会发生审计失败，对利益相关者造成损失）。这实际上低估了审计质量，审计质量应该是一个确保财务报告质量的持续结构，高质量的审计为高质量的财务报告提供了更大的保证。因此，他们将更高的审计质量定义为"以财务报告制度和固有特征为条件，确保财务报表真实反映公司的基本经济状况"，他们还认为没有一个单一的指标能够完整描述审计质量。弗朗西斯（2011）认为，传统上将审计质量二分法的观点固然很重要，但是也存在着一些局限性，所以他也认同将审计质量连续化处理的观点，即聚焦于审计业务本身，从审计全流程（审计投入、审计过程、审计的经济后果等）来综合衡量审计质量。除此上述观点之外，奥尔森（1980）认为，可以用注册会计师降低被审计单位和外界审计报告使用者之间的信息不对称程度来衡量审计质量。蒂特曼和特鲁曼（1986）以及贝蒂（1989）以注册会计师向投资者提供的信息的准确性来定义审计质量，信息的准确程度越高，其相对应的审计质量也就越高，反之则相反。西穆内克和斯坦（1987）认为，高质量的审计报告应具备真实可靠和独立客观的特点，因此他们将审计质量定义为确保审计报告中不存在重大错报漏报。李等（1999）认为，审计质量由教育和审计技术共同决定，教育水平越高，审计质量也就越高，注册会计师对存在重大错报的审计报告没有出具非标准审计意见的概率其实是对审计质量的一种表述。

　　国内也有一些学者对审计质量的定义进行了研究，总体来看是滞后于国外的，其中张龙平（1994）是最早研究审计质量定义的，同时也是最具代表性的。他认为审计质量和新会计报表的可信程度（即审计工作的优良程度）具体表现为审计人员的质量和审计过程（包括审计计划、外勤工作和报告三个阶段）的质量，最终体现为审计报告的质量（符合性和可靠性）。王广明（2002）将审计质量等同于财务报告质量，并认为二者呈现出明显的正相关关系。孙宝厚（2008）将审计质量分为狭义和广义：狭义的审计质量指的是审计报告和被审计单位现实状况的吻合程度；广义的审计质量是在狭义审计质量的基础上，进一步考察对审计需求的满足程度。二者的差异在于，狭义审计质量孤立地看待审计报告与被审计单位现实状况之间的关系，广义审计质量就是在狭义审计质量基础上，同时考虑外在需求及对审计需求的满足程度。这种及满足程度越高，审计质量就越高；同样，满足程度越低，审计质量就越低。谭楚月和段宏（2014）对以往审计质量研究文献进行了反思，主张换一种思路（案例研究法）进行研究：该方法将审计质量定义为参与审计工作的注册会计师能力（发现被审计单位违规现象的发现能力和将其对外报告的能力）。张宏亮等（2016）将审计质量定义为一种联合可能性，即注册会计师在审计过程中发现被审计单位有违规的行为并且在审计报告中真实披露的可能性。

　　综上所述，随着学术界对审计质量研究的不断深入，学者们也分别从不同方面对审计质量加以定义，但是迄今为止没有任何一种观点能够准确无误地阐释审计质量，也没有没任何一个指标能够单独的衡量审计质量。

目前国内外学术界最为推崇的观点是迪安杰洛（1981）的"二元观点"，但是最近几年，弗朗西斯（2011）以及德丰和张（2014）的"连续性"连续性观点也在逐步兴起。

2.2 外部因素对审计质量的影响研究

审计质量是审计服务的核心，受审计师、客户、监管部门和投资者等因素的影响。已有研究主要从审计师特征、客户特征和制度环境角度展开研究。研究发现，事务所的声誉和组织形式会影响审计质量；大规模的会计师事务所拥有的人、财、物资源更丰富，审计经验和质量控制程序更好，审计质量更高；但是大事务所如果出现"店大欺客"的现象，则审计质量会降低。客户的特征也会影响审计质量，因为审计对象是客户提供的财务报告。审计还要受到法律法规等制度因素的影响。

2.2.1 客户特征对审计质量的影响研究

客户的治理结构、盈余质量和集团审计会影响审计质量。内部控制和内部审计是公司治理的重要部分，阿什保－斯卡夫等（2008）研究发现，内部控制的缺陷会带来审计质量的降低。方红星等（2009）发现，内部审计会影响审计意见和审计质量。张敏等（2011）发现，机构投资者持股比例会影响审计质量。陈小林和林昕（2011）发现，盈余质量不同，收到的审计意见也会不一样。崔文迁和陈敏（2010）发现，非经常性损益的不确定性与审计质量负相关。胡继荣和王耀明（2009）发现，对持续经营的重大疑虑会影响审计意见。

近年来，集团企业作为一个整体聘任审计师的现象增多起来。集团统一安排的审计是否能够提高审计质量呢？陆正飞等（2012）研究发现，小规模会计师事务所开展集团统一审计会降低审计质量，大规模会计师事务所开展统一审计，审计质量没有显著变化。魏志华等（2009）发现，非家族上市公司有更高的审计质量，陆正飞等（2012）发现，客户重要性对审计质量的影响随着制度环境的变迁而改变。

企业信息披露质量高，倾向于聘任高质量审计师，以传递更好的信号给市场（洪金明等，2011）。上市公司的不合规披露和舞弊会影响审计师行为（王遥，2008），研究发现，上市公司被处罚的当年及后续年份非标准意见的出具可能性更高，而且审计收费更高（朱春艳和伍利娜，2009）。

审计委员会对于审计质量也产生影响，刘力和马贤明（2008）研究表明，审计委员会成立的时间对审计质量有显著的正向影响。

弗斯等（2007）分析了股权结构、董事会结构与会计师事务所规模对以下盈余信息含量变量的影响：（1）盈余反应系数；（2）操控性应计；（3）审计意见类型。研究表明，地方政府控股企业和民营企业收到非标准审计意见的概率高，审计质量较高。监事会总人数越多，审计质量越低；独立董事比例越高，审计质量越低。王等（2008）发现，国有企业对高质量审计的需求不足，而民营企业更愿意聘请高质量的审计师来缓解其代理成本。

2.2.2　制度背景对审计质量的影响研究

1. 法律环境

相比于投资者保护较为成熟的国家来说，中国审计师承担的诉讼风险一直很低。在 2001 年之前，没有审计师由于审计失败承担民事赔偿责任的情况。如果审计师违反规定，监管部门会进行公开谴责、行政处罚、取消证券业务许可之类的处罚，法院不会受理投资者起诉上市公司和审计师获取赔偿的案件[①]。由于一系列舞弊事件（银广夏等）的爆发，2002 年 1 月 15 日最高人民法院发布《关于受理证券市场因虚假陈述引发的民事侵权纠纷案件有关问题的通知》，通知规定，当事人提起民事诉讼以监管机构查处结果为依据的，人民法院予以受理。证券民事赔偿诉讼是由虚假陈述导致的就有一个前提条件：即起诉必须具有监管部门的生效处罚决定。贾军（2002）认为这个通知太粗糙，不具有可操作性。最高人民法院于 2003 年

---

① 见《最高人民法院关于涉证券民事赔偿案件暂不予受理的通知》。

1月2日发布了《关于审理证券市场因虚假陈述引发的民事赔偿案件的若干规定》，详细规定了审计师虚假陈述导致民事赔偿诉讼的规定，但对诉讼时效仍然是以相关部门的行政处罚和法院的刑事处罚为基础计算。这些规定，尤其是2003年的规定，给投资者带来了因虚假陈述获取民事赔偿的希望。2002年1月18日，中仑金通上海律师事务所代理京、沪三位股民向哈尔滨中级人民法院起诉了大庆联谊石化股份有限公司、哈尔滨会计师事务所及12名大庆联谊董事会成员以及3名审计师等。这是国内第一家因虚假陈述被起诉并予以受理的案件。但是，由于各种原因，哈尔滨会计师事务所及3名审计师最终没有被列入被告（《法制日报》，2006年12月24日）。

赵彤刚（2007）发现，在2002年以后因虚假陈述被投资者告上法庭的约30家上市公司中，只有7家涉及会计师事务所审计责任。皮斯托和徐（2005）发现，到2005年底，还没有上市公司和事务所因为虚假陈述而承担民事赔偿责任[①]。著名的银广夏舞弊案经历5年的官司，在2005年结案时审计师不用承担赔偿责任。皮斯托和徐（2005）认为，最高人民法院在2002年和2003年出台的关于虚假陈述民事赔偿的规定没有对审计师产生威慑。原因可能包括：首先，由于各地存在的地方保护主义，上市公司所在地的中级人民法院在审计案件时可能会有"本土偏好"（卢布曼，1995）。其次，岳敬飞和何军（2006）等发现，中国的法官缺乏证券方面的专业知识；皮斯托和徐（2005）也认为，法院需要掌握这些专业知识是需要一个过程的。最后，黄健（2009）发现，最高法院2002年和2003年的规定在裁定侵权行为、明确归责原则等方面缺乏操作性。

中国法律环境在2006年发生了变化。一方面，2006年1月1日，新证券法和新公司法生效。新法律明确要求审计师如果因虚假记载、误导性陈述或者重大遗漏给他人带来损失的，应承担连带赔偿责任。新法律以法律

---

① 皮斯托和徐（2005）文中民事赔偿案件的统计日期是到2004年4月，发现还没有一起判决公司或审计师承担民事责任的案例。我们对该文中表3的案件进行了进一步追踪分析，发现我国出现的第一起证券民事赔偿案是大庆联谊案，它经历近5年的起诉、上诉、执行等民事程序后，于2006年12月4日，律师一次性领取到执行款907万元，被称为"中国证券民事赔偿第一案"的"大庆联谊案"终于画上了句号。

条文规定审计师的民事赔偿责任，高于高院的通知和规定。2007 年 6 月 15 日施行的《最高人民法院关于审理涉及会计师事务所在审计业务活动中民事侵权赔偿案件的若干规定》进一步明确了涉及审计师民事侵权赔偿案的"审计过失"界定、"利害关系人"界定等相关问题。这就使审计师承担民事责任的法律规定得到完善，"证券民事赔偿的基础性法律制度建设逐渐走向完善"（宋一欣，2006）。另一方面，法院也加强了对法律规定的执行力度。根据新法律的规定，湖北蓝田股份的投资者于 2005 年 11 月 21 日起诉了华伦会计师事务所和管理层，2006 年 7 月 31 日，法律判决公司高管赔偿 548 万元。蓝田股份第二批证券民事赔偿案的赔偿金额为 260 万元。

米新丽（2009）认为，蓝田股份是会计师事务所承担赔偿责任的第一案，表明法院加强了法律执行力度。随后，湖南天一科技股份有限股份因虚假披露信息被起诉，共同被告天一科技股份有限公司和天职国际会计师事务所承担民事赔偿责任。宋一欣（2006）发现，中国证券民事赔偿活动从 2005 年底开始进入了活跃期。这些案件传递的信号是：政府通过法律手段①打击证券市场虚假陈述是可信的，审计师面临的潜在诉讼风险转换成了可预期风险。对于具有负面报道的公司，为了规避可能存在的诉讼风险，审计师为了降低自己的预期损失不会盲目迁就客户。因此，投资者保护程度、民事法律责任等一系列外在的其他制度要素也会影响审计质量。在做出审计判断时，注册会计师会考虑可能会面临的法律惩戒（王爱国和尚兆燕，2010）。

诉讼仲裁、违规处分等法律风险与非标准审计意见显著正相关（冯延超和梁莱歆，2010），法律标准的不确定性程度的提高、审计准则与法律标准之间差距的增加都会降低审计质量（刘更新和蔡利，2010），因为国际"四大"会根据我国的法律背景自行调整其审计质量策略（王兵等，2011），审计策略会影响审计风险和审计结果（赵保卿和朱蝉飞，2009），而且实际处罚中的"重师轻所"（吴溪，2008）处罚方式也为事务所规避法律责任提供了一定的操纵空间。在法制不那么发达的地方，本地审计师

---

① 同时，法院也加强了对内幕交易、操纵市场等行为的民事赔偿方面的执行力度。2008 年 2 月第一起内幕交易民事赔偿诉讼案就被南京中院受理（于海涛，《21 世纪经济报道》，2008 年 8 月 4 日）。

审计质量相对较低，因为其面临的职业约束更低（白云霞等，2009）。叶建芳等（2010）发现，不同法系的制度背景不同，大陆法系国家的审计质量低于英美法系国家。

2. 政府监管

审计的准公共产品性质导致审计市场离不开政府监管。已有研究发现，政府一方面通过监管提高了审计质量，另一方面通过其控制审计市场的能力损害了审计质量（龚启辉等，2011）。在经济转型过程中，国有企业融资中政府软约束对审计具有替代性，对审计质量产生了不良影响（王少飞等，2009），不过当前审计监督体制——财政部门行政监管与注册会计师协会行业自律监管并重——审计质量显著提高，非"四大"事务所质量上升较为明显（李长爱和申慧慧，2008）。2001 年要求强制披露审计收费信息后，审计收费的差距缩小，但审计收费的降低不利于审计质量的提高（方军雄，2010）。中天勤之后出台了一系列监管政策，审计师发表非标准审计意见的概率降低了（辛清泉和黄崑，2009）。

政府监管规范审计工作的开展，明确界定可能出现的责任后果。研究表明，民营企业对高质量审计的需求更强烈，选择本地大型会计师事务所的偏好更明显，这种促进效应在法制环境发达的地区更明显（郑军等，2012）。

3. 媒体监督

媒体监督和政府监督有利于提高审计质量（吴伟荣和刘亚伟，2015），并且审计质量受媒体负面报道的影响呈上升趋势（周兰和耀有福，2018）。

4. 准则影响

从原则导向的会计准则和规则导向的会计准则的作用来看，客户实现审计意见收买的方式之一是要求注册会计师出具带强调事项段的无保留意见，收买方法主要表现为审计意见中审计师对原则导向会计事项的强调；2003～2006 年审计报告准则的限制性规定和偏规则导向会计准则也一定程度上遏制了上市公司的上述行为（颜延和张为国，2009）。

刘明辉等（2003）发现，脱钩改制、合并重组和审计准则的不断完善提高了审计师的专业胜任能力和独立性。卡斯特雷拉等（2009）发现，存在同业评鉴缺陷的事务所更容易发生审计失败。德丰和伦诺克斯（2011）

发现，参加美国注册会计师协会同业评鉴的会计师事务所审计质量较高；同业评鉴结果差的审计质量较低。参加美国公众公司会计监督委员会检查的会计师事务所审计质量较高，在美国公众公司会计监督委员会检查中表现较差的事务所审计质量比较低。

德丰等（1999）发现，中国的审计环境在 20 世纪末发生了一些变化，并且影响了注册会计师独立性和市场占有率。财政部于 1992 年和 1993 年颁布的与注册会计师法律责任有关的规定增加了注册会计师的法律责任，提高了他们的努力程度和独立性，进而提高了审计质量。借鉴国际审计准则，财政部 1995 年推出的新审计准则更加严谨，提高了注册会计师的独立性和审计质量。德丰等（1999）发现，1995 年公布的与财务报告格式披露和合并报表有关的两个新财务会计准则提高了财务报告的复杂度，进而提高了审计师发现错误的概率，增加了注册会计师出具非标准审计意见的概率。实证结果确实发现注册会计师独立性提高了，非标准审计意见出具的概率增加了，在大所表现更显著。但德丰等（1999）发现了另一个现象，当大所在外生监管的压力下提高了审计质量时，与之相随的却是市场占有率的下降。

2.3　会计师事务所对审计质量的影响研究

2.3.1　事务所特征对审计质量的影响研究

事务所特征影响审计质量的主要有组织形式及声誉、竞争力和规模等因素。

1. 事务所组织形式及声誉对审计质量的影响研究

在存在多个客户的情况下，不同组织形式和审计师不同诚信水平会对审计质量造成影响（刘斌等，2008），这反映了不同权责结构下，审计质量的不同（孙永军和丁莉娜，2009）；审计质量是事务所之间竞争的重要筹码，通常会计师的地区竞争优势越大，审计质量越高（原红旗和韩维芳，2012）。声誉是会计师事务所的品牌，声誉对提高审计质量发挥着明显的激励作用（陈辉发等，2012），事务所声誉是审计质量的重要影响因素（孙永军和丁莉娜，2009）。

陈艳萍（2011）发现，我国审计市场有一定的垄断竞争特点，刘桂良和牟谦（2008）也认为，审计市场集中度高、进入壁垒高，审计质量高。赖克莱特和王（2010）发现，由于审计实务经验丰富和声誉考虑，具有行业专长的审计师审计质量较高。

2. 事务所规模对审计质量的影响研究

刘笑霞和李明辉（2012）认为，规模大的事务所拥有的人财物丰富、培训和激励晋升机制科学，审计质量高；但郭照蕊（2011）认为，大规模事务所提供的审计质量不一定高；宋衍蘅和肖星（2012）也承认，规模和质量之间的关系尚未达成共识。事实上，规模和审计质量的关系在特定条件下才成立。王良成和韩洪灵（2009）发现，即便规模相同，客户盈余管理程度不同，审计质量也会不同。王兵和辛清泉（2010）发现，分所尤其是非"十大"事务所的分所审计质量较低。王兵等（2011）发现，"四大"也会结合当地的法律背景对审计质量策略进行调整；宋衍蘅和肖星（2012）发现，事务所采取的审计质量策略随着监管风险的调整而调整，监管环境改善后，事务所规模大，审计质量高。

弗朗西斯和于（2009）研究发现，分所规模越大，审计质量越高。陈等（2011）发现，事务所规模越大审计质量越高的关系，在民营企业体现更明显。

3. 事务所合并对审计质量的影响研究

事务所的合并能够提高审计质量（曾亚敏和张俊生，2010），这种合并会降低客户的盈余管理程度，有助于提高客户的财务报告质量。会计师事务所通过强强合并可以提高客户的财务报告质量，但强弱合并则影响不显著（张俊生和曾亚敏，2011）。陈和吴（2011）用合并数据——准租提高（提高独立性的动因），但合并当年度不会立即增强查账能力，且事务所的品牌尚未建立（先前本土事务所的市场占有率都不高），以及限定客户与审计师组合不变的样本——来分析准则与独立性的相关性。由于合并提高合并后会计师事务所的准租，审计质量将因而提升。他们进一步将合并样本区分为两种情况：复项执照合并——两个（或多个）已经具备证券期货业务的会计师事务所合并（M 组），单一执照合并——一家具备证券期货业务的会计师事务所合并其他不具备证券期货业务的会计师事务所（S 组），研究发现并购对于审计质量的影响在 M 组较大。

2.3.2　非审计服务对审计质量的影响研究

安然事件和《萨班斯—奥克斯利》法案的颁布表明，管理咨询业务可能会影响注册会计师的独立性。叶少琴和刘峰（2005）研究认为，审计与管理咨询业务分拆与否，市场竞争决定是合适的。

长期以来，非审计服务是否影响独立性受到关注。刘星等（2006）研究发现，非审计服务的提供并不会影响审计独立性。董普等（2007）研究发现，非审计服务提高了审计质量，非审计类鉴证服务对审计质量的改善作用要强于非鉴证类服务。李晓慧和刘钧（2011）研究发现，非审计业务是一把"双刃剑"，其规范发展需要政府监管。李晓慧和庄飞鹏（2015）研究发现，事务所发展的非审计业务总体上发挥的是正面作用，在非国有企业可能会存在消极作用。唐清泉等（2018）研究发现，如果聘请审计师提供并购尽职调查，审计质量会降低；并购资产规模与审计质量的降低之间呈正相关关系；并购尽职调查人员参与审计工作的程度与审计质量负相关。在政府大力推动注册会计师行业发展非审计服务时，庄飞鹏（2019）研究发现，在法制环境欠完善的地区，如果企业为非国有企业，或会计师事务所为本地所时，企业联合购买的非审计服务规模与审计质量负相关。

2.3.3　审计师变更对审计质量的影响研究

关于审计师强制变更对审计质量的影响，已有研究结论并不一致。一种观点认为该政策未达到预期所要提高的审计质量目标。如李爽和吴溪（2006）通过研究我国证券市场中签字审计师的自然轮换制度所产生的影响，发现会计师事务所与其客户的长期业务关系是以个别审计师的长期连续签名的方式维系，而签字审计师的强制轮换制度对于提高会计师事务所发现上市公司的潜在财务问题的作用是有限的。沈玉清等（2006）利用我国 A 股首次执行强制轮换制度的上市公司数据，通过对比强制性与自愿性签字注册会计师更换以及自愿性会计师事务所更换研究其对盈余质量的影响。结果显示，自愿换所后的第一年的盈余质量低于强制换师后的盈余质量，但无论是自愿换师还是强制换师，该公司更换以后的第一年盈余质量并未发生显著变化，由此认为审计师的强制轮换制度并不能有效提高盈余质量。蒋心怡和陶存杰（2016）以 2009～2013 年我国沪深 A 股上市公司为研究对象考察签字审计师强制轮换后的经济后果。实证检验表明，经强制轮换以后的审计师若再次为强制轮换前的上市公司提供审计服务，会带来低质量的审计。

另一种观点认为，只有在极少数情况下审计师轮换才有助于提高审计质量。譬如西穆内克等（2017）通过在计量模型中加入或有费用（即预期未来租金的现值和）分析审计师任期与审计质量关系的研究发现，国家层面的审计标准和法律制度能影响强制轮换制度对审计质量的作用。

签字注册会计师强制轮换制度是为了避免审计任期过程对独立性产生的负面影响。但是张娟等（2011）发现，强制轮换制度并没有提高审计质量。原因可能包括：龚启辉和王善平（2009）发现现有的惩罚性规制不到位；张娟等（2011）发现存在规避强制轮换制度的行为，而且新任审计师的专业胜任能力下降；王少飞等（2010）发现跟随签字注册会计师跳槽的客户一般盈余管理程度更高，审计师变更前审计质量就更差；王兵等（2011）发现会计师事务所根据法律背景对审计质量进行了调整。

部分研究发现，审计师轮换提高了审计独立性和审计质量，有助于实现客户资源控制权个人化向事务所化的转变（龚启辉等，2011）。不过也有研究发现，变更后项目负责人的执业经验显著低于连续审计，而且越是中小规模的事务所越明显（吴溪，2009），因此审计质量提高幅度可能不高。此外，公司变更审计师的时间与继任审计师的质量负相关（田野和陈全，2011），即审计质量会随变更时间的延长而下降。吉等（2009）发现，合伙会计师轮换制度没有提高审计质量，新手审计的盈余质量反而较差，表明客户专属经验对审计质量非常重要。弗斯等（2012）发现，注册会计师可能会在强制轮换后重新为原客户服务；谢盛纹和闫焕民（2013）发现，客户还可能会跟随注册会计师跳槽，出现换所不换师的现象；吴伟荣和李晶晶（2018）发现，注册会计师会通过在第四年进行自愿轮换一年后又回来的任期管理手段实现事实上的长任期。

2.3.4　关键审计事项对审计质量的影响研究

关键审计事项是指审计师根据职业判断认为对本期财务报表审计最为重要的事项。披露的关键审计事项包含信息数量多少与审计质量正相关，并且二者的正向关系在公司内部治理水平较低的公司中更为显著（郭葆春等，2019；孙娜等，2020），即披露的信息越多，其公司的股价同步性越低（王木之等，2019；徐硕正等，2020），会计的稳健性越高（洪金明，2020），因而审计质量越高（杨明增等，2018；张金丹等，2019；聂萍等，2020）。但财务报告的审计质量并未受到关键审计事项是否披露的影响，而是市场感知这一维度的审计质量对关键审计事项的披露有着明显的反应（张金丹等，2019）。可能有以下几种途径提高审计质量：第一，关键审计事项的披露增加了审计报告的信息含量，提高了年报信息质量，提高了其沟通价值（王艳艳等，2019），提高了上市公司透明度（谢晓娟，2020；陈淑辉，2020），有利于增强审计师的责任意识，保持职业怀疑，从提高审计诉讼风险方面间接提高了审计质量（张玉秋，2020）；第二，新审计报告准则的实施一方面对审计师的执业能力提出了更高的要求，增加了事务所所承担的法律风险，要求会计师事务所加强审计质量控制（张凤丽等，2019），另一方面深化了审计内容的工作和要求（张凤丽，2018），可以带来更多的增量信息（黎仁华等，2019），使公司有着更强烈的意愿与审计师进行沟通（吴蔚，2019），从而提高了审计质量。

2.4　注册会计师对审计质量的影响研究

2.4.1　注册会计师人口学特征对审计质量的影响研究

学者们开始关注签字注册会计师对审计过程的重要影响。纳尔逊和坦

（2005）发现，审计意见是由注册会计师执行一系列工作而发表的，注册会计师的技能和个性会影响这一结果。纳尔逊（2009）发现，注册会计师的能力、独立性、认知风格和经验对影响审计质量。

弗朗西斯（2004）发现，审计质量的早期研究是从会计师事务所或分所角度展开的，而注册会计师的特点对审计质量的重要影响在近几年才开始受到关注。前证监会专员史蒂文·沃尔曼（1996）建议应从注册会计师、分所和其他因素角度评价注册会计师的独立性。德丰和弗朗西斯（2005）建议，审计质量的研究可以延伸到注册会计师角度了。彻尔迟等（2008）建议多考虑注册会计师的个体特点对审计报告的影响。弗朗西斯和于（2009）发现，激进的注册会计师倾向于设立较高的非标准审计意见的门槛，对盈余管理的容忍度也更高。

注册会计师的行为也受事务所质量控制机制影响。杰佩森（2007）发现，会计师事务所通过审计程序的保准化、重要决策的统一制定、风险的集中控制和对注册会计师异质性的社会化来维持其审计质量的一致性。

1. 性别

哈迪斯等（2010）发现，女性和男性在风险偏好、解决问题的能力和认知风格上不同。戈尔德等（2009）发现，女性注册会计师更易受到男性首席财务官的影响。费勒和马基耶夫斯基（2007）发现，女性在与财务相关的问题上更保守和倾向规避风险。施丹和程坚（2011）发现，女性审计师审计质量更低。

由于男性比女性更加激进、更容易冒险，已有学者多认为相比男性审计师，女性注册会计师有着更高的审计质量。如张兆国等（2014）认为，相比男性审计师，女性在工作中会更加细致和认真，会严格控制风险，因此有着更高的审计质量；施丹和程坚（2011）以我国沪深 A 股上市公司为研究样本，探讨了签字注册会计师性别差异和团队的性别组成对审计质量的影响。研究结果表明，虽然审计师的性别组成对审计质量并没有显著的作用，但当注册会计师为女性时能够增加负向的操纵性应计利润。此外，何等（2021）利用审计师性别和年龄所组成的人口特征多样性数据研究发现，签字审计师的多样性越高，审计质量越高。但是古尔等（2013）在考察中国审计师和审计结果的关系中并未发现女性审计师的审计质量显著高于男性的证据。

2. 年龄

一般而言，年龄大的注册会计师往往具有更强的认知能力和更丰富的经验。因此年龄越大的审计师提供的审计质量越高。比如刘笑霞和李明辉（2012）考察了会计师事务所的多个人力资本特征对审计质量的影响。结果表明，审计质量随着签字注册会计师的年龄增长而提高（张兆国等，2014；丁利等，2012）同时，若事务所内所入选行业领军人才培训计划的审计师越多，他所提供的审计质量也越高。

3. 学历

目前有关学历与审计质量关系的观点并不统一。支持二者为正相关关系的学者如杜兴强和侯菲（2019），曾采用普通最小二乘法和倾向得分匹配法探究审计师的海外经历与审计质量的关系，结果表明审计师的海外经历有助于提高审计质量，并且客户重要性高时会弱化这一正向影响。古尔等（2013）认为审计师能通过从业经历和受教育年限影响审计质量，研究生以上学历的审计师更加激进。反对者如刘笑霞和李明辉（2012）认为显著关系并不存在于审计师的学历与审计质量之间，这与张兆国等（2014）的研究结论一致。

4. "四大"工作经历

古尔等（2013）发现，"四大"工作经历、教育背景和职位等级会影响审计质量。弗朗西斯（2004）发现，"四大"会计师事务所更谨慎，有"四大"工作经历的注册会计师更保守。杰佩森（2007）发现，四大会计师事务所会招聘那些更能适应"四大"文化、目标、价值观和管理体制的员工来维持高审计质量。

5. 职位等级

米勒（1992）发现，合作人拥有和管理会计师事务所，他们比其他注册会计师和事务所目标一致性的程度更强，合伙人比其他注册会计师更谨慎。特罗特曼等（2009）发现，合伙人更具权威，在要求会计师调整时更强硬，要求的审计工作底稿更多，签发审计报告时更保守。一般认为，注册会计师职级与审计质量正相关。申慧慧（2021）将学历作为注册会计师职级的组成部分，用非标准审计意见衡量审计质量，运用 Logit 回归方法研究不同的审计师职级对审计质量的影响，发现审计师职级越高，个人综合能力越强，更能发现公司的盈余管理行为，所提供的审计质量就越高，后期发生财务重述的可能性也越低。

2.4.2　注册会计师执业特征对审计质量的影响研究

1. 行业专长

关于签字审计师行业专长对审计质量的影响研究结论并不一致，一种观点认为行业专长对审计质量有提升作用，如范经华等（2013）通过研究上市公司内部控制和注册会计师行业专长对盈余管理的作用以及二者发挥作用的方式，实证检验了相比专业胜任能力弱的审计师，具备行业专长的注册会计师更能发现被审计单位应计和真实的盈余管理行为，从而提高了审计质量，并且这种促进作用在公司内部控制水平高的情况下更强。

类似地，刘文军等（2010）选取了在 2002～2008 年被证监会处罚的上市公司作为样本，用会计师事务所对因为财务舞弊被处罚的公司所出具的审计意见作为审计质量的代理变量，探究注册会计师行业专长对审计质量的影响。结果表明，审计师行业专长能够有效提高审计质量，并进一步发现，拥有行业专长的审计师主要在"十大"任职。

特别地，宋子龙和余玉苗（2018）以审计项目团队为切入点考量不同类型的行业专长对审计质量的影响。结果证明了与"低成本型"行业专长不同的是，拥有"产品型"行业专长的审计项目团队在收取着更多的审计费用的同时也能提供更高的审计质量，并且更多的审计费用能进一步强化行业专长对审计质量的促进作用。

另一种观点认为行业专长与审计质量负相关，比如刘桂良和牟谦（2008）通过使用经调整后的 KS 模型计算的操纵性应计利润的绝对值衡量审计质量来研究审计市场结构对审计质量的影响，发现审计师的行业专长在一定程度上对审计质量存在负向作用。

马莉（2011）研究发现，会计师个人行业专长与审计质量不相关，大所的行业专长于审计质量正相关，小所不相关。刘文军（2012）发现，审计师行业专长会提高审计质量，但只针对大客户提供高质量审计服务，而对小客户这种效应则并未体现。

2. 执业经验

已有研究表明，执业经验与审计质量正相关。与刘笑霞和李明辉（2012）的研究结论类似的是，王晓柯等（2016）通过控制事务所和公司特征研究审计师个人经验与审计质量之间的关系发现，经验丰富的审计师相比经验缺乏情况下不仅能获取更多的投资者信任，而且也能抑制管理层向上调整操纵性应计利润的机会主义行为，提供更高质量的审计，并且这种促进关系在重要性高的客户中更加明显。

3. 注册会计师任期对审计质量的影响研究

审计任期对审计质量的影响有两面性。一方面，经验效应和学习效应使长任期有助于对客户的深入了解和提高审计质量；另一方面，往来关系的密切可能带来外在压力和独立性受损，进而影响审计质量。在银广夏等事件后，为了应对后一种情形，中注协在 2004 年出台了注册会计师强制轮换制度，规定注册会计师审计同一客户最长时间为 5 年，冷冻期为 2 年。刘启亮和唐建新（2009）发现，审计师聘任是否异常会影响任期对审计质量作用的发挥。曹强和葛晓舰（2009）发现，审计师的独立性和专业水平会影响任期对审计质量作用的发挥。（刘继红，2011）发现，高管与事务所的关联程度也会影响任期对审计质量的作用。

对注册会计师独立性最大的威胁是其诚实无私随着时间的推移而慢慢被侵蚀，审计项目的负责人必须经常提醒其助理关于独立性的重要性和保持实质上的独立（穆坦和夏拉夫，1961）。审计质量取决于发现错误和报告错误的联合概率，而这又受到专业胜任能力和独立性的影响（迪安杰洛，1981；瓦茨和齐默尔曼，1983）。随着审计任期的变化，审计师的专业性和独立性也会变化，长任期是提高审计质量还是降低审计质量，并无定论。

尽管大多数研究表明，审计师任期越长，审计质量越高（德丰和张，2014），如陈武朝等（2020）通过研究资本市场上市公司更换会计师事务所但并未发生审计师变更行为（称为"客户追随签字注册会计师"）前后的审计质量进行纵向分析比较，同时与其他公司进行横向对比，结果发现，小型会计师事务所所审计的公司，审计师变更时追随前任注册会计师后审计质量更高，由此可知，审计师任期延长有助于提高审计质量。林和谭（2010）认为，审计师任期与审计质量的关系受到审计专业化和审计费用的调节，对于具有行业专长的审计师而言，审计任期的增加有助于审计质量的提高。部分研究认为长任期会提高审计质量。因为在早期，失去客户的压力更大，独立性更低（盖革和拉古南丹，2002）。在任期延长的过程中，审计师专业能力的提升有助于审计质量的提高（迈尔斯，2003）。随着审计任期的延长，市场感知的审计质量也会增加（戈什和穆尔，2005）。长任期提高了审计质量，比如注册会计师任期与持续经营审计意见的发生率（卢尔斯，1998）、盈余质量（约翰逊等，2002；迈尔斯等，2003）、盈余反应系数（戈什和穆尔，2005）、财务重述发生频率的降低（斯坦利和迪佐特，2007）正相关。

但也有学者发现二者之间呈现负相关关系，如辛戈尔和张（2017）认为，审计师任期越长，对错报的发现和纠正越不及时，审计质量越低。刘启亮等（2008）发现，签字注册会计师任期越长审计质量越低的关系在签字注册会计师任期大于事务所任期时成立；签字注册会计师任期越长审计质量越高的关系在事务所任期大于注册会计师任期时成立。宋衍蘅和付皓（2012）发现，事务所任期与审计质量负相关；但是事务所任期对审计质量的影响在审计风险较高时有限。另一部分研究认为长任期会降低审计质量，因为事务所与客户的长期联系会损害独立性（默茨和夏拉夫，1961），随着审计任期的延长，独立性会变低，审计质量会降低（瓦茨和齐默尔曼，1983）。在长任期的审计下，公司管理层获得的报告弹性更大，达到盈余预测的目标更容易（戴维斯等，2000）。随着任期的延长，会计盈余的稳健性会降低（约翰逊，2002；迈尔斯等，2003）。注册会计师的长任期会带来更差的审计质量，包括发表持续经营审计意见概率的降低和达到盈余门槛的倾向增加（凯里和西姆内特，2006）。类似地，继任审计师的收费与前任审计师的任期正相关（基利等，2007）。市场对财务重述后注册会计师轮换公告的反映与之前注册会计师任期正相关（迈尔斯等，2005）。随着审计任期的延长，针对持续经营不确定性发表意见的变通性越大（李爽和吴溪，2003）。这是萨班斯法案出台注册会计师轮换条例的根本原因。

有观点认为审计师任期与审计质量为"U"形关系。饶翠华和杨燕（2011）以事务所规模和声誉衡量审计质量考察其与审计师任期之间的关系所得出二者为非线性倒"U"形关系且拐点为 5 年，与此不同，袁蓉丽和张馨艺（2014）认为任期与审计质量呈现非线性的正"U"形关系，且拐点为 3 年。

也有研究发现，通过操控性应计盈余来实现盈余预期与注册会计师的短任期和长任期都相关（戴维斯等，2009）。注册会计师的长任期没有影响私营企业的融资成本（福廷和皮特曼，2007）或者审计调整（乔等，2011）。进一步研究发现，审计任期在 6 年以内时，审计质量会随着任期的增加而提高；审计任期超过 6 年后，审计质量随着任期的增加而降低（陈信元和夏立军，2006；刘启亮，2006）。

已有研究发现，（1）审计任期与审计质量正相关还是负相关，结论并不统一。为什么已有研究没有定论，是因为没有考虑影响的传导路径和作用机制，而不同的传导路径和作用机制其影响是不一样的，因此深入研究这一问题可以拓展对该问题的认识。（2）已有关于注册会计师任期的文献多采用的是连续任期的指标，少有关注注册会计师通过任期管理来实现事实上的超长累计任期这一现象，而该现象其实规避了现行的强制轮换制度，因此本研究对这一问题的探讨有助于深化对该问题的认识。

2.4.3　注册会计师社会关系对审计质量的影响研究

研究审计质量影响因素的文献颇多，但从社会关系角度研究略显不足，在中国这样一个重视情理的国家，社会关系对审计质量的影响不可忽视。情理文化背景下的日常人际交往体现为关系人情化和社会化的关系化行为（潘安成和刘和鑫，2015）。社会关系的影响在市场有效性不足、法律制度欠缺和政府监管不去的环境下更重要（艾伦等，2005）。

在这样的环境下，由于市场的交易成本过高，经济主体会选择替代的非市场渠道（比如社会关系）来从事商业活动。研究发现，社会网络会在机构投资（科恩等，2008）、分析师预测（科恩等，2010）、风险资本投资（科恩等，2010）、企业投资（施密特，2015）和融资决策（英格堡等，2012）中体现价值。另外，有共同社会基础的人在社会活动中会受到共同的价值观和信任机制的约束（塞沃，1990）。违反共同的规范会给参与者带来负效用，包括自己感觉的（负罪感）和他人带来的（非难或者坏的声誉）（埃尔斯特，1989）。研究也发现，社会关系会妨害董事会等监管机制作用的发挥（黄和金，2009；布鲁因塞尔和卡迪内尔，2014）。

1. 政治联系

杨（2013）发现，中国企业聘用有政治联系的会计师事务所较多。法乔（2006）发现，政治联系可能会带来宽松的监管。古尔等（2013）发现，注册会计师的政治联系会对审计质量产生影响。

2. 校友关系

近年学术界开始重视证券市场的关系文化，不过研究主要集中在政治关系（罗党论和唐清泉，2009）、商业关系（曹胜和朱红军，2011）和家族关系（何小杨，2011）三方面，目前关于社会关系的研究从校友关系角度切入的较少。校友的凝聚力有时是很强的，尤其是志趣相投、在同一行业的校友，建立小规模紧密的校友圈比较容易（申宇等，2015）。个体之间更多的互动和更轻松的交流会让他们更好地交流一些微妙和敏感的信息（格兰诺维特，2005）。在审计关系中，管理层会更愿意与有校友关系的注册会计师讨论公司的经营模式、战略、特定交易、会计事项和内部控制制度；此外，校友关系可能会帮助注册会计师收集关于管理层的更深入的信息，包括管理特点、风险偏好、个人特点和动机，这也可以帮助注册会计师更好地评估审计风险（冠等，2016）。

校友关系包括签字注册会计师之间、公司高管与审计师之间的校友关系。一般认为，存在于签字审计师中的校友关系有助于提高审计质量，王德宏等（2017）认为，当审计师为校友时，审计团队的沟通效率较高，团队合作效应增强，审计质量有所提高。已有研究对于审计师与公司高管的校友关系所带来的经济后果看法不一。一方面，以独立董事为例，二者的社会关系有利于信息交流、相互协作和声誉制衡，从而有利于提高审计质量（张宏亮等，2019）；另一方面，校友关系的存在能影响审计师的独立性（谢盛纹和李远艳，2017），具体表现为通过校友关系建立的相互信任和关照促进了签字审计师与客户的共谋，提高审计师发表标准无保留意见的可能性（吴伟荣和李晶晶，2018），降低公司关键审计事项的披露水平（胡志颖和胡国强，2021），更有可能发生财务重述（杨钦皓和张超翔，2019），最终损害审计质量。

3. 同音关系或同姓关系

同音关系或同姓关系都使审计质量有所降低。如袁德利等（2018）从会计师—高管的同音关系出发，发现首席执行官与审计师的纯粹同音、纯粹同乡和同音同乡关系均降低审计质量。此外，王洋洋等（2019）指出，首席执行官与审计师之间存在"同姓一家亲"现象，即同姓时审计师独立性越弱，公司越容易发生财务重述。

2.4.4　注册会计师隐性特征对审计质量的影响研究

1. 过度自信

吴伟荣等（2017）研究发现，签字审计师越过度自信，审计报告的激进程度越高，审计质量越低。

2. 自恋

彻尔迟等（2020）认为，审计师的自恋通过影响他与客户的谈判过程和谈判结果而影响审计产出，具体来说，在增加了审计时滞的同时有利于审计质量的提高。

2.5　审计质量的经济后果

审计质量会影响会计师信息质量和公司治理，也会影响投资者和分析师的反应。

（1）审计质量对会计信息质量的影响。前任会计师事务所的审计质量对公司更换审计师以后可操控性应计利润具有重要影响，即前任的审计质量会影响后任的审计质量（宋衍蘅和张海燕，2008）；审计质量高能提高信息的价值相关性，降低信息不对称程度（贾平和陈关亭，2010）；审计质量越高，会计信息质量对投资低效率的抑制作用就越明显（李青原，2009）。

（2）审计治理效应。上市公司愿意聘请高质量的审计师是一种有效的公司治理机制，尽管整个审计市场质量不足以充分发挥其应有的监督作用（韩东京，2008）。独立审计不但对控制性股东的资金占用产生约束作用（王烨，2009），而且能够降低债务代理成本，保护债权人（李海燕和厉夫宁，2008），持续经营审计意见与次年贷款水平负相关（廖义刚等，2010），因为高质量的审计意见揭示了财务报告的风险（魏志华等，2009），而且非标准审计意见与债务违约率上升正相关（欧进士等，2011）。审计降低了股东、债权人、供应商与公司之间的交易成本（陈运森和王玉涛，2010）。这些治理作用最终表现为对证券市场资源配置效率的影响（周中胜和陈汉文，2008）。

（3）市场反应。陈等（2000）发现，股票市场将非标准审计意见解读为坏消息，不过投资人无法区分不同的非标准审计意见的差异。审计师声誉具有一定的动态性，当特定事件的发生对审计师声誉造成负面影响时，市场会质疑审计师的审计质量，并将这种质疑反映在股价中（朱红军等，2008），而且事务所问题的披露会影响其所有客户（方哲，2008）。审计质量在首次公开发行上市中也发挥着重要作用，已有研究发现，审计师通过提高审计质量所累积的声誉与客户询价高低正相关，审计师质量与首次公开发行上市抑价率负相关（王兵等，2009）。高声誉的审计师不愿意提供高保证程度的内部控制鉴证报告（方红星和戴捷敏，2012）。

（4）对事务所的影响。刘峰等（2010）发现，如果没有被吊销执业资格，审计师处罚对市场份额的影响不显著。

（5）对分析师的影响。储一昀等（2011）发现，分析师能准确解读审计任期传递的信息，但是这种解读可能也有过度的成分。

2.6　研究评价

已有研究从成因和后果两方面对审计质量这一各方关注的重点展开了探讨，拓展了我们的认识，为本书的研究奠定了较好的理论基础：

（1）挖掘审计质量的影响因素。客户特征、制度背景和事务所特征等因素都会对审计质量产生影响。

（2）丰富审计质量经济后果的研究。审计质量对会计信息质量、公司治理、市场反应和分析师的影响等，都已被关注。

上述研究有助于我们更好地认识审计质量，但也存在值得进一步研究的问题，为本书的研究指明了方向：

（1）审计质量的影响因素没有考虑注册会计师任期管理问题。审计质量影响因素的当前研究主要集中在会计师事务所和客户特征等方面，对于签字注册会计师的研究还比较少见，更不用说签字注册会计师任期管理。因而，研究注册会计师任期管理影响审计质量的问题，有助于加强会计师事务所人力资本建设，规范制度，提高审计质量。

（2）注册会计师个人特征的挖掘没有注意执业特征中特殊的点，比如任期管理下可能的超长累计任期的问题。注册会计师的人口学背景特征的研究已有所涉猎，但是执业特征中的既有任期、预期任期的问题，任期管理下超长累计任期的问题，都存在很多值得进一步探讨的地方。研究注册会计师超长累计任期对审计质量以及资本市场的影响，有助于对我国的注册会计师强制轮换制度提供参考借鉴。

第3章　审计质量的衡量研究

解决审计质量的衡量问题，一方面，有助于人们从定量的角度更加清晰地认识审计质量；另一方面，也为本书后面的实证研究奠定了基础。有效衡量审计质量是审计实证研究的关键，学者们已从不同的视角去探索。审计质量主要是通过替代指标进行间接衡量，衡量指标包括盈余管理、事务所规模、审计收费和审计品牌。本章在对现有替代变量进行反思的基础上建立综合评价指标。

3.1　对现有替代变量的反思

审计质量最重要的替代变量是审计费用、审计意见类型和盈余管理，会计师事务所规模一般作为解释变量出现。

3.1.1　用审计费用替代审计质量

对于一般服务来说，服务越好，代表质量越高，就有理由收取更好的费用，作为有偿服务的审计，可以用收费来代表其质量，这方面的研究成果列示在表3-1中。

表3-1　　　　　　　　审计费用替代审计质量的部分文献汇总

作者	观点
弗朗西斯（1984）	事务所规模与审计收费正相关
帕姆罗斯（1986）	大所审计质量更高，因为其花费审计时间更多，收取审计费用更高

续表

作者	观点
玛吉和郑（1990）	审计收费与审计质量呈现倒"U"形关系
克拉斯韦尔等（1995）	大所的专业培训有助于审计质量的提高，也要求更高的收费
伍利娜（2003）	会计师事务所规模会影响审计收费
漆江娜等（2004）	本土所的审计收费低于"四大"所
宋衍蘅和殷德全（2005）	继任注册会计师审计质量受审计收费变化的影响
陈东华和周春泉（2006）	公司从大所更换为小所，会降低审计费用

研究发现，审计收费越高，审计质量越高。

国外审计收费的谈判会考虑公司规模和审计业务复杂度的影响，国内是在物价局、国资委和上级主管单位给定的参考费率基础上进行谈判。其中，资产总额是相关性最强的，我国审计质量研究的样本差异较大，不同规模和业务复杂度的公司收费不同，而收费的不同不是审计质量影响的产物，比较审计收费不足以说明审计质量的好坏。

3.1.2　用非标准审计意见替代审计质量

审计质量主要从投入和产出来进行评价，投入比较难以观察，所以研究多聚焦在结果层面，最直观的结果就是审计意见类型。梅农和威廉姆斯（2010）发现，持续经营审计意见会造成股价的下跌，持续经营审计意见的内容会影响股价下跌的幅度。如果债务契约与持续经营审计意见的关系大，筹资难度会增加，进而对营运也会有不好的影响。

李（2009）研究发现，单从经济依存度角度考虑，客户越重要，审计质量越低。但如果考虑诉讼成本（公司规模越大则审计师的诉讼成本越高，但出具 GCAR 可以降低诉讼成本）与声誉保护（发生审计失败的公司规模越大，则对审计师声誉的负面影响越高），可能导致客户重要性与审计质量正相关。

李（2009）发现，萨班斯-奥克斯利法案提高了审计工作可能面临的诉讼风险，审计师出具持续经营审计意见的概率在萨班斯-奥克斯利法案颁布前后有显著变化[①]。用审计意见作为替代变量的部分文献如表3－2所示。

表 3－2　　　　　　　　　　用审计意见作为替代变量的文献

作者	观点
弗朗西斯和克里希南（1999）	"六大"* 出具保留意见报告的概率高
伦诺克斯（1999）	大所的审计报告更准确和有信息含量
原红旗和李海建（2003）	审计报告意见主要受公司财务特征影响
刘运国和麦剑青（2006）	审计意见与事务所规模不存在显著关系
方军雄和洪剑峭（2008）	异常审计费用与审计意见的改善相关
王霞和徐晓东（2009）	大所审计意见更严格，审计质量更高
申富平和丁含（2011）	第一大股东持股比例低，审计收费与审计质量正相关

注：*20 世纪 80 年代的国际"六大"会计师事务所，根据 1994 年底业务收入排名，依次是：安达信、毕马威、安永、永道、德勤、普华。

由于财务报表存在合法性和公允性问题并拒绝调整，被审计单位才会收到非标准审计意见。在财务报表公允合法、客户接受审计师的调整意见、审计师没有发现财务报告的问题、审计师发现问题即使被审计单位不调整的四种情况下，注册会计师有可能发表标准审计意见。前两种情况都是正常的，只有后两种情况说明审计质量低，客户财务状况本身存在差异，仅根据针对不同客户发表的不同审计意见不足以说明审计质量高低。

3.1.3　用盈余质量替代审计质量

如果审计质量较高，意味着客户的盈余管理程度较低，与盈余管理相关的指标包括市场反应系数、盈余管理和盈余稳健性。

1. 异常应计的估算——制造业

学术界对审计师任期的影响没有达成一致观点，一方面认为新人审计师不熟悉客户，会降低审计质量；另一方面担心审计师任期过长会影响独

---

① 这个变化可能是审计师的工作投入增加，也可能是审计师的行为更保守；当然，也可能同时发生。李（2009）做了许多分析，希望能证实是诉讼风险本身造成审计师行为的改变，而并非是在萨班斯-奥克斯利法案之后，因审计师对这些 GCAR 企业的审计工作投入增加所造成的变化。

立性。迈尔斯等（2003）探索审计师任期和盈余质量的关系。他们研究发现，随着任期的延长，对异常应计的抑制效果越好，也就是会计师事务所任期提高了审计质量。

陈等（2008）借鉴迈尔斯等（2003）的研究设计，关注合伙会计师任期对审计质量的影响，发现合伙会计师任期越长，审计质量越高。

古尔等（2009）探讨了一个很简单的问题：虽然平均而言，审计师任期与盈余质量为正相关关系（因为长任期的审计师对客户的熟悉度较高），但是任期对盈余质量的重要性也可能与审计师的行业专长有关。对行业专家而言，个别客户任期的长短并不重要；对非行业专家来说，则很重要。

2. 异常坏账费用的估算——银行业

与迈尔斯等（2003）用异常应计的绝对值来讨论盈余质量不同的是，卡纳格雷特南等（2010）关注异常审计收费会不会影响银行业的审计质量，考察的是对盈余的影响方向。

3. 盈余反应系数

盈余反应系数是从股票参与者的角度来考察审计质量。如果会计师事务所规模和审计师任期会影响审计质量，那么他们就会影响盈余反应系数。柯林斯和科塔里（1989）讨论了盈余反应系数的计算方法。股票市场对未预期盈余会在投资者感知的盈余质量高时反应大，张和黄（1993）发现，股票市场感知的小事务所提供的审计服务质量较差。

4. 盈余门槛

审计师对审计质量的影响是逐渐形成的，一次性的替代变量就不容易看到显著的证据。就异常应计数来说，相关研究隐含极端应计——非常大的正应计或者非常小的负应计——等同于不佳的审计质量。然而这种方法的缺点是并未考虑编制财务报表者的盈余管理动因。

任期较长的审计师更可能通融企业的盈余管理，不能作为佐证长任期有助于审计质量的证据。戴维斯等（2009）以是否通过盈余管理达成分析师的盈余预测来研究审计师任期与审计质量间的相关性。研究结果表明，在 SOX 法案前，任期长短与审计质量的关系为非线性，低于 13 年时，长任期有助于审计质量的提升；高于 13 年时，长任期对审计质量有不利影响。在 SOX 法案后，会计师事务所任期不再是重要的解释变量。主要研究成果列示如表 3 – 3 所示。

表 3 – 3 盈余质量替代审计质量的部分文献

作者	观点
张和黄（1993）	审计质量与盈余反应系数正相关
贝克尔等（1998）	小所对盈余管理的容忍度更强
尼尔森等（2002）	大所能发现客户盈余管理的意图并要求其调整
克里希南（2003）	大所能约束盈余管理
蔡春等（2005）	大所审计客户的操纵性应计利润较低
刘运国和麦剑青（2006）	盈余管理与事务所规模之间不存在显著的相关性
刘峰和周福源（2007）	"四大" 和 "非四大" 审计服务的质量差异不明显
陈小林和林昕（2011）	"四大" 会计师事务所没有体现出明显的质量优势

操控性应计利润在以下两种情况下都是高的：盈余管理程度高但是收到了标准审计意见说明审计质量低，客户拒绝调整收到非标准审计意见说明审计质量高。而在以下两种情况下操控性应计利润都是低的：客户没有进行盈余管理与审计质量无关，客户接受调整说明审计质量高。因为审计过程的无法观察性，我们并不知道是客户的盈余质量本来就高，还是注册会计师审计提高了客户的盈余质量，样本的差异性影响了替代效果的准确性。Jones 模型计算的可操控性应计利润在反映盈余管理上本身就存在误差，用其去替代审计质量，只会带来叠加的误差。

3.1.4 用财务报表重述替代审计质量

陈和吉（2009）发现，签字注册会计师如果是行业专家，财务报表重述的概率会降低，而会计师事务所为行业专家对财务报表重述的影响不显著。审计的客户被发现违规、重述和盈余管理，认为审计质量低（伦诺克斯和皮特曼，2010）。何威凤和刘启亮（2010）研究发现，高管团队规模越大，财务重述概率越高，其中非欺诈性财务重述和非核心业务的重述更高；高管年龄越大，财务重述概率越低。

袁敏（2012）以戴尔公司为分析对象，讨论了财务报表重述和内部控制缺陷的关系。袁蓉丽等（2018）研究发现，董事高管责任险（董责险）的购买可以减少财务重述的发生，在不聘用"四大"会计师事务所和机构投资者持股比例低的公司更显著。购买董责险是通过提高内部控制质量的途径来减少发生财务重述的。

3.1.5　用债务成本替代审计质量

我们已经了解，审计师通过扮演以下两种角色来增进资本市场对审计服务的需求。第一，信息角色：提高财务报表公信力的信息中介者；第二，保险角色：投资者在遭受损失后会向"深口袋"的审计师请求赔偿。大部分的研究关注的是股东。由于债权人也是非常重要的资金供给者，因此债权人如何解读审计质量，也成为一个非常重要的审计议题。曼西等（2004）利用公司债来分析审计师的两种角色。研究发现，若债权人正面解读审计质量，则大型事务所与长任期有较佳的审计质量。

单看上述文章时，发现理论分析逻辑清晰，经验数据证明充分，但是在仔细分析后发现还是存在如下问题：

1. 交叉论证问题

审计费用、审计意见和盈余管理其中一个作为因变量，其余作为自变量，存在反复交叉和循环论证的问题，并没有真正说明问题。用不同的替代变量检验同一样本审计质量还可能出现矛盾的结论，比如客户拒绝调整审计师出具非标准审计意见，如果用盈余指标度量审计质量是低的，而如果用审计意见类型度量审计质量又是高的。

2. 样本的非同质性问题

研究审计质量关注的重点是审计师，样本公司的差异性会明显影响审计质量，这又引出替代变量的外生性问题。

3. 替代变量的外生性问题

审计质量从根本上受注册会计师的专业胜任能力和独立性的影响，因为我们的研究没有办法深入审计过程，选取的变量与审计师的关系并不大。事实上在面对同样的审计对象时，不同的注册会计师是会做出不同的审计判断的。审计质量研究没有挂住审计主体，对经济活动的指导意义有限。

4. 非上市公司样本的问题

非上市公司中的国有大中型企业、私企涉及的资产规模和面临的社会问题并不小，审计非上市公司的事务所也不少，但是因为无法获得这些数据，他们很难进入研究者的视野。

3.2 审计质量评价指标体系的构建

已有研究从多角度衡量审计质量，克服了单个替代变量可能存在的问题，我们有没有可能在这个基础上做一些新的探索呢？弗朗西斯（2011）认为，审计质量受审计投入、过程、行业和管理的影响。克内切尔等（2013）认为，评价人的角色会影响对审计质量的评价，财务报告使用者认为高质量的审计师没有错误，审计师认为是出色地完成审计工作，事务所认为是抵御诉讼风险，监管机构认为是遵守专业准则，社会公众认为是避免经济问题。开展审计质量研究要围绕审计本身的属性，可以采用调研法和实验性来分析。

3.2.1 审计质量原始评价指标

参考中国注册会计师协会的评价体系和以往研究的成果，我们构建的审计质量评价指标将现有替代变量分成两类：审计产出包括重大错报、审计师沟通、财务报告质量和市场反应，审计投入包括会计师事务所特点和审计师与客户签订的合同。表 3 - 4 中列数示了上述指标。

（1）审计产出。一是重大错报，包括财务报表重述和法律诉讼。二是审计意见类型，这是注册会计师与客户沟通结果中唯一可见的。三是财务报告质量，因为审计可以抑制盈余管理，因此主要用盈余质量来度量财务报告质量，使用最多的是琼斯模型（1991）计算的操控性应计盈余，还有盈余门槛、德乔和迪切夫模型（2002）计算的应计质量，巴苏模型（1997）计算的会计稳健性。四是市场反应，主要用盈余反应系数、股票市场反应、资本成本和市场份额变化来度量。

（2）审计投入。①事务所特点，包括是否为"四大"和事务所行业专长，迪安杰洛（1981）发现，大所提高审计质量的动机和能力更强；具有行业专长的注册会计师提高审计质量的声誉激励更强。②事务所与客户签订的合同，包括审计收费和审计收费的变化，审计收费可以反映注册会计师的努力程度，审计收费的变化可以某种程度上体现审计质量的变化。表3 – 4 是在上述内容基础上设计的审计质量原始评价指标。

表 3 – 4　　　　　　　　　审计质量原始评价指标

一级指标	二级指标	三级指标
1 审计产出	1.1 重大错报	1.1.1 财务报表重述
		1.1.2 法律诉讼
	1.2 审计师沟通	1.2.1 审计意见类型
	1.3 财务报告质量	1.3.1 操控性应计盈余
		1.3.2 盈余门槛
		1.3.3 应计质量
		1.3.4 会计盈余稳健性
	1.4 市场反应	1.4.1 盈余反应系数
		1.4.2 股票市场反应
		1.4.3 资本成本
		1.4.4 事务所市场份额的变化
2 审计投入	2.1 事务所特点	2.1.1 是否为"四大"
		2.1.2 事务所行业专长
	2.2 事务所与客户签订的合同	2.2.1 审计收费
		2.2.2 审计收费的变化

3.2.2　审计质量原始评价指标扩展

借鉴德丰和张（2014）的审计框架，以及现有文献影响审计质量的因素，本章试图对审计质量的原始评价指标进行扩展。扩展指标包括事务所规模、注册会计师专业胜任能力、事务所声誉、事务所国际化程度和市场环境五个方面。

（1）事务所规模。漆江娜等（2004）发现，与其他事务所相比，"四大"会计师事务所的审计质量更高。吴水澎和李奇凤（2006）发现，与国内"十大"相比，国际"四大"的审计质量更高；与非"十大"相比，"十大"的审计质量更高。因为事务所资产有其特殊性，我们用事务所收入来衡量规模，增加补充衡量指标分所数量来体现事务所的规模扩张，将出资额或注册资本、合伙人（股东）人数作为辅助指标。

（2）注册会计师专业胜任能力。卡赛罗和纳吉（2002）以及常成（2008）研究发现，审计师行业专长能提高审计质量，本书选取注册会计师比重作为行业专长的替代变量。塔布斯（1992）发现，有经验的专家准确率较高，尼尔森（1993）发现，经验丰富的审计人员有较好的比率分析表现。冯曙光（2007）和尚兆燕（2008）用年龄结构衡量经验，学历结构衡量教育水平，借鉴这些做法，本章采用 70 岁以上注册会计师比例、60～70 岁（含 70 岁）注册会计师的比例、40～60 岁（含 60 岁）注册会计师的比例、40 岁以下（含 40 岁）注册会计师的比例作为经验水平指标，以博士研究生比例、硕士研究生比例、本科生比例和大专及以下比例衡量教育水平，说明专业胜任能力的高低。美国等发达国家非常重视注册会计师的训练和培训，以保证其分析和判断能力，因此，我们的衡量指标增加了"继续教育完成率"。

（3）事务所声誉。李若山（1995）、李爽和吴溪（2005）发现，法律风险与审计质量正相关。处罚是对审计质量的重要监督，我们用中注协的处罚或惩戒应减分值来度量声誉。

（4）事务所国际化程度。国际化程度反映了会计师事务所受到多大程度的国际准则的约束，我们反映国际化程度的两个指标是境外设立分支机构和加入国际网络。

（5）市场环境。王华和姜虹（2007）认为，审计质量在某种程度上是市场选择的结果。徐政旦和谢荣（2002）认为，审计质量的最高标准是满足社会期望。王华（2007）发现，市场会评估和权衡审计报告的真实性、可靠性和公允性，"深口袋"理论就是对审计质量的一种监管。帕特尔和普萨罗斯（2000）发现，客户的重要程度和市场的竞争水平都会对注册会计师的独立性产生影响。本章选择评价审计质量环境的指标是市场环境，包括法律环境指数和中介组织发展指数，借鉴王小鲁等（2017）的《中国分省份市场化指数报告》的数据进行分析。

在上述分析的基础上，参考《会计师事务所综合评价办法（修订）》，本书构建了审计质量评价指标体系，列示如表 3 – 5 所示。

表 3 – 5　　　　　　　　审计质量原始评价指标扩展版

一级指标	二级指标	三级指标
1 审计产出	1.1 重大错报	1.1.1 财务报表重述
		1.1.2 法律诉讼
	1.2 审计师沟通	1.2.1 审计意见类型
	1.3 财务报表质量	1.3.1 操控性应计盈余
		1.3.2 盈余门槛
		1.3.3 应计质量
		1.3.4 会计盈余稳健性
	1.4 市场反应	1.4.1 盈余反应系数
		1.4.2 股票市场反应
		1.4.3 资本成本
		1.4.4 事务所市场份额的变化
2 审计投入	2.1 事务所特点	2.1.1 是否为"四大"
		2.1.2 事务所行业专长
	2.2 事务所与客户签订的合同	2.2.1 审计收费
		2.2.2 审计收费的变化
3 会计师事务所规模	3.1 事务所收入	3.1.1 事务所业务收入
	3.2 分所数量	3.2.1 分所数量
	3.3 出资额或注册资本	3.3.1 出资额或注册资本
	3.4 合伙人（股东）	3.4.1 合伙人（股东）人数

一级指标	二级指标	三级指标
4 注册会计师专业胜任能力	4.1 注册会计师比重	4.1.1 注册会计师人数/从业人员人数
	4.2 经验	4.2.1 70 岁以上注册会计师比例
		4.2.2 60～70 岁（含 70 岁）注册会计师比例
		4.2.3 40～60 岁（含 60 岁）注册会计师比例
		4.2.4 40 岁以下（含 40 岁）注册会计师比例
	4.3 教育水平	4.3.1 博士研究生比例
		4.3.2 硕士研究生比例
		4.3.3 本科生比例
		4.3.4 大专及以下比例
	4.4 培训情况	4.4.1 继续教育完成率
5 会计师事务所声誉	5.1 执业操守情况	5.1.1 处罚或惩戒应减分值
6 会计师事务所国际化程度	6.1 境外设立分支机构	6.1.1 境外设立分支机构数量
	6.2 加入国际网络	6.2.1 是否加入国际网络
7 市场环境	7.1 法律制度	7.1.1 法律环境指数
	7.2 行业环境	7.2.1 中介组织发展指数

3.3 审计质量评价指标的优化

3.3.1 因子分析

笔者邀请湖北地区的执业注册会计师对审计质量原始评价指标进行讨论和论证，优化评价指标，用主成分分析法进行处理。选择的分析样本包括 100 家会计师事务所审计的 1992～2019 年上市公司数据。会计师事务所信息来自中国注册会计师协会网站。

主成分分析通过降维，将多个变量转化为几个主成分，突出"转换"原始变量为综合性的新指标。本章采用的统计工具为 SPSS19.0，采用中注协 1992～2019 年 100 家会计师事务所及其审计的上市公司作为分析样本，研究审计质量的影响因素及相关评价问题。

本章采用主成分分析法，对上述指标进行主成分因子分析，结果如表 3-6 和表 3-7 所示。

表 3-6   方差分解主成分提取分析表

主成分	原始特征值			平方载荷的提取和		
	总体	贡献方差	累计贡献方差	总体	贡献方差	累计贡献方差
1	3.433	27.883	27.883	3.433	27.883	27.883
2	2.406	21.032	48.915	2.406	21.032	48.915
3	1.680	16.218	65.133	1.684	16.218	65.133
4	1.186	12.904	78.037	1.186	12.904	78.037
5	1.072	7.142	85.179	1.072	7.142	85.179
6	0.917	5.109	90.288			
7	0.760	2.061	92.349			
8	0.746	1.967	94.316			
9	0.707	1.705	96.021			
10	0.624	1.155	97.176			
11	0.489	1.252	98.428			
12	0.416	0.770	99.198			
13	0.224	0.486	99.684			
14	0.191	0.263	99.947			
15	0.158	0.053	100.000			

提取法：主成分分析。

表 3-7   初始因子载荷矩阵（初始因子载荷矩阵）

项目	主成分				
	1	2	3	4	5
财务报表重述	0.333	0.429	0.377	0.423	0.019
法律诉讼	0.143	0.303	0.208	0.658	-0.198
审计意见类型	0.802	0.276	0.147	-0.038	0.287
操控性应计盈余	0.098	0.748	0.150	0.031	0.018
盈余门槛	-0.492	0.538	0.327	-0.010	0.373
应计质量	-0.290	0.251	-0.554	0.319	0.199

续表

项目	主成分				
	1	2	3	4	5
会计盈余稳健性	− 0.217	0.520	− 0.042	0.348	− 0.129
盈余反应系数	0.203	0.251	0.675	− 0.080	0.418
股票市场反应	− 0.247	0.298	0.399	− 0.357	0.035
资本成本	0.216	0.393	0.663	− 0.036	− 0.361
事务所市场份额的变化	− 0.580	0.277	0.590	− 0.219	0.198
是否为四大	− 0.156	0.397	0.467	0.568	− 0.504
事务所行业专长	0.318	0.340	0.316	0.420	0.158
审计收费	0.468	0.586	− 0.017	− 0.229	0.523
审计收费的变化	0.360	− 0.279	0.118	− 0.303	0.567

　　本章选取的主成分为对应特征值大于 1 的前 5 个因素。通过对表 3 – 6 和表 3 – 7 的分析，我们发现主成分是：（1）审计意见类型；（2）财务报表重述、操控性应计盈余、盈余门槛和会计稳健性；（3）盈余反应系数、股票市场反应、资本成本和事务所市场份额的变化；（4）是否为"四大"、会计师事务所行业专场；（5）审计收费、审计收费的变化。贡献率分别为 27.88%、21.03%、16.22%、12.91% 和 7.14%，贡献率达到 85.18%，可以从总体上说明审计质量的情况。审计质量的构成主要由如下五个基本要素反映：审计师沟通（F1）、财务报告质量（F2）、市场反应（F3）、事务所特点（F4）和事务所与客户签订的合同（F5）。表 3 – 8 和表 3 – 9 列示了各指标的具体内容。

　　会计师事务所信息来自中国注册会计师协会网站，事务所收入来自会计师事务所综合评价前百家信息。

　　具体对指标计算时，首先收集会计师事务所上述 15 个指标的数据，输出结果"初始因子载荷矩阵"中的每一列分别给出了所选择的每一个主成分作为原始变量线性组合的系数。第一主成分作为原始数据中"财务报表重述""法律诉讼""审计意见类型""操控性应计盈余""盈余门槛""应计质量""会计盈余稳健性""盈余反应系数""股票市场反应""资本成本""事务所市场份额的变化""是否为'四大'""行业专长""审计收费"和"审计收费的变化"等 15 种审计质量替代变量的线性组合,其系数分别为 0.333,0.143,0.802,0.098,−0.492,−0.290,−0.217,0.203,−0.247,0.216,−0.580,−0.156,0.318,0.468,0.360(即表中的第一列)。而第二主成分作为这六个变量的线性组合,其系数则分别为表 3−7 中的第二列。如果我们分别用 x_1,x_2,x_3,x_4,x_5,x_6,x_7,x_8,x_9,x_{10},x_{11},x_{12},x_{13},x_{14} 和 x_{15} 表示原始数据中的 15 种替代变量,而用 y_1,y_2,y_3,y_4,y_5 表示五个主成分,那么根据表 3−7 给出的结果,我们选择的头五个主成分与原先 15 个变量的关系如表 3−8 和表 3−9 所示。

表 3−8　　　　　　　　　　审计质量综合评价指标

一级指标	二级指标	三级指标
1 审计产出	1.1 审计师沟通	1.1.1 审计意见类型
	1.2 财务报告质量	1.2.1 财务报表重述
		1.2.2 操控性应计盈余
		1.2.3 盈余门槛
		1.2.4 会计盈余稳健性
	1.3 市场反应	1.3.1 盈余反应系数
		1.3.2 股票市场反应
		1.3.3 资本成本
		1.3.4 事务所市场份额的变化
2 审计投入	2.1 事务所特点	2.1.1 是否为"四大"
		2.1.2 事务所行业专长
	2.2 事务所与客户签订的合同	2.2.1 审计收费
		2.2.2 审计收费的变化

$$Y_1 = 0.333x_1 + 0.143x_2 + 0.802x_3 + 0.098x_4 - 0.492x_5 - 0.290x_6 - 0.217x_7 + 0.203x_8 - 0.247x_9 + 0.216x_{10} - 0.580x_{11} - 0.156x_{12} + 0.318x_{13} + 0.468x_{14} + 0.360x_{15}$$

$$Y_2 = 0.429x_1 + 0.303x_2 + 0.276x_3 + 0.748x_4 + 0.538x_5 + 0.251x_6 + 0.520x_7 + 0.251x_8 + 0.298x_9 + 0.393x_{10} + 0.277x_{11} + 0.397x_{12} + 0.340x_{13} + 0.586x_{14} - 0.279x_{15}$$

$$Y_3 = 0.377x_1 + 0.208x_2 + 0.147x_3 + 0.150x_4 + 0.327x_5 - 0.554x_6 - 0.042x_7 + 0.675x_8 + 0.399x_9 + 0.663x_{10} + 0.590x_{11} + 0.467x_{12} + 0.316x_{13} - 0.017x_{14} + 0.118x_{15}$$

$$Y_4 = 0.423x_1 + 0.658x_2 - 0.038x_3 + 0.031x_4 - 0.010x_5 + 0.319x_6 + 0.348x_7 - 0.080x_8 - 0.357x_9 - 0.036x_{10} - 0.219x_{11} + 0.568x_{12} + 0.420x_{13} - 0.229x_{14} - 0.303x_{15}$$

$$Y_5 = 0.019x_1 - 0.198x_2 + 0.287x_3 + 0.018x_4 + 0.373x_5 + 0.199x_6 - 0.129x_7 + 0.418x_8 + 0.035x_9 - 0.361x_{10} + 0.198x_{11} - 0.504x_{12} + 0.158x_{13} + 0.523x_{14} + 0.567x_{15}$$

表 3 – 9 审计质量综合评价指标扩展版

一级指标	二级指标	三级指标
1 审计产出	1.1 审计师沟通	1.1.1 审计意见类型
	1.2 财务报告质量	1.2.1 财务报表重述
		1.2.2 操控性应计盈余
		1.2.3 盈余门槛
		1.2.4 会计盈余稳健性
	1.3 市场反应	1.3.1 盈余反应系数
		1.3.2 股票市场反应
		1.3.3 资本成本
		1.3.4 事务所市场份额的变化
2 审计投入	2.1 事务所特点	2.1.1 是否为"四大"
		2.1.2 事务所行业专长
	2.2 事务所与客户签订的合同	2.2.1 审计收费
		2.2.2 审计收费的变化
3 会计师事务所规模	3.1 事务所收入	3.1.1 事务所业务收入
	3.2 人力资本	3.2.1 注册会计师人数/从业人员人数
	3.3 出资额或注册资本	3.3.1 出资额或注册资本
	3.4 合伙人（股东）	3.4.1 合伙人（股东）人数
	3.5 分所数量	3.5.1 分所数量

续表

一级指标	二级指标	三级指标
4 会计师事务所声誉	4.1 培训情况	4.1.1 继续教育完成率
	4.2 执业操守情况	4.2.1 处罚或惩戒应减分值
5 注册会计师专业胜任能力	5.1 学历	5.1.1 博士研究生比例
		5.1.2 硕士研究生比例
		5.1.3 本科生比例
		5.1.4 大专及以下比例
	5.2 经验	5.2.1 70 岁以上注册会计师比例
		5.2.2 60~70 岁（含 70 岁）注册会计师比例
		5.2.3 40~60 岁（含 60 岁）注册会计师比例
		5.2.4 40 岁以下（含 40 岁）注册会计师比例
6 会计师事务所国际化程度	6.1 境外设立分支机构	6.1.1 境外设立分支机构数量
	6.2 加入国际网络	6.2.1 加入国际网络
7 责权结构	7.1 法律制度	7.1.1 法律环境指数
	7.2 行业环境	7.2.1 中介组织发展指数

作者邀请湖北地区的执业注册会计师通过专家打分的方法确定每项指标的权重，经过反复讨论和论证，确定五个主成分的权重分别为 0.33、0.26、0.20、0.16 和 0.05。

根据主成分的表达式和权重，加权计算得到审计质量指标的综合分值，即：

$$Y = 0.33y_1 + 0.26y_2 + 0.20y_3 + 0.16y_4 + 0.05y_5$$

其中 Y 为审计质量的综合得分值。

3.3.2　审计质量评价指标的可靠性分析

我们将本章建立的审计质量评价指标计算得出的前 10 名会计师事务所与中注协排名的前 10 强进行比较，发现两者有较强的相似度，说明本书建立的审计质量综合评价指标是比较可靠的，表 3 – 10 列示了具体比较的情况。

表 3 – 10   审计质量综合评价指标的可靠性分析

排名 （2017 年度）	会计师事务所名称	本文综合评价 指标得分	中国注册会计师 协会 100 强得分
第 1 名	毕马威华振会计师事务所	728.14	1623.27（6）
第 2 名	瑞华会计师事务所	704.15	1673.68（2）
第 3 名	普华永道中天会计师事务所	680.98	1728.05（1）
第 4 名	德勤华永会计师事务所	465.51	1669.14（3）
第 5 名	天健会计师事务所	420.36	1562.96（7）
第 6 名	天职国际会计师事务所	342.65	1518.94（9）
第 7 名	信永中和会计师事务所	272.03	1537.16（8）
第 8 名	致同会计师事务所	206.60	1515.99（11）
第 9 名	大信会计师事务所	188.89	1497.07（12）
第 10 名	安永华明会计师事务所	165.37	1654.61（5）

注：括号中数值为中注协排名。2018 年以后只公布收入，没有公布评价，所以这部分只更新到 2017 年度。

此外，我们还将本章建立的审计质量综合评价指标（AQ_{zh}）与中注协的 100 强指数（CPAindex）进行相关性分析（结果见表 3 – 11），发现两者的相关系数为 0.883，并且通过了 1% 的显著性检验，说明本章建立的指标有一定的合理性和可靠性。

表 3 – 11   变量间相关性分析

变量	AQ_{zh}	CPAindex
AQ_{zh}	1.000	
CPAindex	0.833 ***	1.000

注：*、**、*** 表示 10%、5%、1% 的显著性水平。

3.4 本章小结

本章对审计质量的衡量问题进行了系统研究，有助于从定量的角度更加清晰地认识审计质量，也为后续实证研究奠定了基础。

（1）对现有替代变量的反思。审计质量的替代变量主要是盈余管理、事务所规模、审计意见类型和收费。这些替代变量存在交叉论证、样本的非同质性和外生性问题。

（2）构建审计质量评价指标体系。首先选择原始评价指标，包括审计产出和审计投入；扩展版指标在原始基础的基础上加入了会计师事务所规模、注册会计师专业胜任能力、事务所声誉、国际化程度和市场环境。然后运用主成分分析法对上述指标进行优化，并对指标进行可靠性分析。

本章建立的审计质量评价指标有一定的可靠性，比以往使用审计费用和审计意见类型等替代性指标更具有说服力。

第2篇

注册会计师任期管理影响审计质量的机制分析

在回答了审计质量是什么之后，本篇接下来回答注册会计师任期管理为什么会影响审计质量这一问题。首先探讨签字注册会计师背景特征是否会影响审计质量（第4章）；其次剖析制度背景、审计师特征与审计质量研究（第5章）；最后在注册会计师背景特征中，着重考察注册会计师执业经验对审计质量的影响（第6章）；在对注册会计师执业经验分析的基础上，我们进一步考察注册会计师既有任期对审计质量的影响，注册会计师预期任期对审计质量的影响（第7章）；在研究注册会计师任期的过程中，我们发现了任期管理的现象，进而深入考察注册会计师任期管理对审计质量的影响（第8章）。

第4章　签字注册会计师背景特征影响审计质量研究

人口学指标包括性别、年龄、学历、教育背景和任期等背景特征。根据高阶梯队理论，注册会计师的认知能力和价值取向会影响其行为选择，而背景特征会影响到认知能力和价值取向。作为审计项目直接组织者和质量控制者的注册会计师，不同的背景特征对审计质量产生的影响会有差异。本章主要关注注册会计师的背景特征对审计质量的影响。主要从年龄、学历、任期、性别和教育背景几个视角考察，并区分了不同会计师事务所组织形式下上述影响的差异。

4.1　理论分析与研究假设

（1）签字注册会计师的性别。伯恩斯等（1999）发现，受到生理、文化和教育等因素的影响，女性一般更谨慎和保守。费尔顿等（2003）也发现，女性管理者在对待企业风险的态度上更稳健。巴博和奥登（2001）发现，女性企业家经营的企业更容易在行业竞争中生存，因为其更追求稳定发展。张兆国等（2011）发现，女性首席财务官企业的会计稳健性更高；沃森和麦克诺顿（2007）发现，女性首席财务官的企业盈余质量更高。女性的这些特点为降低审计风险、提高审计质量奠定了较好的会计基础，女性注册会计师在工作中会比男性注册会计师更加细致和认真，对待风险控制更加谨慎。在上述分析的基础上，我们提出假设4-1：

假设4-1：与男性签字注册会计师相比，女性签字注册会计师主持的审计项目质量可能会更高。

（2）签字注册会计师的年龄。按照高阶梯队理论，不同年龄的签字注册会计师在审计经验和风险倾向方面会表现出不一样的特征，在工作中的行为也会不一样。相关研究表明，年龄越大的管理者越理性，其过度自信程度越小，从而越倾向于选择风险较小的战略和决策（福布斯，2005；弗雷泽和格林，2006）。张兆国等（2011）发现，年龄与会计政策稳健性正相关。审计工作依赖在实践中积累的专业判断，经验和谨慎性对审计风险的降低、审计质量的提高有着积极的影响作用。一般而言，年龄越大的签字注册会计师不仅经验越丰富，而且越谨慎。基于上述分析，本书提出假设4-2：

假设4-2：与年轻的签字注册会计师相比，年长的签字注册会计师主持的审计项目质量可能会更高。

（3）签字注册会计师的学历。学习可以部分反映注册会计师的知识和能力，学历越高，学习能力、认知能力、适应能力和信息处理能力越强，面对复杂多变的环境更能保持清晰的思路，做出正确的审计判断。管理者的受教育程度会影响企业管理与技术创新（班特尔和杰克逊，1989）、投资决策（姜付秀等，2009）、战略定位（金佰利和伊万尼斯科，1981）、多元化经营（陈传明和孙俊华，2008）和会计稳健性（张兆国等，2011）。审计工作专业性很强，需要注册会计师的判断与决策能力很强，才能确保审计质量的提高。在以上分析的基础上，本书提出假设4-3：

假设4-3：与学历较低的签字注册会计师相比，学历较高的签字注册会计师主持的审计项目质量可能会更高。

（4）签字注册会计师的教育背景。詹森和扎伊克（2004）认为，管理者的教育背景会影响企业决策，因为其反映了管理者的知识和技能机构。巴克和穆勒（2002）发现，工程教育背景的管理者更能促进公司研发。詹森和扎伊克（2004）发现，财务教育背景的管理者更能促进多元化投资。具有会计教育背景的签字注册会计师在执业时可能会表现出更谨慎的特点。在上述分析的基础上，本书提出假设4-4：

假设4-4：与不具有会计教育背景的签字注册会计师相比，具有会计教育背景的签字注册会计师主持的审计项目质量可能会更高。

（5）签字注册会计师的任期。按照高阶梯队理论，任期能够反映签字注册会计师的社会经验、审计阅历和认知水平。长任期的管理者更容易沟通和合作（艾森哈特舍恩霍芬，1990），对企业决策（弗雷泽和格林，2006）和企业发展（汉布里克和达文尼，1992；威尔斯曼和班特尔，1992）有积极影响。经验的累积对于实践性很强的审计工作很重要。在以上分析的基础上，本书提出假设 4 - 5：

假设 4 - 5：与任期较短的签字注册会计师相比，任期较长的签字注册会计师主持的审计项目质量可能会更高。

会计师事务所转制为特殊普通合伙制，事务所合伙人因审计失败需承担赔偿责任，而且需要追偿个人财产。弗斯等（2011）研究发现，合伙制事务所的审计师表现出更强的稳健性；伦诺克斯和李（2012）研究发现，大型事务所可能从合伙制改制为有限合伙制，潜在诉讼风险较高的事务所可能从合伙制改制为有限合伙制，事务所从合伙制转变为有限合伙制没有降低审计质量。朱小平和叶友（2003）认为，事务所应采取合伙制。但余玉苗和陈波（2002）认为，事务所自主选择其他组织形式的权力不能被否决。基于上述分析，本书提出假设 4 - 6：

假设 4 - 6：相对于有限责任制会计师事务所而言，签字注册会计师背景特征对审计质量的影响在特殊普通合伙制中更加显著。

《中国注册会计师继续教育制度》规定，为了加强行业人才培养，注册会计师需要接受继续教育。事务所或分所若满足如下条件，可申请内部培训资格：50 名以上的注册会计师，健全的培训制度和科学的培训计划，符合要求的师资、场地和设施和其他条件（中国注册会计师协会，2006）。基于此，我们认为具有内部培训资格的会计师事务所在内部、管理上更加健全，风险控制机制更加完善，审计质量更高。基于上述分析，本书提出假设 4 - 7：

假设 4 - 7：相对于没有内部培训资质的会计师事务所而言，签字注册会计师背景特征对审计质量的影响在有内部培训资质的会计师事务所中更加显著。

大所有更多的"客户特有准租金"（迪安杰洛，1981），提高审计质量的动力更强。肖克利（1981）、肖克利和霍尔特（1983）发现，银行、券商和其他投资者都愿意公司由"八大"① 审计；圣皮埃尔和安德烈森（1984）研究发现，"四大"面临的法律诉讼相对较少；贝蒂（1989）研究发现，"四大"审计的公司 IPO 股票被低估的可能性降低；德丰和加姆巴沃（1991）研究发现，"四大"审计的公司，违规和错弊更少；张和黄（1993）研究发现，"四大"审计的公司盈余反应系数也更高；贝克尔等（1998）研究发现，"四大"表现出对盈余管理较低的容忍度；宋衍蘅和肖星（2012）研究发现，对监管风险较高的客户，大所会提供高质量的服务。基于上述分析，本书提出假设 4 - 8：

假设 4 - 8：相对于小规模会计师事务所而言，签字注册会计师背景特征对审计质量的影响在国内"十大"会计师事务所中更加显著。

4.2　研究设计

4.2.1　样本选择与数据来源

本章选取样本为 1992 ~ 2019 年上市公司，并进行筛选：（1）剔除当年 IPO 的公司；（2）剔除 ST、*ST 公司；（3）剔除金融类公司；（4）剔除缺失信息的样本。最终得到样本观测值为 38 469 个。本章对连续变量做了缩尾处理。本书数据来自色诺芬数据库（CCER）、中国注册会计师协会网站（www. cicpa. org. cn）以及手工收集。

4.2.2　变量解释

1. 被解释变量

（1）审计报告激进度。借鉴古尔等（2013）的做法，我们定义虚拟变

---

① 1983 年的统计资料表明，当时全世界最大的八家国际性会计师事务所依次是：皮特 - 马威克 - 米切尔、安达信、永道、克兰维尔德 - 梅因 - 戈德勒、亚瑟 - 杨、普华、厄恩斯特 - 惠尼、德勤。

量 MAO（非标准审计意见取 1，否则取 0）。我们接着用逻辑回归模型
（4－1）来估计审计师发表非标准审计意见的概率，在这个回归模型中，
MAO 是因变量，客户特征是解释变量。审计报告激进性（ARAgg）是指预
测的发表非标准审计意见的概率减去 MAO 的实际值（模型 4－2）。ARAgg
的较高值表示审计师发表非标准审计意见的倾向低于全样本预测的结果，
审计报告激进性高，审计质量低。

$$\mathrm{MAO_s} = \alpha_0 + \alpha_1 \mathrm{Quick} + \alpha_2 \mathrm{AR} + \alpha_3 \mathrm{INV} + \alpha_4 \mathrm{Roa} + \alpha_5 \mathrm{Loss} + \alpha_6 \mathrm{Lev} + \alpha_7 \mathrm{Size}$$
$$+ \alpha_8 \mathrm{Listage} + \alpha_9 \mathrm{Other} + \alpha_{10} \mathrm{Indu} \qquad (4-1)$$

$$\mathrm{ARAgg} = \mathrm{MAO_s} - \mathrm{Actual\ opinion} \qquad (4-2)$$

模型（4－1）中，Quick 是指速动比率，AR、INV 分别指应收账款、
存货的期末余额除以总资产，Roa 是资产报酬率，Loss 是亏损虚拟变量，
Lev 是资产负债率，Size 是公司规模，Listage 是公司上市年限，Other 是其
他应收款除以总资产，模型中还包括了行业虚拟变量 Indu。

（2）MAO。借鉴弗朗西斯、克里希南、伦诺克斯的做法，采用注册会
计师发表非标准审计意见的概率来度量审计质量，如果客户收到非标准审
计意见，变量取 1，否则取 0。

（3）采用第 3 章构建的审计质量评价指标（$\mathrm{AQ_{zh}}$）来度量审计质量。

2. 解释变量

本书借鉴班特尔和杰克逊（1989）、姜付秀等（2009）等的研究成果，
对签字注册会计师的性别、年龄、学历、教育背景和任期进行衡量。

3. 控制变量

本书借鉴比斯利（1996）、宋衍蕻和付皓（2012）等的研究成果，所
选择的控制变量包括总资产收益率、亏损虚拟变量、资产周转率、所有者
权益账面市值比、资产负债率、上市公司审计业务复杂度、公司规模、国
有企业虚拟变量、上市年限、客户重要性以及行业效应和年度效应。上述
各变量的定义见表 4－1。

表 4 – 1   变量定义

变量名称	变量符号	变量定义	预期符号
审计质量	ARAgg MAO AQ_{zh}	审计报告的激进性，由模型（4 – 2）计算得出 注册会计师发表非标准审计意见取值为 1，否则取 0 第 3 章建立的审计质量综合评价指标	
性别	Male	当签字注册会计师为男性时，变量取值为 1，否则取值为 0	+
年龄	Age	签字注册会计师签发报告的年份 – 出生年份	+
签字注册会计师的学历	Degr	高中或中专以下为 1、大专为 2、本科为 3、硕士为 4、博士为 5	+
签字注册会计师的教育背景	Edu	会计（审计）专业毕业取值为 1，否则取值为 0	+
签字注册会计师的任期	Tenu	任签字注册会计师的年限	+
总资产收益率	Roa	净利润除以平均总资产	+
亏损虚拟变量	Loss	当公司亏损时取值为 1，否则取值为 0	+
资产周转率	Turno	销售收入除以平均总资产	+
所有者权益账面市值比	BM	所有者权益的期末账面价值除以市场价值	+
资产负债率	Lev	负债总额除以期末总资产	+
审计业务复杂度	Invrec	（应收账款 + 存货）/总资产	+
公司规模	Size	公司总资产的自然对数	+
产权性质	Lgov	客户为国有控股，变量取值为 1，否则为 0	+
上市年限	Listage	公司的上市年限	+
客户重要性	CI	$\dfrac{\ln TAST_i}{\sum_{k=1}^{m}\sum_{i=1}^{l}\ln TAST_i}$，式中，$\ln TAST_i$ 表示客户 i 总资产的自然对数，l 表示 k 注册会计师审计的客户的数量，m 表示签署审计报告的注册会计师的数量	+
行业	∑Industry	设置行业虚拟变量	
年度	∑Year	控制年度效应	

4.2.3　检验模型

为了考察签字注册会计师背景特征对审计质量的影响，本书构建如下回归模型：

$$AQ = \beta_0 + \beta_1 Male + \beta_2 Age + \beta_3 Degr + \beta_4 Edu + \beta_5 Tenu + Controlvaribles + \varepsilon$$

$$(4 - 3)$$

4.3　实证分析

4.3.1　描述性统计结果

表 4 – 2 是变量的描述性统计结果。由表 4 – 2 可见，审计质量的最小值和最大值分别为 42.481 和 727.141，说明审计质量的差别较大，审计质量的均值为 61.102，是因为国内"十大"会计师事务所的综合得分比较高，其他会计师事务所的综合评价得分不是很高。性别的均值为 0.691，说明大多数签字注册会计师为男性，占 69.1%；年龄的平均值和中位数分别为 40.922 和 41，说明绝大多数签字注册会计师的年龄在 41 岁左右，正处在年富力强的时期；学历的均值为 2.763，说明签字注册会计师的学历主要集中在本科；教育背景的均值为 0.452，说明近半的签字注册会计师毕业于会计专业；任期的平均值和中位数分别为 12.441 和 13，说明大多数签字注册会计师的任期在 13 年左右，具有一定的实践经验。

表 4 – 2　　　　　　　　　变量的描述性统计结果

变量	N	Min	Max	Mean	P50	SD
ARAgg	38 469	– 0.941	0.251	0.000	0.011	0.131
MAO	38 469	0.000	1.000	0.065	0.000	0.471
AQ_{zh}	38 469	42.481	727.141	61.102	78.342	85.187
Male	38 469	0.000	1.000	0.691	1.000	0.461

变量	N	Min	Max	Mean	P50	SD
Age	38 469	25.000	78.000	40.922	41.000	6.982
Degr	38 469	1.000	5.000	2.763	3.000	0.753
Edu	38 469	0.000	1.000	0.452	0.000	0.501
Tenu	38 469	0.000	44.000	12.441	13.000	4.852
Roa	38 469	-3.871	26.201	2.041	3.521	15.672
Loss	38 469	0.000	1.000	0.082	0.000	0.271
Turno	38 469	0.000	15.702	0.731	0.612	0.573
BM	38 469	0.062	1.281	0.432	0.383	0.251
Lev	38 469	0.044	1.263	0.463	0.471	0.212
Inverc	38 469	0.000	0.884	0.271	0.252	0.181
Size	38 469	18.561	25.521	21.812	21.653	1.243
Lgov	38 469	0.000	1.000	0.601	1.000	0.491
Listage	38 469	0.000	20.000	8.842	9.000	5.533
CI	38 469	0.062	1.000	0.241	0.201	0.154

4.3.2 相关性分析

各变量间的相关性分析结果如表4-3所示。我们发现，性别、教育背景和职位等级与审计质量负相关，注册会计师主持项目的审计质量更高。年龄、学历和任期与审计质量正相关，说明年长的注册会计师负责项目的审计质量更高，高学历的注册会计师负责项目的审计质量更高，长任期的注册会计师负责项目的审计质量更高。这些单变量检验的结果还需要进一步检验来验证。

表 4 - 3　　变量间相关性分析

变量	AQ_zh	Male	Age	Degr	Edu	Tenu	Roa	Loss	Turno	BM	Lev	Inverc	Size	Lgov	Listage	CI
AQ_zh	1.000															
Male	-0.036	1.000														
Age	0.236*	0.023*	1.000													
Degr	0.084*	0.036*	-0.013	1.000												
Edu	-0.013	0.008	0.091*	0.003	1.000											
Tenu	0.148*	0.036*	0.671*	0.095*	0.117*	1.000										
Roa	0.037	-0.014	0.003	0.021*	-0.002	0.011	1.000									
Loss	-0.015	0.017	0.004	-0.014	-0.003	-0.014	-0.245*	1.000								
Turno	0.034*	-0.005	0.003	0.021	0.005	0.021	0.226*	-0.065*	1.000							
BM	0.015	-0.005	0.011	0.008	0.003	0.015	-0.146*	0.006	-0.072*	1.000						
Lev	-0.014	0.003	0.012	0.012	-0.005	-0.012	-0.118*	0.162*	0.148*	0.061*	1.000					
Inverc	-0.018	-0.017	-0.015	0.015	-0.016	-0.023*	-0.052*	-0.038*	0.054*	-0.051*	0.271*	1.000				
Size	-0.003	-0.027*	-0.026*	0.050*	-0.024*	-0.004	0.135*	-0.061*	0.096*	0.362*	0.450*	-0.027*	1.000			
Lgov	0.015	-0.023*	0.011	0.012	-0.023*	-0.016	-0.004	0.054*	0.082*	0.027*	0.281*	-0.102*	0.296*	1.000		
Listage	0.018	-0.015	0.081*	0.004	0.032*	0.062*	0.112*	0.085*	0.076*	0.072*	0.363*	0.011	0.248*	0.343*	1.000	
CI	-0.038*	-0.054*	-0.032*	-0.061*	-0.072*	-0.112*	-0.003	0.018	0.013	0.013	0.080*	0.005	0.125*	0.096*	0.064*	1.000

注：*、**、*** 表示 10%、5%、1% 的显著性水平。

4.3.3 回归分析

回归分析的结果如表 4-4 所示。我们发现，年长的签字注册会计师负责项目的审计质量更高，高学历的注册会计师负责项目的审计质量更高，任期长的签字注册会计师负责项目的审计质量高。而性别对审计质量没有发挥显著影响，可能是因为女性的行为方式和思想观念在现代逐渐趋向男性特征，北京大学光华管理学院女性领导力研究课题组（2006）研究发现，在执业追求上，女性管理者与男性相似；《世界经理人》（2007）调查发现，女性管理者乐于创新、面对挑战和承担风险；李焰等（2011）发现，在过度投资、投资规模方面，管理性别的影响不明显。教育背景对审计质量的影响不显著，可能是因为毕业生在会计师事务所接受了系统的培训，大学阶段所学专业的影响变小。

从不同会计师事务所组织形式的回归结果来看，性别、教育背景和任期对审计质量的影响在两种组织形式中无差异。但签字注册会计师年龄、学历和职位等级只在有限合伙制中显著影响审计质量，可能是特殊普通合伙制事务所质量控制机制健全，风险管理意识更强，签字注册会计师个人发挥作用的空间有限。全样本的 R^2 为 24.1%，说明模型的拟合优度较好。

表 4-4（1）　签字注册会计师背景特征影响审计质量的回归结果（DV = AQ$_{zh}$）

变量	全样本	分会计师事务所组织形式		分会计师事务所培训资质		分会计师事务所规模	
		特殊普通合伙制	有限责任制	有内部培训资质	没有内部培训资质	Big10	非 Big10
Male	0.618 (1.331)	0.002 (1.541)	0.004 (1.391)	0.007** (2.461)	0.002 (0.371)	0.003 (0.791)	0.005 (1.412)
Age	0.371*** (4.012)	0.002 (1.312)	0.003*** (5.462)	0.002** (2.052)	0.002 (1.572)	0.002 (1.202)	0.002*** (5.061)
Degr	0.253* (1.821)	0.004 (1.101)	0.006* (1.701)	0.008*** (2.691)	0.002 (0.235)	0.004 (0.971)	0.005* (1.832)
Edu	0.809 (0.471)	0.003 (0.5621)	0.003 (0.591)	0.005* (1.732)	0.002 (0.612)	0.002 (0.082)	0.003 (0.791)
Tenu	0.102* (1.682)	0.003 (0.813)	0.002 (0.801)	0.002* (1.692)	0.002 (1.582)	0.002 (1.382)	0.002 (0.851)

续表

变量	全样本	分会计师事务所组织形式		分会计师事务所培训资质		分会计师事务所规模	
		特殊普通合伙制	有限责任制	有内部培训资质	没有内部培训资质	Big10	非 Big10
Roa	0.002 *** (7.262)	0.002 *** (3.612)	0.003 *** (5.713)	0.002 *** (3.542)	0.003 *** (6.791)	0.002 *** (4.562)	0.002 *** (5.542)
Loss	0.023 *** (2.841)	0.013 ** (2.461)	0.018 ** (2.292)	0.015 ** (2.423)	0.013 * (1.842)	0.007 (0.851)	0.022 *** (3.261)
Turnover	0.007 *** (4.031)	0.007 ** (2.201)	0.012 *** (3.101)	0.016 *** (5.101)	0.003 (0.851)	0.004 * (1.782)	0.012 *** (4.011)
BM	0.014 *** (2.721)	0.021 *** (3.671)	0.005 (0.451)	0.013 (1.501)	0.021 *** (2.512)	0.023 *** (3.401)	0.006 (0.812)
Lev	0.012 (1.472)	0.015 * (1.791)	0.051 *** (3.871)	0.011 (0.872)	0.011 (0.891)	− 0.016 * (− 1.741)	0.032 *** (3.121)
Inverc	0.016 ** (2.261)	− 0.027 *** (3.052)	0.009 (0.721)	0.031 *** (2.601)	0.006 (0.751)	0.031 *** (2.731)	0.012 (1.012)
Size	0.002 ** (2.024)	0.002 (1.003)	0.004 (1.401)	0.002 (0.642)	0.006 *** (3.791)	0.002 (0.762)	0.004 (1.581)
Lgov	0.016 ** (2.313)	0.003 (0.701)	0.013 *** (2.481)	0.005 (1.042)	0.006 ** (2.032)	− 0.001 (− 0.121)	0.011 *** (2.681)
Listage	0.002 * (1.671)	0.002 (1.632)	0.002 (0.692)	0.002 *** (3.151)	0.002 (1.573)	0.002 * (1.923)	0.002 (0.662)
CI	0.019 *** (4.135)	0.015 ** (1.981)	0.047 *** (3.681)	0.021 *** (3.052)	0.026 *** (2.701)	0.006 (0.701)	0.038 *** (4.421)
Constant	0.071 *** (3.112)	0.013 (0.782)	0.124 ** (2.442)	− 0.056 (− 1.521)	0.206 *** (5.671)	0.041 (1.301)	0.105 *** (2.631)
Industry	Yes	Yes	Yes	Yes	Yes	Yes	Yes
Year	Yes	Yes	Yes	Yes	Yes	Yes	Yes
R^2	0.241	0.282	0.331	0.313	0.334	0.271	0.322
F Value	4.98	4.53	5.23	4.34	4.87	3.38	4.93
N	38 469	22 364	16 105	18 363	20 106	17 878	20 591

注：(1) *、**、*** 表示 10%、5%、1% 的显著性水平；(2) 括号内是 t 值。

表 4 − 4（2）　　　签字注册会计师背景特征影响审计质量的回归结果（DV = ARAgg）

变量	全样本	分会计师事务所组织形式		分会计师事务所培训资质		分会计师事务所规模	
		特殊普通合伙制	有限责任制	有内部训资质	没有内部培训资质	Big10	非 Big10
Male	− 0.718 (− 1.331)	− 0.013 (− 1.741)	− 0.015 (− 1.391)	− 0.018 ** (− 2.661)	− 0.011 (− 0.231)	− 0.012 (− 0.791)	− 0.014 (− 1.412)
Age	− 0.571 *** (− 4.212)	− 0.011 (− 1.312)	− 0.012 *** (− 5.662)	− 0.011 ** (− 2.162)	− 0.011 (− 1.682)	− 0.011 (− 1.202)	− 0.011 *** (− 5.171)

续表

变量	全样本	分会计师事务所组织形式		分会计师事务所培训资质		分会计师事务所规模	
		特殊普通合伙制	有限责任制	有内部培训资质	没有内部培训资质	Big10	非 Big10
Degr	−0. 253 * (−1. 821)	−0. 013 (−1. 011)	−0. 017 * (−1. 901)	−0. 019 *** (−2. 891)	−0. 011 (−0. 231)	−0. 013 (−0. 971)	−0. 016 * (−1. 942)
Edu	−0. 809 (−0. 671)	−0. 012 (−0. 621)	−0. 012 (−0. 591)	−0. 016 * (−1. 932)	−0. 011 (−0. 612)	−0. 011 (−0. 082)	−0. 012 (−0. 881)
Tenu	−0. 302 * (−1. 792)	−0. 011 (−0. 813)	−0. 011 (−0. 801)	−0. 011 * (−1. 782)	−0. 011 (−1. 692)	−0. 011 (−1. 582)	−0. 011 (−0. 851)
Roa	−0. 011 *** (−7. 462)	−0. 011 *** (−3. 812)	−0. 012 *** (−5. 913)	−0. 011 *** (−3. 742)	−0. 012 *** (−6. 991)	−0. 011 *** (−4. 762)	−0. 011 *** (−5. 742)
Loss	−0. 023 *** (−2. 841)	−0. 024 ** (−2. 661)	−0. 029 ** (−2. 492)	−0. 026 ** (−2. 623)	−0. 022 * (−1. 842)	−0. 016 (−0. 851)	−0. 031 *** (−3. 461)
Turnover	−0. 009 *** (−4. 141)	−0. 016 ** (−2. 401)	−0. 021 *** (−3. 101)	−0. 027 *** (−5. 301)	−0. 012 (−0. 851)	−0. 015 * (−1. 892)	−0. 023 *** (−4. 121)
BM	−0. 025 *** (−2. 921)	−0. 033 *** (−3. 871)	−0. 014 (−0. 451)	−0. 022 (−1. 701)	−0. 030 *** (−2. 712)	−0. 034 *** (−3. 601)	−0. 017 (−0. 812)
Lev	−0. 021 (−1. 562)	−0. 026 * (−1. 991)	−0. 060 *** (−3. 871)	−0. 020 (−0. 872)	−0. 020 (−0. 891)	−0. 027 * (−1. 851)	−0. 043 *** (−3. 321)
Inverc	−0. 027 ** (−2. 371)	−0. 038 *** (−3. 162)	−0. 018 (−0. 721)	−0. 040 *** (−2. 801)	−0. 017 (−0. 751)	−0. 040 *** (−2. 931)	−0. 021 (−1. 102)
Size	−0. 013 ** (−2. 224)	−0. 011 (−1. 101)	−0. 013 (−1. 401)	−0. 011 (−0. 642)	−0. 017 *** (−3. 991)	−0. 011 (−0. 762)	−0. 013 (−1. 581)
Lgov	−0. 016 ** (−2. 313)	−0. 012 (−0. 701)	−0. 022 *** (−2. 681)	−0. 014 (−1. 132)	−0. 017 ** (−2. 112)	−0. 001 (−0. 031)	−0. 020 *** (−2. 681)
Listage	−0. 011 * (−1. 761)	−0. 011 (−1. 742)	−0. 011 (0. −692)	−0. 011 *** (−3. 351)	−0. 011 (−1. 683)	−0. 011 * (−1. 923)	−0. 011 (−0. 662)
CI	−0. 039 *** (−4. 335)	−0. 026 ** (−1. 891)	−0. 058 *** (−3. 881)	−0. 41 *** (−3. 252)	−0. 037 *** (−2. 901)	−0. 017 (−0. 901)	−0. 058 *** (−4. 621)
Constant	−0. 091 *** (−3. 312)	−0. 033 (−0. 892)	−0. 225 ** (−2. 642)	−0. 067 (−1. 631)	−0. 316 *** (−5. 871)	−0. 050 (−1. 301)	−0. 116 *** (−2. 721)
Industry	Yes	Yes	Yes	Yes	Yes	Yes	Yes
Year	Yes	Yes	Yes	Yes	Yes	Yes	Yes
R²	0. 24	0. 29	0. 35	0. 33	0. 35	0. 29	0. 34
F Value	4. 89	4. 55	5. 25	4. 36	4. 89	3. 38	4. 95
N	38 469	22 364	16 105	18 363	20 106	17 878	20 591

注：（1）＊、＊＊、＊＊＊表示10%、5%、1%的显著性水平；（2）括号内是 t 值。

表 4 - 4 （3）　　　　签字注册会计师背景特征影响审计质量的回归结果 （DV = MAO）

变量	全样本	分会计师事务所组织形式		分会计师事务所培训资质		分会计师事务所规模	
		特殊普通合伙制	有限责任制	有内部培训资质	没有内部培训资质	Big10	非 Big10
Male	0.728 (1.341)	0.004 (1.651)	0.006 (1.281)	0.009** (2.571)	0.002 (0.281)	0.003 (0.681)	0.005 (1.342)
Age	0.581*** (4.122)	0.002 (1.232)	0.003*** (5.572)	0.002** (2.072)	0.002 (1.592)	0.002 (1.132)	0.002*** (5.081)
Degr	0.163* (1.931)	0.004 (1.011)	0.008* (1.811)	0.008*** (2.781)	0.002 (0.142)	0.004 (0.891)	0.007* (1.852)
Edu	0.919 (0.581)	0.003 (0.531)	0.003 (0.481)	0.007* (1.842)	0.002 (0.532)	0.002 (0.082)	0.003 (0.791)
Tenu	0.212* (1.682)	0.002 (0.723)	0.002 (0.711)	0.002* (1.692)	0.002 (1.582)	0.002 (1.492)	0.002 (0.961)
Roa	0.002*** (7.372)	0.002*** (3.732)	0.003*** (5.823)	0.002*** (3.652)	0.003*** (6.871)	0.002*** (4.672)	0.002*** (5.652)
Loss	0.014*** (2.951)	0.015** (2.571)	0.018** (2.382)	0.017** (2.543)	0.013* (1.952)	0.007 (0.961)	0.023*** (3.371)
Turnover	0.009*** (4.051)	0.007** (2.311)	0.012*** (3.011)	0.018*** (5.211)	0.003 (0.961)	0.006* (1.782)	0.014*** (4.031)
BM	0.016*** (2.831)	0.024*** (3.781)	0.005 (0.361)	0.013 (1.611)	0.021*** (2.632)	0.025*** (3.521)	0.008 (0.932)
Lev	0.012 (1.472)	0.017* (1.881)	0.051*** (3.981)	0.011 (0.982)	0.011 (0.981)	-0.018* (-1.761)	0.034*** (3.231)
Inverc	0.018** (2.281)	-0.029*** (3.072)	0.009 (0.631)	0.031*** (2.711)	0.008 (0.671)	0.031*** (2.841)	0.012 (1.012)
Size	0.004** (2.134)	0.002 (1.011)	0.004 (1.311)	0.002 (0.562)	0.008*** (3.871)	0.002 (0.672)	0.004 (1.581)
Lgov	0.007** (2.223)	0.003 (0.611)	0.013*** (2.591)	0.005 (1.042)	0.008** (2.032)	-0.001 (-0.023)	0.011*** (2.591)
Listage	0.002* (1.671)	0.002 (1.652)	0.002 (0.582)	0.002*** (3.261)	0.002 (1.593)	0.002* (1.843)	0.002 (0.572)
CI	0.028*** (4.245)	0.017** (1.981)	0.049*** (3.791)	0.032*** (3.162)	0.028*** (2.811)	0.008 (0.821)	0.049*** (4.531)
Constant	0.082*** (3.232)	0.024 (0.782)	0.126** (2.552)	-0.058 (-1.631)	0.226*** (5.781)	0.041 (1.231)	0.107*** (2.631)
Industry	Yes	Yes	Yes	Yes	Yes	Yes	Yes
Year	Yes	Yes	Yes	Yes	Yes	Yes	Yes
R²	0.25	0.30	0.36	0.34	0.36	0.30	0.35
F Value	4.97	4.56	5.26	4.37	4.86	3.41	4.96
N	38 469	22 364	16 105	18 363	20 106	17 878	20 591

注：（1）＊、＊＊、＊＊＊表示10%、5%、1%的显著性水平；（2）括号内是 t 值。

从不同培训资质事务所的回归结果来看，签字注册会计师背景特征在有内部培训资质的事务所显著影响审计质量，可能是因为有培训资质的事务所内控健全，质量管理严格所致。

从不同规模的回归结果来看，签字注册会计师背景特征只在非"十大"会计师事务所显著，可能是因为非"十大"在强大的竞争压力面前对质量控制更加严格。

4.3.4 稳健性检验

本章同时做了如下稳健性检验，以保证结果的可靠性：一是变量替换。本章分别采用异常应计（DA）、线下项目（BI）和是否微利（SP）来衡量审计质量，并进行了回归分析。二是样本调整。本章考虑管制行业这一虚拟变量（将资源、地产和公共事业等管制行业取值为1，其他行业取值为0），进行了回归。三是群聚调整。考虑到本章分析中可能存在的低估标准误差的问题，借鉴彼得森（2009）的做法，对标准误差进行群聚调整。稳健性检验结果与前文主要结论比较一致，说明结论具有稳健性（见表4-5）。

表4-5 签字注册会计师背景特征影响审计质量的回归结果（变量替换）

变量	DV = DA	DV = BI	DV = SP
Male	-0.518 (-1.231)	-0.618 (-1.311)	-0.628 (-1.321)
Age	-0.361 *** (-4.032)	-0.561 *** (-4.112)	-0.481 *** (-4.112)
Degr	-0.243 * (-1.721)	-0.153 * (-1.811)	-0.153 * (-1.831)
Edu	-0.709 (-0.461)	-0.808 (-0.661)	-0.819 (-0.481)
Tenu	-0.112 * (-1.672)	-0.202 * (-1.782)	-0.112 * (-1.672)
CV	Yes	Yes	Yes
R²	0.23	0.23	0.24
F Value	4.97	4.79	4.96
N	38 469	38 469	38 469

注：（1）*、**、*** 表示10%、5%、1%的显著性水平；（2）括号内是 t 值。

4.4　本章小结

本章运用高阶梯队理论对签字注册会计师背景特征影响审计质量进行了理论和实证研究。

（1）从理论上分析了签字注册会计师背景特征对审计质量的影响，具体包括签字注册会计师的性别对审计质量的影响，女性审计师可能更谨慎；签字注册会计师年龄对审计质量的影响，年龄越大的签字注册会计师主持项目的审计质量可能更高；签字注册会计师的学历与审计质量正相关；具有会计教育背景的签字注册会计师主持项目的审计质量可能更高；签字注册会计师的任期对审计质量的影响，任期长的签字注册会计师主持项目的审计质量可能更高。

（2）实证检验了签字注册会计师背景特征对审计质量的影响。研究发现，年长的签字注册会计师负责项目的审计质量更高，高学历的注册会计师负责项目的审计质量更高，长任期的注册会计师负责项目的审计质量更高，而性别和教育背景没有对审计质量产生显著影响。从不同会计师事务所组织形式的回归结果来看，签字注册会计师性别、教育背景和任期对审计质量的影响无差异，年龄和学历只在有限合伙制会计师事务所组织形式下对审计质量发挥正向的影响。签字注册会计师背景特征对审计质量的影响在有内部培训资质的事务所更明显，而这一影响在非"十大"的会计师事务所更明显。

研究表明，在关注审计质量时，不可忽视签字注册会计师背景特征的作用，研究结论对选拔和管理注册会计师，从根本上提高审计质量有重要借鉴。

第5章 制度背景、审计师特征 与审计质量研究

利用 1992 ~ 2019 年的 A 股上市公司财务数据，以及中国注册会计师协会网站手工收集的注册会计师的信息，采用固定效应回归模型，考察审计师特征对审计质量的影响。本章关注的审计师特征主要是人口学背景特征，包括性别、学历和政治面貌，同时考虑了政府监管和媒体监督的调节作用。

5.1 引言

审计质量是指注册会计师发现并揭露财务报告误述的联合概率（迪安杰洛，1981；瓦茨和齐默尔曼，1986），它主要表现为能够提高财务报告信息的可信度。在当今市场竞争日趋激烈的情况下，审计质量对会计师事务所十分重要，是其提高价值、增强竞争优势、促进可持续发展的根本。正因如此，审计质量颇受学术界的关注。

就审计质量的影响因素而言，学术界的研究主要集中在会计师事务所规模和任期（皮特和罗杰，2006；弗朗西斯和于，2009）、客户特点（肖作平，2006）、政府监管和法律制度（龚启辉等，2011；德丰和伦诺克斯，2011）等因素对审计质量的影响。但是，这些研究都是假定审计师是同质的，没有考虑不同审计师的差异。高层梯队理论认为，不同特征的管理者会对企业绩效产生不同的影响，因为其认知能力、价值取向和行为选择不同（汉布里克和莫森，1984）。按照类似的逻辑推演，不同特征的审计师主持项目的审计质量也会存在差异，因为其行为不同。研究发现，审计师

的人口背景特征对会计信息稳健性（罗春华等，2014）、会计师事务所运营效率（付宏琳，2014）等方面都会产生一定的影响。因此，在审计师是审计项目的直接组织者和质量控制者的情况下，研究审计质量如果忽略审计师特征的影响，其结论的解释力可能会受影响。

高阶梯队理论的发展带动了学者研究审计师特征对审计质量的影响，审计师的技能和个性（尼尔森和谭，2005）、教育背景（尼尔森，2009）、性别（戈尔德等，2009）、任期（吴伟荣和郑宝红，2015）等方面都会对审计质量产生一定的影响。不过，在现有这些研究的基础上，仍存在着值得进一步研究的问题：制度性因素的调节作用。存在决定意识，虽然不同人口背景特征的审计师具有不同的价值取向和行为选择，但其行为一定会受到制度的影响。在研究人的行为影响时，将其放在特定制度下进行研究，结论可能会更可靠。

在上述分析的基础上，文章研究审计师背景特征对审计质量的影响，选取样本为 1992~2019 年上市公司。其基本思路是：首先考察审计师的背景特征对审计质量的影响；然后结合制度背景，考虑政府监管和媒体监督等制度性因素在审计师背景特征影响审计质量中的调节作用。

本书的贡献主要表现在如下两个方面：首先，从审计师背景特征的角度出发，研究其对审计质量的影响，有助于拓宽审计质量的研究视野。其次，在研究审计师对审计质量的影响时，考虑了制度背景的调节作用，将人的影响放在制度的背景下进行考察，研究更加严谨。

余文结构安排如下：第二部分是理论分析与研究假设；第三部分是研究设计，包含样本选择与数据来源、变量解释和模型构建；第四部分是实证分析；第五部分是本章小结。

5.2 理论分析与研究假设

5.2.1 审计师背景特征对审计质量的影响作用

高阶梯队理论认为，不同背景特征的企业高管会有不同的价值选择，不同的心理偏差和不同的情绪。同理，不同背景特征对审计师的行为也会产生不同的影响，审计师的背景特征包括性别、学历、级别和政治面貌。

（1）性别。戈尔德等（2009）研究发现，女性审计师比男性审计师受到男性首席财务官的影响更明显。费勒和麦克乔夫斯基（2007）发现，女性在风险规避和财务问题的保守倾向上比男性更显著。斯里尼迪等（2011）发现，有女性董事的上市公司有更高的盈余质量。男性审计师更为激进和冒险，发表审计意见时会更加高估自己的判断，主持项目的审计质量可能较低；而女性审计师在执业时会更加谨慎和保守，主持项目的审计质量可能会较高。在上述分析的基础上，提出假设5-1：

假设5-1：女性审计师主持项目的审计质量比男性审计师主持项目的质量更高。

（2）学历。审计师的教育背景会影响其知识、风险偏好和价值观。硕士学历的人会获得更多的工作机会、更高的薪水和更高的雇用概率。第三方专业教育数据咨询机构麦可思对23419名2011届大学毕业生进行的在线调查发现，本科生的基础月薪是2400元，而硕士是4000元①。伯坦德和肖尔（2003）发现，拥有工商管理硕士专业学位的人比其他首席执行官更激进。利希滕斯坦和菲施贺夫（1977）发现，学历越高的审计师接受的专业知识越多，对专业的了解更充分，在实践中考虑与审计决策相关的信息更全面，具体工作把握更准确，判断更谨慎。在以上分析的基础上，本书提出假设5-2：

假设5-2：高学历的审计师主持项目的质量更高。

（3）政治面貌。在"两学一做"的深入推动下，党员审计师在执业时更谨慎，表现出更强的责任感和使命感，执业时发现问题的可能性更高，发表非标准审计意见的概率更高。基于上述分析，本书提出假设5-3：

假设5-3：党员主持审计项目的质量更高。

---

① http://edu.people.com.cn/GB/14057581.html.

5. 2. 2 制度背景在审计师影响审计质量中的调节作用

存在决定意识，人的行为要受到环境的制约和影响，不同制度背景下，审计师对审计质量的影响也会呈现不同的特征。因此，研究审计师背景特征对审计质量的影响作用，必须考虑制度背景的影响。陈等（2010）发现，审计制度环境的改善会使审计师执业时表现得更为谨慎。本书研究的制度背景包括政府监管和媒体监督。

1. 政府监管

大事务所基于降低诉讼成本和保护声誉的考虑，会提高审计质量（弗朗西斯和克里希南，1999），审计质量是更受声誉效应影响还是更受保险效应影响，观点并不一致（胡拉玛和拉曼，2004），但在发达国家的资本市场，法律风险和声誉机制发挥了提高审计质量的作用。中国审计师面临低法律风险和不完全有效的审计声誉机制（朱红军等，2008；王兵等，2009；刘峰等，2010），是何种力量在保障审计质量呢？陈和吴（2011）认为，中国的政府监管有类似于美国的监管效应。古尔等（2013）、杨等（2001）和古尔等（2009）认为，通过审计市场改革，引入国际审计准则、推动事务所脱钩改制、合并和转制等手段，中国政府显著提高了审计质量。但刘峰等（2010）认为，行政处罚会导致公司股价下跌，假如事务所客户没有显著减少，其并不会改进审计质量。龚启辉等（2011）发现，政府控制对审计质量具有双重影响，一方面通过增强事务所的本土知识和抵御压力的能力提高审计质量，另一方面通过其控制降低非标审计意见出具的概率，降低审计质量。审计师在执业时会考虑政府监管，对其审计行为做出调整，此时审计师个人特征和政府监管共同作用，促进了审计质量的提高。在上述分析的基础上，本书提出假设 5 - 4：

假设 5 - 4：政府监管在审计师特征影响审计质量中有正向调节作用。

2. 媒体监督

严晓宁（2008）发现，在西方成熟市场，媒体作为信息发布、收集的舆论导向主体，发挥着意见领袖的作用。媒体对公司的治理作用也表现于审计领域。当客户被《华尔街日报》报道亏损后，审计师签发审计意见会更稳健（福斯特，1991）。当公司被《华尔街日报》报道债务违约时，审计师签发非标准审计意见的概率更高（穆奇勒等，1997）。乔（2003）发现，媒体负面报道会增加审计师对客户破产的顾虑，进而会引起审计师签发非标审计意见。这表明，审计师注意到公司风险是媒体负面报道揭示的。范和黄（2005）认为，审计师会根据媒体披露的负面消息评估其可能面临的风险和潜在诉讼损失。刘启亮等（2013）发现，媒体负面报道越多的公司，变更审计师的可能性越大。尹美群等（2016）发现，媒体对上市公司的态度越负面，其审计费用越高。相比"十大"会计师事务所，非"十大"会计师事务所对被审计单位负面消息更加敏感。审计师在做出审计决策时，也会受到媒体报道的影响。面对媒体报道越多的上市公司，审计师执业时会越谨慎，个人特征和媒体监管共同促进了审计质量的提高。在上述分析的基础上，本书提出假设5-5：

假设5-5：在审计师特征对审计质量的影响中，媒体监督有着正向的调节作用。

本研究框架如图5-1所示。

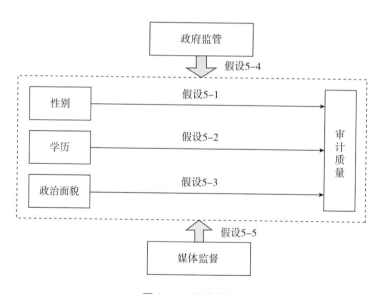

图5-1 研究框架

5.3　研究设计

5.3.1　样本选择与数据来源

笔者从中国证券市场财务研究数据库（CSMAR）获得财务数据、审计意见、审计事务所和签字审计师信息。把审计师的身份与中国注册会计师协会网站（www.cicpa.org.cn）的信息进行交叉核对，审计师的个人特征信息也是从这一网站获取。笔者手工输入审计师的姓名，把查找的结果与数据库披露的签字审计师和事务所信息进行匹配。选取的样本期间为 1992 ~ 2019 年，剔除信息缺失的样本，总样本数为 38 469。对变量进行 1% 的 Winsore 处理以消除极端值影响。

5.3.2　变量解释

1. 被解释变量

（1）审计报告激进度。借鉴古尔等（2013）的做法，定义虚拟变量 MAO（非标准审计意见取 1，否则取 0）。接着用逻辑回归模型（1）来估计审计师发表非标准审计意见的概率，在这个回归模型中，MAO 是因变量，客户特征是解释变量。审计报告激进性（ARAgg）是指预测的发表非标准审计意见的概率减去 MAO 的实际值（模型 2）。ARAgg 的较高值表示审计师发表非标准审计意见的倾向低于全样本预测的结果，审计报告激进性高，审计质量低。

$$MAO_s = \alpha_0 + \alpha_1 Quick + \alpha_2 AR + \alpha_3 INV + \alpha_4 Roa + \alpha_5 Loss + \alpha_6 Lev + \alpha_7 Size$$
$$+ \alpha_8 Listage + \alpha_9 Other + \alpha_{10} Indu \tag{5-1}$$

$$ARAgg = MAO_s - \text{Actual opinion} \tag{5-2}$$

模型（5-1）中，Quick 是指速动比率，AR、INV 分别指应收账款、存货的期末余额除以总资产，Roa 是资产报酬率，Loss 是亏损虚拟变量，Lev 是资产负债率，Size 是公司规模，Listage 是公司上市年限，Other 是其他应收款除以总资产，模型中还包括了行业虚拟变量 Indu。

（2）MAO。借鉴弗朗西斯、克里希南、伦诺克斯的做法，采用注册会计师发表非标准审计意见的概率来度量审计质量，如果客户收到非标准审计意见，变量取1，否则取0。

（3）采用第3章构建的审计质量评价指标（AQ_{zh}）来度量审计质量。

2. 解释变量

本书借鉴班特尔和杰克逊（1989）、姜付秀等（2009）的研究成果，对审计师的性别、学历和政治面貌进行衡量。

3. 调节变量

第一，政府监管。政府监管力度以证监会、财政部、上交所、深交所和其他监管机构对上市公司的处罚来度量。按照处罚方式赋值，批评赋值为2，警告赋值为3，谴责赋值为4，罚款赋值为5，没收违法所得赋值为6，取消营业许可赋值为7，市场禁入赋值为8，其他情况赋值为1。如果一家上市公司同时被处以几种处罚，则将分值加总。第二，媒体监督。媒体监督的度量选取的是媒体负面报道总次数的自然对数。

4. 控制变量

模型中，我们还控制了事务所特征变量，包括事务所任期、注册会计师任期、事务所规模、事务所客户规模、事务所客户重要性、注册会计师客户重要性，控制上市公司特征变量包括资产报酬率、亏损虚拟变量、资产周转率、所有者权益账面市值比、资产负债率、上市公司审计业务复杂度、公司规模、产权性质、上市年限、行业效应和年度效应。变量定义如表5-1所示。

表5-1　　　　　　　　　　　　　　变量定义

变量名称	变量符号	变量定义	预期符号
审计质量	ARAgg MAO AQ_{zh}	审计报告的激进性，由模型（5-2）计算得出 注册会计师发表非标准审计意见取值为1，否则取0 根据第3章计算得出	
性别	Female	审计师为女性，变量取值为1，否则为0	+
学历	Degr	审计师为硕士以上学历，变量取值为1，否则取值为0	+
政治面貌	CCP	审计师为党员时取值为1，否则取值为0	+
政府监管	Gov	监管机构对上市公司的处罚	+

续表

变量名称	变量符号	变量定义	预期符号
媒体监督	Media	媒体对企业负面报道总次数的自然对数	+
事务所任期	$Tenure_{AF}$	会计师事务所连续审计某家上市公司的年限	+
注册会计师任期	$Tenure_{IA}$	注册会计师连续审计某家上市公司的年限	+
事务所规模	Big10	如果是前"十大"事务所赋值为 1,否则为 0	+
事务所客户规模	$PSize_{AF}$	会计师事务所的客户规模组合	−
事务所客户重要性	CI_{AF}	客户资产规模/事务所客户规模组合	−
注册会计师客户重要性	CI_{IA}	客户资产规模/注册会计师客户规模组合	+
资产报酬率	Roa	净利润除以资产总额	+
亏损虚拟变量	Loss	审计师审计的客户亏损赋值为 1,盈利赋值为 0	+
资产周转率	Turno	销售收入除以资产总额	+
所有者权益账面市值比	BM	所有者权益的账面价值除以其市场价值	+
资产负债率	Lev	总负债除以总资产	+
客户审计业务复杂度	Inverc	应收账款和存货占总资产的比率	+
公司规模	Size	对客户资产取自然对数	+
产权性质	SOE	上市公司是国有企业时取值为 1,否则为 0	+
上市年限	Listage	审计师审计的客户从上市到现在的年限	+
行业效应	Indu	参照证监会《上市公司行业分类指引》对上市公司分类	
年度效应	Year	以 2011 年为基准设立虚拟变量	

5.3.3　模型构建

为了检验制度背景视角下审计师特征对审计质量的影响,本书构建如下固定效应回归模型:

$$AQ = \beta_0 + \beta_1 Female + \beta_2 Degr + \beta_3 CCP + Controlvariables + \varepsilon \qquad (5-3)$$

$$AQ = \beta_0 + \beta_1 Female + \beta_2 Degr + \beta_3 CCP + \beta_4 Institution + \beta_5 Institution \times Background + Controlvariables + \varepsilon \qquad (5-4)$$

模型(5-4)中,Institution 为制度背景,包括政府监管和媒体监督制度变量。Background 变量指的是审计师特征变量,在回归中分别等于前述性别、学历和政治面貌变量。

5.4 实证分析

5.4.1 描述性统计

变量的描述性统计结果见表 5 - 2。审计报告的激进性均值接近 0，说明审计质量整体较高。30.9% 的审计师为女性，29.3% 的审计师为硕士以上学历，42.1% 的审计师为中共党员。政府监管的最大值和最小值差异明显，说明政府对不同企业的监管力度存在差异。媒体报道的最小值、最大值和均值分别为 0、55 和 7.821，说明媒体对不同企业的关注度存在差异。

表 5 - 2　　　　　　　　　　变量的描述性统计

变量	N	Min	Max	Mean	P50	Sd
ARAgg	38 469	− 0.941	0.251	0.000	0.011	0.131
MAO	38 469	0.000	1.000	0.065	0.000	0.471
AQ_{zh}	38 469	42.481	727.143	61.102	78.342	85.187
Female	38 469	0.000	1.000	0.309	0.000	0.461
Degr	38 469	0.000	1.000	0.293	0.000	0.761
CCP	38 469	0.000	1.000	0.421	0.000	0.491
Gov	38 469	0.000	14.000	0.134	0.000	0.592
Media	38 469	0.000	55.000	7.821	6.732	7.392
$Tenure_{AF}$	38 469	1.000	8.000	4.968	5.000	3.328
$Tenure_{IA}$	38 469	1.000	6.000	3.187	3.000	1.127
Big10	38 469	0.000	1.000	0.268	0.000	0.468
$PSize_{AF}$	38 469	126.512	945.121	689.512	526.471	426.712
CI_{AF}	38 469	0.017	0.076	0.057	0.041	0.048
CI_{IA}	38 469	0.058	0.463	0.282	0.212	0.227
Roa	38 469	− 3.791	25.182	2.152	3.181	14.581
Loss	38 469	0.000	1.000	0.091	0.000	0.282
Turno	38 469	0.000	16.601	0.642	0.601	0.593
BM	38 469	0.052	1.293	0.453	0.372	0.241
Lev	38 469	0.061	1.251	0.471	0.493	0.234
Inverc	38 469	0.000	0.792	0.252	0.241	0.162
Size	38 469	17.692	24.681	21.753	21.582	1.253

续表

变量	N	Min	Max	Mean	P50	Sd
SOE	38 469	0.000	1.000	0.591	1.000	0.501
Listage	38 469	0.000	21.000	9.952	10.000	5.462

5.4.2　相关性分析

主要变量的相关性分析结果见表5-3。性别与审计报告激进负相关，说明女性审计师负责的审计项目质量较高。学历与审计报告激进性负相关，说明高学历审计师主持项目审计质量高。政治面貌与审计报告激进性负相关，说明党员主持项目的审计质量高。政府监管与审计质量正相关，媒体监督与审计质量正相关但不显著。上述初步检验结果还需要我们进行回归分析来验证。

表 5-3　　　　　　　　　　主要变量间的相关系数检验

变量	ARAgg	Female	Degr	CCP	Gov	Media
ARAgg	1.000					
Female	-0.017*	1.000				
Degr	-0.009*	0.024	1.000			
CCP	-0.005*	0.037*	0.028*	1.000		
Gov	-0.108*	0.016	-0.017	-0.019	1.000	
Media	-0.029	-0.014	0.028*	-0.015	-0.006	1.000

注：*、**、*** 表示10%、5%、1%的显著性水平。

5.4.3　回归分析

为了检验审计师特征对审计质量的影响，本书使用模型（5-3）进行了回归分析，回归结果如表5-4所示。性别与审计报告激进性负相关，说明女性注册会计师主持项目的审计质量更高，验证了本书的假设5-1，这可能是因为女性注册会计师执业时更谨慎所致。学历与审计报告激进性负相关，说明高学历的注册会计师主持项目的审计质量更高，验证了本书的假设5-2，这可能是因为接受了更多教育的注册会计师，其获取知识和信息的能力更强，对审计风险的判断更准确，主持项目的审计质量更高。政治面貌与审计报告激进性负相关，说明党员主持项目的审计质量更高，验证了本书的假设5-4，这可能是因为在"两学一做"的背景下，各行各业的党员对自身要求更高，执业时较为谨慎所致。模型的 R^2 分别为27.2%、26.3%和28.1%，说明模型的拟合优度较好。

表5-4 审计师特征与审计质量研究的回归结果

变量	DV = ARAgg	DV = MAO	DV = AQ$_{zh}$
Female	-0.517 * (-1.741)	0.817 * (1.951)	0.617 * (1.751)
Degr	-0.153 * (-1.852)	0.363 * (2.152)	0.163 * (2.042)
CCP	-0.201 * (-1.721)	0.402 * (1.821)	0.202 * (1.821)
Tenure$_{AF}$	-0.002 (-0.652)	0.113 (0.952)	0.012 (0.752)
Tenure$_{IA}$	-0.006 ** (-2.023)	0.027 ** (2.323)	0.016 ** (2.123)
Big10	-0.004 * (-1.821)	0.025 * (2.031)	0.014 * (2.031)
PSize$_{AF}$	0.001 (0.014)	-0.022 (-0.024)	-0.011 (-0.013)
CI$_{AF}$	0.124 ** (2.216)	-0.424 ** (-2.516)	-0.224 ** (-2.316)
CI$_{IA}$	-0.014 (-0.826)	0.035 (1.036)	0.024 (1.016)
Roa	-0.002 *** (-7.181)	0.012 *** (7.481)	0.012 *** (7.281)
Loss	-0.012 *** (-2.751)	0.043 *** (2.851)	0.024 *** (2.851)
Turno	-0.006 *** (-3.852)	0.027 *** (4.152)	0.016 *** (4.042)
BM	-0.014 *** (-2.831)	0.035 *** (3.131)	0.024 *** (3.021)
Lev	-0.011 (-1.421)	0.032 (1.631)	0.021 (1.521)
Inverc	-0.017 ** (-2.252)	0.038 ** (2.652)	0.027 ** (2.352)
Size	-0.005 ** (-2.071)	0.024 ** (2.281)	0.013 ** (2.171)

续表

变量	DV = ARAgg	DV = MAO	DV = AQ_zh
SOE	− 0. 005 ** (− 2. 082)	0. 026 ** (2. 382)	0. 015 ** (2. 182)
Listage	− 0. 002 * (− 1. 711)	0. 021 * (1. 921)	0. 012 * (1. 721)
Constant	− 0. 071 *** (− 3. 082)	0. 081 *** (3. 382)	0. 081 *** (3. 182)
Industry	Yes	Yes	Yes
Year	Yes	Yes	Yes
R^2	0. 272	0. 263	0. 281
N	38 469	38 469	38 469

注：（1）＊、＊＊、＊＊＊表示 10%、5%、1% 的显著性水平；（2）括号内是 t 值。

　　本书在检验制度背景的调节作用时，使用的是包含交互项的多元回归，回归时对交互项进行了中心化处理。政府监管与审计师性别、学历和政治面貌的交互项系数显著为负，说明政府监管和审计师个人特征共同促进了审计质量的提高，政府监管正向调节了审计师个人特征对审计质量的影响，验证了本书的假设 5 - 5。这可能是因为政府监管越严厉的上市公司，注册会计师执业时越谨慎。媒体监督与审计师性别、学历、级别和政治面貌的交互项系数显著为负，说明媒体监督和审计师个人特征共同促进了审计质量的提高，媒体监督正向调节了审计师个人特征对审计质量的影响，验证了本书的假设 5 - 6。这可能是因为媒体报道越多的上市公司，注册会计师在发表审计意见时越稳健（见表 5 - 5）。

表 5 - 5（1）　　　制度背景、审计师特征与审计质量研究的回归结果

（DV = ARAgg/AQ_zh）

变量	DV = ARAgg			DV = AQ_zh		
Female	− 0. 517 * (− 1. 741)	− 0. 002 * (− 1. 711)	− 0. 012 ** (− 2. 261)	0. 617 * (1. 751)	0. 023 * (1. 721)	0. 013 ** (2. 361)
Degr	− 0. 153 * (− 1. 852)	− 0. 002 * (− 1. 723)	− 0. 013 ** (− 2. 462)	0. 163 * (2. 042)	0. 023 * (1. 823)	0. 021 *** (2. 562)
CCP	− 0. 201 * (− 1. 721)	− 0. 002 * (− 1. 752)	− 0. 011 ** (− 2. 321)	0. 202 * (1. 821)	0. 021 * (1. 852)	0. 012 ** (2. 421)

续表

变量	DV = ARAgg			DV = AQ_{zh}		
Gov		−0.007* (−1.842)			0.017* (1.852)	
Gov × Female		−0.005* (−1.671)			0.015* (1.751)	
Gov × Degr		−0.016*** (−4.752)			0.017*** (4.852)	
Gov × CCP		−0.003*** (−6.423)			0.013*** (6.523)	
Media			−0.026*** (−3.212)			0.036*** (3.312)
Media × Female			−0.003* (−1.721)			0.013* (1.731)
Media × Degr			−0.015* (−1.712)			0.014* (1.812)
Media × CCP			−0.011** (−2.421)			0.012** (2.521)
$Tenure_{AF}$	−0.002 (−0.652)	−0.002 (−0.634)	−0.014 (−0.826)	0.012 (0.752)	0.012 (0.734)	0.013 (0.726)
$Tenure_{IA}$	−0.006** (−2.023)	−0.003** (−2.079)	−0.019** (−2.042)	0.016** (2.123)	0.013** (2.179)	0.018** (2.142)
Big10	−0.004* (−1.821)	−0.005* (−1.861)	−0.017* (−1.731)	0.014* (2.031)	0.015* (2.061)	0.016* (1.831)
$PSize_{AF}$	0.001 (0.014)	−0.002 (−0.015)	0.014 (0.025)	−0.011 (−0.013)	−0.012 (−0.115)	−0.013 (−0.125)
CI_{AF}	0.124** (2.216)	0.129** (2.197)	0.128** (2.216)	−0.224** (−2.316)	−0.229** (−2.297)	−0.228** (−2.316)
CI_{IA}	−0.014 (−0.826)	0.015 (0.756)	−0.016 (−0.816)	0.024 (1.016)	0.014 (0.856)	0.026 (1.216)
Roa	−0.002*** (−7.181)	−0.002*** (−7.521)	−0.012*** (−7.281)	0.012*** (7.281)	0.021*** (7.621)	0.013*** (7.381)
Loss	−0.012*** (−2.751)	−0.014*** (−3.412)	−0.115*** (−3.024)	0.024*** (2.851)	0.015*** (3.512)	0.024*** (3.124)
Turno	−0.006*** (−3.852)	−0.008*** (−4.581)	−0.018*** (−4.012)	0.016*** (4.042)	0.018*** (4.681)	0.017*** (4.112)
BM	−0.014*** (−2.831)	−0.015*** (−2.761)	−0.021* (−1.761)	0.024*** (3.021)	0.016*** (2.861)	0.023** (1.971)
Lev	−0.011 (−1.421)	−0.015** (−2.223)	−0.018 (−1.312)	0.021 (1.521)	0.016** (2.323)	0.017 (1.212)
Inverc	−0.017** (−2.252)	−0.031*** (−2.714)	−0.017** (−2.321)	0.027** (2.352)	0.021*** (2.814)	0.018** (2.421)
Size	−0.005** (−2.071)	−0.013*** (−3.114)	−0.011 (−0.412)	0.013** (2.171)	0.113*** (3.214)	0.012 (0.512)

续表

变量	DV = ARAgg			DV = AQzh		
SOE	-0.005 **	-0.015	-0.013 **	0.015 **	0.014	0.012 **
	(-2.082)	(-1.431)	(-2.212)	(2.182)	(1.531)	(2.312)
Listage	-0.002 *	-0.011 *	-0.011 *	0.012 *	0.012 *	0.012 *
	(-1.711)	(-1.723)	(-1.721)	(1.721)	(1.823)	(1.821)
Constant	-0.071 ***	-0.115 ***	-0.072 ***	0.081 ***	0.105 ***	0.091 ***
	(-3.082)	(-4.141)	(-2.662)	(3.182)	(4.241)	(2.762)
Industry	Yes	Yes	Yes	Yes	Yes	Yes
Year	Yes	Yes	Yes	Yes	Yes	Yes
R^2	0.17	0.41	0.27	0.28	0.51	0.37
N	38 469	38 469	38 469	38 469	38 469	38 469

注：（1）*、**、***表示10%、5%、1%的显著性水平；（2）括号内是 t 值。

表 5-5（2）　制度背景、审计师特征与审计质量研究的回归结果（DV = MAO）

变量	DV = MAO		
Female	1.817 *	0.023 *	0.022 **
	(1.951)	(1.921)	(2.561)
Degr	0.363 *	0.023 *	0.032 ***
	(2.152)	(1.823)	(2.762)
CCP	0.402 *	0.021 *	0.021 **
	(1.823)	(1.852)	(2.621)
Gov		0.028 *	
		(1.962)	
Gov × Female		0.026 *	
		(1.861)	
Gov × Degr		0.037 ***	
		(4.852)	
Gov × CCP		0.024 ***	
		(6.723)	
Media			0.047 ***
			(3.512)
Media × Female			0.022 *
			(1.931)
Media × Degr			0.025 *
			(1.812)
Media × CCP			0.021 **
			(2.721)
Tenure_AF	0.023	0.023	0.024
	(0.952)	(0.934)	(0.926)

续表

变量	DV = MAO		
$Tenure_{IA}$	0.027 **	0.024 **	0.029 **
	(2.323)	(2.379)	(2.342)
Big10	0.025 *	0.026 *	0.027 *
	(2.121)	(2.081)	(1.831)
$PSize_{AF}$	−0.022	−0.023	−0.024
	(−0.024)	(−0.025)	(−0.035)
CI_{AF}	−0.324 **	−0.429 **	−0.428 **
	(−2.516)	(−2.497)	(−2.516)
CI_{IA}	0.035	0.025	0.046
	(1.126)	(0.856)	(1.116)
Roa	0.021 ***	0.021 ***	0.022 ***
	(7.481)	(7.821)	(7.581)
Loss	0.043 ***	0.035 ***	0.035 ***
	(2.852)	(3.712)	(3.324)
Turno	0.027 ***	0.029 ***	0.028 ***
	(4.151)	(4.881)	(4.312)
BM	0.036 ***	0.036 ***	0.031 **
	(3.041)	(2.861)	(1.861)
Lev	0.032	0.036 **	0.028
	(1.631)	(2.523)	(1.412)
Inverc	0.038 **	0.041 ***	0.038 **
	(2.552)	(2.814)	(2.621)
Size	0.024 **	0.023 ***	0.021
	(2.281)	(3.414)	(0.512)
SOE	0.017 **	0.025 *	0.023 **
	(2.382)	(1.741)	(2.512)
Listage	0.021 *	0.021 *	0.021 *
	(1.921)	(1.823)	(1.821)
Constant	0.081 ***	0.305 ***	0.082 ***
	(3.382)	(4.541)	(2.962)
Industry	Yes	Yes	Yes
Year	Yes	Yes	Yes
R^2	0.27	0.53	0.39
N	38 469	38 469	38 469

注：（1）＊、＊＊、＊＊＊表示 10%、5%、1% 的显著性水平；（2）括号内是 t 值。

5.4.4　稳健性检验

本书从如下方面进行了稳健性检验：（1）变量替换。选择可操控性应计和会计稳健性来重新衡量审计质量（回归结果见表 5 – 6）。（2）样本调整。考虑到管制行业的特殊性，本书剔除了该行业。（3）群聚调整。借鉴彼得森（2009）的做法，对可能存在的显著性水平高估问题，对标准误进行群聚调整。上述稳健性检验的结论与前文的主要发现基本一致，说明研究具有可靠性。

表 5 – 6　　　　　审计师特征与审计质量研究的回归结果（替换审计质量）

变量	DV = DA	DV = CScore
Female	– 0. 417 * （– 1. 731）	0. 717 * （1. 941）
Degr	– 0. 143 * （– 1. 842）	0. 263 * （2. 142）
CCP	– 0. 101 * （– 1. 711）	0. 302 * （1. 721）
CV	Yes	Yes
R^2	0. 16	0. 26
N	38 469	38 469

注：（1）＊、＊＊、＊＊＊表示 10% 、5% 、1% 的显著性水平；（2）括号内是 t 值。

5.5　本章小结

本章研究审计师特征对审计质量的影响，选取样本为 1992～2019 年上市公司，理论基础为高阶梯队理论，首先考察审计师特征影响审计质量的结果，其次考虑在制度背景的调节作用下，审计师特征对审计质量影响的变化。研究结果表明，女性、学历高和党员注册会计师主持项目的审计质量较高。进一步研究发现，政府监管越严厉，审计师特征对审计质量的影响越强。媒体对企业的关注度越高，审计师特征对审计质量的影响越强。

研究表明，在分析审计师特征影响审计质量时，不可忽视制度背景的调节作用。本研究结论为加深理解会计师事务所审计行为，为会计师事务所和政府监管机构如何有的放矢地提高审计质量和完善注册会计师审计的制度环境提供了制度安排上的经验证据。

第6章　签字注册会计师执业经验与审计质量研究

本章考察了签字注册会计师执业经验对审计质量的影响。利用 1992 ~ 2019 年的 A 股上市公司数据，考察签字注册会计师执业经验对审计质量的影响，并进一步考察政府监管和会计师事务所规模的调节作用。

6.1　引言

审计质量是注册会计师发现错误并报告错误的概率（迪安杰洛，1981）。审计能提高会计信息的可信性，审计质量对会计师事务所价值提升、竞争优势的增强和可持续发展非常重要。审计质量问题也受到学者的关注。

就审计质量的影响因素而言，学术界的研究主要集中在会计师事务所规模和任期（弗朗西斯和于，2009；皮特和罗杰，2006）、客户特点（肖作平，2006；拉拉斯泰尔等，2011）、政府监管和法律制度（龚启辉等，2011；德丰和伦诺克斯，2011）等因素对审计质量的影响。但是，这些研究都假定签字注册会计师是同质的，没有考虑签字注册会计师的异质性。现实并非完全如此，高层梯队理论认为，不同背景特征的管理者在认知能力、行为选择和价值取向方面都不一样，进而会对企业决策和绩效产生不同的影响（汉布里克和莫森，1984）。同理，不同背景特征对签字注册会计师的行为也会产生不同的影响，进而影响审计质量。大量实证研究也表明，签字注册会计师的人口背景特征对会计信息稳健性（罗春华等，

2014）、会计师事务所运营效率（付宏琳，2014）、会计盈余稳健性（周玮等，2012）等方面都会产生一定的影响。签字注册会计师又是审计项目的直接组织者和质量控制者，对审计质量进行研究时，如果不考虑签字注册会计师人口背景特征的影响，就可能会影响研究结论的解释力。

随着高阶梯队理论的迅速发展，学术界开始关注签字注册会计师人口背景特征对审计质量的影响。注册会计师的技能和个性（尼尔森和谭，2005）、教育背景（尼尔森，2009）、性别（戈尔德等，2009；古尔等，2013）等会影响审计质量。不过，现有研究仍有值得进一步研究的问题：一是签字注册会计师的执业特征。在注册会计师个体层次，对审计质量产生影响的除了人口背景特征，还包括执业特征。而且签字注册会计师人口特征对审计质量产生作用也是通过其执业活动体现的，所以研究签字注册会计师执业经验对审计质量的影响有重要意义。二是政府监管的调节作用。存在决定意识。虽然不同执业经验的注册会计师在价值取向和行为选择上存在差异，但都受制度的影响。在研究时，就必须考虑制度性因素的调节作用，比如政府监管。否则，就会影响研究结论的可靠性。

基于上述分析，本书以我国 1992～2019 年的公司为研究对象，研究签字注册会计师的执业经验是否会影响审计质量。其基本思路是：首先，考察签字注册会计师的执业经验对审计质量的影响；其次，结合制度背景，考虑政府监管在签字注册会计师执业经验影响审计质量中的调节作用；最后，进一步考察会计师事务所规模在签字注册会计师执业经验影响审计质量中的调节作用，并进行理论分析。

本章的贡献主要表现在如下两个方面：第一，从签字注册会计师执业经验的角度出发，研究其对审计质量的影响，有助于拓展审计质量的研究视野。第二，在研究签字注册会计师对审计质量的影响时，考虑了政府监管的调节作用，将人的影响放在制度的背景下进行考察，研究更加严谨。

本章余下的部分是：第二部分是理论分析与研究假设；第三部分是研究设计，包括样本选择、数据来源、变量解释和模型构建等内容；第四部分是实证分析；第五部分是本章小结。

6.2 理论分析与研究假设

"经验"是来自工作经历的知识和能力,会影响工作者决策效率与效果。公司经营者通过以前的管理决策积累的经验信息有助于修正个人的认识与能力,提高决策科学性(弗兰克,1988)。经验是通过与任务的直接接触和间接接触提供学习的机会(利比,1995)。经验和知识、记忆是影响审计判断的重要因素(托特曼,1998)。注册会计师执业过程中的经验积累是其专业胜任能力的重要组成部分(克里斯托弗等,2008)。注册会计师执业经验受执业年限等多因素的影响。执业经验丰富的注册会计师,在评估客户风险时更准确,制定审计程序更恰当,审计质量更高。

注册会计师执业经验会影响专业胜任能力。将审计人员按经验分为一年、两年、三年及以上三组,分别让其评估工资系统的内部控制风险,发现经验与审计判断质量正相关。当比较对工资系统内部控制风险判断的差异时,发现审计人员的自我洞察力强于学生(阿什顿和克莱默,1980)。与学生相比,审计人员对重要性水平的判断共识和自我洞察力更高(克罗斯塔德等,1984)。

在对半结构化、非结构化任务进行判断时,有经验和缺乏经验的审计人员判断质量显著不同(阿多默罕和莱特,1987)。与缺乏经验(2年)的审计人员相比,有经验(7年)的审计人员对线索选择和线索权重的判断更准确(邦纳,1990)。通过培训和经验的积累,注册会计师可以更好地识别风险、制定程序、降低审计风险(利比等,1990)。此后,人们开始关注经验对审计行为的影响(谭,2001)。

当注册会计师通过存货监盘、应收账款函证等程序收集的证据与客户提供的信息不一致时,执业经验丰富的注册会计师能更快处理这种差异并增加审计程序(厄利,2002)。丰富的执业经验有助于审计质量的提高(吴溪,2009;原红旗和韩维芳,2012)。注册会计师执业年限越长,经验积累越丰富,对专业胜任能力的提升越明显(迈尔斯和奥马尔,2003),有助于抑制客户的盈余管理行为(叶等,2014),提高工作绩效(爱丽莎等，2014）。

同时，注册会计师执业经验也会影响独立性。在与客户谈判过程中，丰富的执业经验有助于注册会计师摆脱客户干预，抵挡经济诱惑，保持独立性，确保审计质量（卡普兰等，2008）。注册会计师的执业经验对审计质量有提高作用（古尔等，2013）。

进一步研究表明，签字注册会计师不同的执业阶段对审计活动的影响也不同。注册会计师对近年执业经历的敏感度高于较早年度的经验积累（阿什顿，1991）。注册会计师对"正在审计的客户"与以往经历相一致的经验敏感度高于不一致的经验，审计复核制度对此有调节作用（谭，1995），但执业经验不同的注册会计师复核精度不同（班伯和拉姆齐，1997）。相似的执业经历对不同审计质量的影响在不同的注册会计师之间存在差异。而且注册会计师长期的执业经历的确有助于经历积累、专业胜任能力提高和审计质量提高（陈等，2008；吉等，2010）。长期的审计执业经验、丰富的执业经验也可能培养注册会计师的盲目自信心理，导致偏激情绪，对审计质量产生负面影响（凯里和西姆内特，2006）。根据上述分析，本书提出假设 6 – 1：

假设 6 – 1：随着执业经验的增加，审计质量会呈现出先增加后降低的特征。

以上按照经济人假说，分析了不同执业经验的签字注册会计师会对审计质量产生的不同影响。但是，人的经济行为也会受到环境的影响和制度的约束。就证监会监督而言，在美国，大型的会计师事务所可能提供高质量的审计以降低诉讼成本和保护声誉（迪安杰洛，1981；弗朗西斯和克里希南，1999），尽管审计质量是由声誉效应还是保险效应主导还存在争议（伦诺克斯，1999；库拉纳和拉曼，2004；韦伯等，2008），但在发达国家的资本市场，法律风险和声誉机制发挥了提高审计质量的作用。中国审计师面临低法律风险和不完全有效的审计声誉机制（朱红军等，2008；王兵等，2009；刘峰等，2010），是何种力量在保障审计质量呢？陈和吴（2009）认为，中国的政府监管有类似于美国的监管效应。德丰等（2000）、杨等（2001）、古尔等（2009）和刘等（2011）认为通过审计市场改革，引入国际审计准则、推动事务所脱钩改制、合并和转制等手段，中国政府显著提高了审计质量，法律法规赋予证监会有相应的行政执法和处罚权。但刘峰等（2010）、郑呆娉和徐永新（2011）认为，行政处罚会导致公司股价下跌，假如事务所客户没有显著减少，其并不会改进审计质量。龚启辉等（2011）发现，政府控制对审计质量具有双重影响，一方面通过增强事务所的本土知识和抵御压力的能力提高审计质量，另一方面通过其控制降低非标审计意见出具的概率，降低审计质量。注册会计师在执业时会考虑到政府监管的影响，从而调整其审计行为。基于以上分析，本书提出假设6－2：

假设6－2：在签字注册会计师执业经验对审计质量的影响中，政府监管有着积极的正向调节作用。

同时，我们发现，会计师事务所的规模对执业经验发挥作用的程度会有影响。在审计市场上，大所（包括国际"四大"在内的国内"十大"）为了维护其品牌声誉，制定了严格的质量控制机制来保持其审计质量，同时注重通过培训等方式保持和提高注册会计师的专业胜任能力，注册会计师执业经验影响审计质量的程度更明显。相对而言，小所的质量控制机制可能不如大所完善，在注册会计师的培训和继续教育上投入相对较小，注册会计师执业经验对审计质量的影响被弱化，基于上述分析，本书提出假设6－3：

假设6－3：会计师事务所规模正向调节注册会计师执业经验对审计质量的影响。

综上所述，提出本研究的概念模型，如图6－1所示。

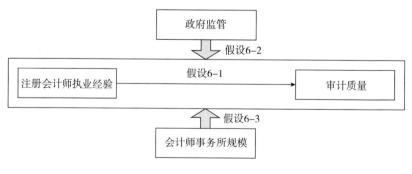

图6－1　概念模型

6.3 研究设计

6.3.1 样本选择与数据来源

本书选取 1992～2019 年公司为样本：（1）剔除 IPO 的样本；（2）剔除 ST 和 *ST 公司，因为这些公司已连续两年以上的亏损，面临退市的危险；（3）剔除金融类公司，因为金融类公司有特殊的行业特征；（4）剔除缺乏相关信息的公司。通过筛选，得到 38 469 个样本值。为了消除异常值的影响，本书对连续变量进行了 Winsore 处理。数据来源为手工收集、中注协网站和 CCER。

6.3.2 变量解释

1. 被解释变量：审计质量

（1）审计报告激进度。参考已有研究的做法（弗朗西斯和克里希南，1999；德丰等，2000；古尔等，2013），我们定义一个虚拟变量 MAO，当客户收到非标准审计意见时取值为 1，否则取值为 0。我们接着用逻辑回归模型（6－1）来估计注册会计师发表非标准审计意见的概率，在这个回归模型中，MAO 是因变量，客户特征是解释变量。审计报告激进度（ARAgg）是指预测的发表非标准审计意见的概率减去 MAO 的实际值。ARAgg 的较高值表示注册会计师发表非标准审计意见的倾向低于全样本预测的结果，审计报告激进度高，审计质量低。

$$MAO_s = \alpha_0 + \alpha_1 Quick + \alpha_2 AR + \alpha_3 INV + \alpha_4 ROA + \alpha_5 Loss + \alpha_6 Lev$$
$$+ \alpha_7 Size + \alpha_8 Listage + \alpha_9 Other + \alpha_{10} Indu \qquad (6-1)$$

模型（6－1）中，Quick 是指速动比率，AR、INV 分别指应收账款、存货的期末余额除以总资产，ROA 是总资产收益率，Loss 是亏损虚拟变量，Lev 是资产负债率，Size 是公司规模，Listage 是公司上市年限；Other 是其他应收款除以总资产，因为江等（2010）发现，审计师对上市公司和其关联方之间的内部贷款非常敏感，而这在年报中被披露为其他应收款。模型中还包括了行业虚拟变量 Indu。

（2）MAO。借鉴弗朗西斯、克里希南、伦诺克斯的做法，采用注册会计师发表非标准审计意见的概率来度量审计质量，如果客户收到非标准审计意见，变量取1，否则取0。

（3）采用第3章构建的审计质量评价指标（AQ_{zh}）来度量审计质量。

2. 解释变量：执业经验

注册会计师执业经验受执业年限、交流和行业培训等因素的影响，执业经验有助于签字注册会计师专业胜任能力的提高和审计质量的保证。对于执业经验的度量，参考刘笑霞和李明辉（2012）的做法，用累计签发审计报告的数量和执业年限作为替代指标。

3. 调节变量

（1）政府监管。按照中国证监会等监管机构的处罚来度量，批评赋值为2，警告赋值为3，谴责赋值为4，罚款赋值为5，没收非法所得赋值为6，取消营业许可赋值为7，市场进入赋值为8，其他赋值为1。假如上市公司同时被处以两种以上的处罚，则按分值相加处罚方式。

（2）会计师事务所规模。以国内"十大"（含国际"四大"）作为大规模会计师事务所的代表，如果会计师事务所为国内"十大"，变量取值为1，否则取值为0。

4. 控制变量

本书借鉴比斯利（1996）、宋衍蘅和付皓（2012）等研究成果，所选择的控制变量包括总资产收益率、亏损虚拟变量、资产负债率、公司规模、公司上市年限、所有者权益账面市值比、客户重要性、应收账款比率、其他应收款比率、资产周转率以及行业效应和年度效应。以上各变量的定义见表6-1。

表6-1 变量定义

变量名称	符号	变量定义	预期符号
审计质量	ARAgg	发表非标准审计意见的预测值－实际值	
	MAO	注册会计师发表非标准审计意见取值为1，否则取0	
	AQ_{zh}	根据第3章计算得出	

续表

变量名称	符号	变量定义	预期符号
签字注册会计师执业经验	Exp_1	注册会计师签发审计报告的年度 - 取得执业资格的年度	+
	Exp_2	注册会计师签发审计报告的累计数量	+
政府监管	Gov	以监管机构对上市公司的处罚来衡量	+
会计师事务所规模	Big10	会计师事务所为国内"十大"取值为 1，否则取值为 0	+
总资产收益率	ROA	净利润除以资产总额	-
亏损虚拟变量	Loss	公司亏损，变量为 1；公司盈利，变量为 0	-
资产负债率	Lev	总负债除以总资产	-
公司规模	Size	总资产的自然对数	+
公司上市年限	Listage	样本公司的上市年限	+
所有者权益账面市值比	BM	所有者权益账面价值除以市场价值	-
客户重要性	CI	$\dfrac{\ln TAST_i}{\sum_{k=1}^{m}\sum_{i=1}^{l}\ln TAST_i}$，$\ln TAST_i$ 是 i 客户总资产的自然对数，l 是 k 注册会计师审计客户数量，m 是审计报告上签字注册会计师数量	+
应收账款比率	AR	期末应收账款在总资产中所占的比率	+
其他应收款比率	Other	期末其他应收款在总资产中所占的比率	-
资产周转率	Turno	销售收入与总资产平均数的比值	
行业	Indu	设置行业虚拟变量	
年度	Year	控制年度效应	

6.3.3　模型构建

为了检验签字注册会计师执业经验对审计质量的影响，本书构建回归模型（6-2）：

$$AQ = \beta_0 + \beta_1 Exp + \beta_2 Exp^2 + ControlVariables + \varepsilon \qquad (6-2)$$

为了考察政府监管在签字注册会计师执业经验影响审计质量中的调节作用，建立模型（6-3）：

$$AQ = \beta_0 + \beta_1 Exp + \beta_2 Exp^2 + \beta_3 Gov + \beta_4 Exp \times Gov + \beta_5 Exp^2 \times Gov$$
$$+ ControlVariables + \varepsilon \qquad\qquad\qquad (6-3)$$

为了考察会计师事务所规模在签字注册会计师执业经验影响审计质量中的调节作用，建立模型（6-4）：

$$AQ = \beta_0 + \beta_1 Exp + \beta_2 Exp^2 + \beta_3 Big10 + \beta_4 Exp \times Big10 + \beta_5 Exp^2 \times Big10 +$$
$$ControlVariables + \varepsilon \qquad\qquad\qquad (6-4)$$

根据伍德里奇（2009）对交叉项的解释，在模型（6-3）和模型（6-4）中设立了交叉项，以考察签字注册会计师执业经验对审计质量的影响将如何受政府监管、会计师事务所规模的调节作用。

6.4 实证分析

6.4.1 描述性统计

变量的描述性统计如表6-2所示。审计报告激进性的均值为-0.003，说明审计质量整体较高。签字注册会计师执业年限的均值为10.45年，而且差异较大，从最短的0年到最长的43年；注册会计师签发审计报告累计数量的平均值是26.43，表明注册会计师队伍经验较为丰富，但不同注册会计师之间存在差异。政府监管的均值为0.21，其标准差为0.63，说明政府对各上市公司的关注度存在较大差异。"十大"会计师事务所审计的上市公司占比为41.2%。

表6-2 　　　　　　　　　　　　　变量的描述性统计

变量	最小值	最大值	平均值	标准差
ARAgg	-0.941	0.251	0.000	0.131
MAO	0.000	1.000	0.065	0.471
AQzh	42.481	727.141	61.102	85.187
Exp_1	0.000	43.000	10.445	4.751

续表

变量	最小值	最大值	平均值	标准差
Exp_2	1.000	157.000	26.428	25.435
Gov	0.000	13.000	0.121	0.631
Big10	0.000	1.000	0.412	8.568
ROA	0.000	22.312	2.236	14.672
Loss	0.000	1.000	0.073	0.265
Lev	0.027	1.163	0.365	0.218
Size	17.558	26.518	21.713	1.344
Listage	0.000	21.000	8.946	5.628
BM	0.073	1.377	0.454	0.265
CI	0.066	1.000	0.248	0.161
AR	0.006	0.394	0.094	0.091
Other	0.003	0.208	0.029	0.038
Turno	0.000	14.697	0.832	0.579

6.4.2 相关性分析

变量间的相关系数检验结果如表 6 – 3 所示。其中，签字注册会计师执业经验与审计质量正相关（与审计报告激进性负相关）；政府监管与审计质量呈显著正相关，会计师事务所规模与审计质量呈显著正相关。这些分析结论初步表明，签字注册会计师执业经验、证监会监管、会计师事务所规模与审计质量之间存在一定的相关性，与前文的理论分析基本一致。

表 6 - 3

变量间的相关系数检验

变量	ARAgg	Exp$_1$	Exp$_2$	Gov	Big10	ROA	Loss	Lev	Size	Listage	BM	CI	AR	Other	Turno
ARAgg	1.000														
Exp$_1$	-0.023*	1.000													
Exp$_2$	-0.026*	-0.716*	1.000												
Gov	-0.108*	-0.018*	-0.016*	1.000											
Big10	-0.265*	-0.024*	-0.018*	0.169*	1.000										
ROA	0.037*	0.015	-0.008	0.128*	0.139*	1.000									
Loss	-0.026	-0.009	0.005	-0.024	-0.032	0.266*	1.000								
Lev	-0.025	-0.013	-0.003	0.184*	0.179*	0.129*	0.173*	1.000							
Size	-0.005	-0.003	0.028	0.588*	0.568*	0.146*	0.068*	0.478*	1.000						
Listage	-0.018	0.068*	-0.091*	0.076*	0.084*	0.123*	0.096*	0.374*	0.259*	1.000					
BM	0.015	0.012	-0.013	0.088*	0.077*	0.155*	0.004	0.072*	0.381*	0.081*	1.000				
CI	-0.038*	-0.097*	0.078*	0.097*	0.084*	-0.003	0.018	0.098*	0.136*	0.075*	0.011	1.000			
AR	-0.003	-0.019	0.018	-0.116*	-0.125*	0.075*	0.044*	0.066*	0.238*	-0.268*	0.135*	0.046*	1.000		
Other	0.014	-0.003	-0.017	-0.036*	-0.042*	0.029*	0.054*	0.158*	0.069*	0.148*	0.088*	0.016	0.003	1.000	
Turno	0.038*	0.017	-0.009	0.068*	0.072*	0.228*	0.069*	0.148*	0.099*	0.078*	0.073*	0.011	0.125*	0.029*	1.000

注：* 表示 10%的显著性水平，** 表示 5%的显著性水平，*** 表示 1%的显著性水平。

6.4.3　回归分析

1. 签字注册会计师执业经验影响审计质量的回归分析

如表 6 – 4 所示，签字注册会计师执业经验与审计质量呈倒“U”形关系，与假设 6 – 1 相吻合，说明随着签字注册会计师执业经验的积累，审计质量逐渐提高；但是当执业经验的积累达到一定程度的时候，签字注册会计师可能会出现过度自信的心理，从而导致审计质量的下降。样本统计计算出的拐点为执业年限 10.7 年，签发审计报告数量为 28.8 时审计质量最高。这一研究与汉布里克和福富（1991）提出的管理者生命周期理论相一致。模型的 R^2 分别为 34.1% 、36.4% 、35.2% 、37.5% 、35.1% 和 37.4% ，说明模型的拟合优度较好。

表 6 – 4　　　　　　　　签字注册会计师执业经验与审计质量

变量	DV = ARAgg		DV = MAO		DV = AQ$_{zh}$	
Exp_1	– 0.003 * （– 1.761）		0.023 * （1.871）		0.013 * （1.861）	
Exp_1^2	0.021 ** （2.201）		– 0.041 ** （– 2.401）		– 0.031 ** （– 2.301）	
Exp_2		– 0.001 * （– 1.831）		0.021 * （1.831）		0.011 * （1.931）
Exp_2^2		0.224 ** （2.472）		– 0.424 ** （– 2.472）		– 0.324 ** （– 2.572）
ROA	0.003 *** （7.591）	0.003 *** （7.541）	– 0.023 *** （– 7.791）	– 0.023 *** （– 7.741）	– 0.013 *** （– 7.691）	– 0.013 *** （– 7.641）
Loss	0.014 *** （3.401）	0.015 *** （3.241）	– 0.034 *** （– 3.601）	– 0.035 *** （– 3.441）	– 0.024 *** （– 3.501）	– 0.025 *** （– 3.341）
Lev	0.002 （0.352）	0.003 （0.342）	– 0.022 （– 0.652）	– 0.023 （– 0.542）	– 0.012 （– 0.452）	– 0.013 （– 0.442）
Size	– 0.002 （– 1.523）	– 0.001 （– 1.631）	0.022 （1.643）	0.021 * （1.831）	0.012 （1.623）	0.011 （1.731） *
Listage	– 0.001 ** （– 2.262）	– 0.001 ** （– 2.213）	0.021 ** （2.462）	0.021 ** （2.413）	0.011 ** （2.362）	0.011 ** （2.313）

续表

变量	DV = ARAgg		DV = MAO		DV = AQ$_{zh}$	
BM	0.015 *** (2.891)	0.016 *** (2.951)	− 0.035 *** (− 2.891)	− 0.036 *** (− 3.151)	− 0.025 *** (− 2.991)	− 0.026 *** (− 3.051)
CI	− 0.033 *** (− 4.432)	− 0.317 *** (− 4.512)	0.053 *** (4.632)	0.517 *** (4.712)	0.043 *** (4.532)	0.417 *** (4.612)
AR	− 0.026 * (− 1.852)	− 0.026 * (− 1.851)	0.046 * (1.852)	0.046 * (1.941)	0.036 * (1.952)	0.036 * (1.951)
Other	0.108 *** (2.781)	0.106 *** (2.731)	− 0.308 *** (− 2.981)	− 0.306 *** (− 2.931)	− 0.208 *** (− 2.881)	− 0.206 *** (− 2.831)
Turno	0.010 *** (4.312)	0.009 *** (4.241)	− 0.030 *** (− 4.512)	− 0.029 *** (− 4.441)	− 0.020 *** (− 4.412)	− 0.019 *** (− 4.341)
Constant	0.032 (1.141)	0.035 (1.242)	− 0.052 (− 1.341)	− 0.065 (− 1.442)	− 0.042 (− 1.241)	− 0.045 (− 1.342)
Industry	Yes	Yes	Yes	Yes	Yes	Yes
Year	Yes	Yes	Yes	Yes	Yes	Yes
R^2	0.341	0.364	0.352	0.375	0.351	0.374
N	38 469	38 469	38 469	38 469	38 469	38 469

注：（1）＊表示 10% 的显著性水平，＊＊表示 5% 的显著性水平，＊＊＊表示 1% 的显著性水平；
（2）括号内是 t 值。

2. 政府监管、会计师事务所规模的调节作用

表 6 − 5 是政府监管、会计师规模的调节作用回归结果。政府监管与执业经验的一次项、二次项的交叉项系数分别为负和正，说明政府监管正向调节了执业经验对审计质量的影响，验证了前文的假设。这可能是因为证监会监管和注册会计师执业经验共同促进了审计质量的提高。

会计师事务所规模与执业经验的一次项、二次项的交叉项系数分别为负和正，说明规模正向调节了执业经验对审计质量的影响，支持了前文的假设 6 − 3。这可能是因为会计师事务所规模和注册会计师的执业经验共同保证了审计质量的提高。

表 6－5（1）　政府监管、会计师事务所规模的调节作用（DV ＝ ARAgg／ AQ$_{zh}$）

变量	DV ＝ ARA$_{gg}$		DV ＝ AQ$_{zh}$	
	模型（3）	模型（4）	模型（3）	模型（4）
Exp$_1$	-0.003** (-2.461)	-0.002** (-2.291)	0.013** (2.561)	0.012** (2.391)
Exp$_1^2$	0.002** (2.352)	0.009** (2.542)	-0.022** (-2.452)	-0.019*** (-2.642)
Exp$_2$	-0.002** (-2.491)	-0.003** (-2.081)	0.012** (2.591)	0.013** (2.181)
Exp$_2^2$	0.003** (2.562)	0.004** (2.162)	-0.013*** (-2.662)	-0.014** (-2.262)
Gov	-0.001* (-1.693)	-0.001** (-1.871)	0.011** (2.521)	0.011** (1.971)
Exp$_1$ × Gov	-0.002** (-2.391)		0.012** (2.491)	
EXp$_1^2$ × Gov	0.003** (2.352)		-0.013** (-2.452)	
Exp$_2$ × Gov	-0.021** (-2.072)		0.031** (2.172)	
Exp$_2^2$ × Gov	0.031*** (2.632)		-0.041*** (-2.732)	

续表

变量	DV = ARAgg				DV = AQ$_{zh}$			
	模型(3)	模型(3)	模型(4)	模型(4)	模型(3)	模型(3)	模型(4)	模型(4)
Big10			-0.001** (-1.951)	-0.002** (-2.152)			0.011** (2.051)	0.012** (2.252)
Exp$_1$ × Big10			-0.003** (-2.441)				0.013** (2.541)	
Exp$_1^2$ × Big10			0.002** (2.261)				-0.012** (-2.361)	
Exp$_2$ × Big10				-0.003** (-2.441)				0.013** (2.541)
Exp$_2^2$ × Big10				0.005** (2.561)				-0.015*** (-2.661)
ROA	0.003*** (7.612)	0.004*** (7.532)	0.002*** (5.221)	0.002*** (4.981)	-0.014*** (-7.632)	-0.013*** (-7.712)	-0.012*** (-5.321)	-0.012*** (-5.081)
Loss	0.025*** (3.461)	0.016*** (3.281)	0.016*** (2.691)	0.015*** (2.762)	-0.026*** (-3.381)	-0.035*** (-3.561)	-0.026*** (-2.791)	-0.025*** (-2.862)
Lev	0.002 (0.283)	0.002 (0.379)	-0.024*** (-2.931)	-0.024*** (-2.912)	-0.012 (-0.479)	-0.012 (-0.383)	-0.034*** (-3.031)	-0.034*** (-3.012)
Size	-0.001 (-0.353)	-0.001 (-0.542)	0.001 (0.062)	0.001 (0.041)	0.011 (0.642)	0.011 (0.453)	0.011 (0.072)	0.011 (0.051)

续表

变量	DV = AQ$_{th}$				DV = ARAgg			
	模型（4）	模型（4）	模型（3）	模型（3）	模型（4）	模型（4）	模型（3）	模型（3）
Listage	0.012* (1.881)	0.011* (1.861)	0.021** (2.361)	0.011* (2.302)	-0.002* (-1.781)	-0.001* (-1.761)	-0.001** (-2.261)	-0.001** (-2.202)
BM	-0.033*** (-3.691)	-0.033*** (-3.592)	-0.023** (-2.572)	-0.023** (-2.493)	0.023*** (3.591)	0.023*** (3.492)	0.013** (2.393)	0.013** (2.472)
CI	0.027** (2.082)	0.027** (2.321)	0.413*** (4.751)	0.042*** (4.692)	-0.017** (-1.982)	-0.017** (-2.221)	-0.313*** (-4.651)	-0.032*** (-4.592)
AR	0.032 (1.413)	0.032 (1.431)	0.037** (1.962)	0.046** (1.973)	-0.022 (-1.313)	-0.022 (-1.331)	-0.027* (-1.862)	-0.036* (-1.873)
Other	-0.226** (-2.591)	-0.226** (-2.582)	-0.207*** (-2.791)	-0.209*** (-2.821)	0.126** (2.491)	0.126** (2.482)	0.107*** (2.691)	0.109*** (2.721)
Turno	-0.017** (-2.541)	-0.017** (-2.561)	-0.019*** (-4.381)	-0.020*** (-4.442)	0.007** (2.441)	0.007** (2.461)	0.009*** (4.281)	0.010*** (4.342)
Constant	-0.015 (-0.252)	-0.015 (-0.232)	-0.026 (-0.642)	-0.021 (-0.401)	-0.005 (-0.152)	-0.005 (-0.132)	0.016 (0.542)	0.011 (0.301)
Industry	Yes	Yes	Yes	Yes	Yes	Yes	Yes	Yes
Year	Yes	Yes	Yes	Yes	Yes	Yes	Yes	Yes
R²	33.59%	36.47%	34.39%	35.25%	32.59%	35.47%	33.39%	34.25%
N	38 469	38 469	38 469	38 469	38 469	38 469	38 469	38 469

注：(1) * 表示 10% 的显著性水平，** 表示 5% 的显著性水平，*** 表示 1% 的显著性水平；(2) 括号内是 t 值。

表6－5（2） 政府监管、会计师事务所规模的调节作用（DV = MAO）

变量	DV = MAO			
	模型（3）		模型（4）	
Exp_1	0.023 ** (2.571)		0.022 ** (2.491)	
Exp_1^2	−0.032 ** (−2.552)		−0.029 *** (−2.742)	
Exp_2		0.022 ** (2.581)		0.023 ** (2.281)
Exp_2^2		−0.023 *** (−2.762)		−0.024 ** (−2.362)
Gov	0.021 * (1.893)	0.021 ** (2.621)	0.021 ** (1.981)	
$Exp_1 \times Gov$	0.022 ** (2.591)			
$EXp_1^2 \times Gov$	−0.023 ** (−2.652)			
$Exp_2 \times Gov$		0.041 ** (2.272)		
$Exp_2^2 \times Gov$		−0.051 *** (−2.832)		
Big10			0.021 ** (2.151)	0.022 ** (2.352)
$Exp_1 \times Big10$			0.023 ** (2.641)	
$EXp_1^2 \times Big10$			−0.022 ** (−2.461)	
$Exp_2 \times Big10$				0.023 ** (2.641)
$Exp_2^2 \times Big10$				−0.025 *** (−2.761)
ROA	−0.023 *** (−7.812)	−0.024 *** (−7.732)	−0.022 *** (−5.421)	−0.022 *** (−5.091)
Loss	−0.045 *** (−3.661)	−0.036 *** (−3.481)	−0.036 *** (−2.891)	−0.035 *** (−2.962)
Lev	−0.022 (−0.483)	−0.022 (−0.579)	−0.044 *** (−3.131)	−0.044 *** (−3.022)

续表

变量	DV = MAO			
	模型（3）		模型（4）	
Size	0.021 (0.553)	0.021 (0.742)	0.021 (0.082)	0.021 (0.061)
Listage	0.021 ** (2.402)	0.031 ** (2.461)	0.021 * (1.871)	0.022 * (1.891)
BM	− 0.033 ** (− 2.593)	− 0.033 ** (− 2.672)	− 0.043 *** (− 3.692)	− 0.043 *** (− 3.791)
CI	0.052 *** (4.792)	0.513 *** (4.851)	0.037 ** (2.421)	0.037 ** (2.092)
AR	0.056 ** (1.983)	0.047 ** (1.862)	0.042 (1.531)	0.042 (1.513)
Other	− 0.309 *** (− 2.921)	− 0.407 *** (− 2.991)	− 0.326 ** (− 2.592)	− 0.326 ** (− 2.581)
Turno	− 0.030 *** (− 4.542)	− 0.029 *** (− 4.481)	− 0.027 ** (− 2.571)	− 0.027 ** (− 2.641)
Constant	− 0.031 (− 0.501)	− 0.036 (− 0.742)	− 0.025 (− 0.332)	− 0.025 (− 0.352)
Industry	Yes	Yes	Yes	Yes
Year	Yes	Yes	Yes	Yes
R^2	35.35%	34.49%	36.57%	33.69%
N	38 469	38 469	38 469	38 469

注：（1）＊表示 10% 的显著性水平，＊＊表示 5% 的显著性水平，＊＊＊表示 1% 的显著性水平；
（2）括号内是 t 值。

6.4.4　稳健性检验

本书同时进行了如下稳健性检验，以保证结果的可靠性。（1）替换变量。本研究是将签字注册会计师 1 和签字注册会计师 2 视为两个观测值进行考察，在稳健性检验中，本书取签字注册会计师 1 和签字注册会计师 2 中执业经验较高者来进行回归，以检验执业经验对审计质量的影响（回归结果见表 6 - 6）。（2）样本调整。考虑到管制行业的特殊性，本书剔除了该行业。（3）群聚调整。考虑到本书的样本期较短，每年观测值较多，可能会存在显著性水平高估的问题，借鉴彼得森（2009）的做法，对标准误进行了群聚调整。以上稳健性检验的结果与前文的主要结论较为一致，说明本研究的结论具有稳健性。

表 6-6　　　　　　签字注册会计师执业经验与审计质量（替换执业经验）

变量	DV = ARAgg		DV = MAO		DV = AQ$_{zh}$	
Exp$_1$	-0.004* (-1.861)		0.033* (1.881)		0.023* (1.871)	
Exp$_1^2$	0.031** (2.301)		-0.051** (-2.501)		-0.041** (-2.401)	
Exp$_2$		-0.002* (-1.931)		0.031* (1.931)		0.021* (1.941)
Exp$_2^2$		0.324** (2.572)		-0.524** (-2.572)		-0.424** (-2.562)
CV	Yes	Yes	Yes	Yes	Yes	Yes
R^2	34.23%	36.49%	35.33%	37.59%	35.23%	37.49%
N	19 234	19 234	19 234	19 234	19 234	19 234

注：（1）*表示 10% 的显著性水平，**表示 5% 的显著性水平，***表示 1% 的显著性水平；（2）括号内是 t 值。

6.5　本章小结

本章运用高阶梯队理论，研究我国 1992～2019 年注册会计师执业经验是否会影响审计质量，首先关注经验对审计质量的影响，其次考虑在政府监管、会计师事务所规模的调节作用下，签字注册会计师执业经验对审计质量影响的变化。研究结果表明，签字注册会计师执业经验对审计质量的影响呈现出先高后低的特点，即呈倒"U"形关系。上市公司被政府监管越严厉，签字注册会计师执业经验对审计质量的影响就会越强。会计师事务所规模越大，签字注册会计师执业经验对审计质量的影响就越强。这些研究结论表明，在研究签字注册会计师对审计质量的影响时，不仅要考虑人口背景特征，而且还要考虑执业经验、政府监管和会计师事务所规模的调节作用。同时，这些研究结论对于深入理解会计师事务所的审计行为，以及完善政府监管机制和加强会计师事务所人力资源管理都具有一定的启示意义。

　　由于客观原因，本章也有其局限性。中国注册会计师协会网站披露的是在职签字注册会计师的信息，那些曾经参与过上市公司审计但现已离职或者退休的注册会计师信息我们无法获取，对这些样本的剔除是研究中的一个遗憾，也是无奈之举，这可能会对研究结论产生影响。

第7章 签字注册会计师任期、媒体监督与审计质量研究

本章研究签字注册会计师的既有任期和预期任期对审计质量的影响，以及媒体监督的影响机制，运用理论为公共压力理论和高阶梯队理论。并进一步区分了上述影响在不同会计师事务所组织形式和不同产权性质中的差异。

7.1 问题提出

大量事实和研究表明，在市场竞争日趋激烈的背景下，审计质量是企业提高财务公信力的一个重要途径，是会计师事务所增强优势和持续发展的基础。审计质量受到各方的广泛关注。

审计质量的影响因素是我们关注的一个方面。审计委员会、政府控制、公司治理、法律制度、客户特点、审计市场结构等会计师事务所外部因素，以及审计任期、事务所规模、审计独立性、审计声誉等会计师事务所内部因素，都会对审计质量产生一定的影响。但是，这些研究都没有考虑签字注册会计师之间的差异，这是不符合实际情况的。高阶梯队理论认为，不同背景特征的管理者价值取向、认知能力和行为选择不同，对企业战略、绩效、非效率投资、国际化经营和会计政策选择的影响也不同。签字注册会计师是审计过程的直接执行者，如果不考虑其对审计质量的影响，结论可能会有所偏颇。

近年来，随着高阶梯队理论的迅速发展，学术界已开始关注签字注册

会计师背景特征对审计质量的影响。研究结果表明，签字注册会计师的技能和个性、教育背景、性别等背景特征都会对审计质量产生一定的影响。不过，目前这些研究仍存在如下两个可以探讨的空间：一是没有考虑注册会计师预期任期。如果预期任期较短，管理者可能会采取短视行为。在关注签字注册会计师任期时，预期任期是很重要的一个因素。二是忽略了制度的影响。弗拉斯特（1991）发现，审计师对被媒体报道亏损的公司会更谨慎。穆切勒等（1997）发现，审计师会对被《华尔街日报》报道违约的公司发表更多的非标准审计意见。我们在关注注册会计师背景特征对审计质量的影响时，也不能忽略媒体监督的调节作用。

本书关注签字注册会计师任期对审计质量的影响，同时考虑媒体监督在其中的调节作用。其基本思路是：首先，考察签字注册会计师的既有任期和预期任期对审计质量是否有影响；其次，考察媒体监督对这两个变量影响审计质量的调节作用。此外，考虑到目前我国会计师事务所同时存在特殊普通合伙制和有限责任制两种不同的组织形式，以及两种产权性质的公司，我们还考虑了上述影响在这些不同背景下的差异。

本章主要有如下贡献：第一，不仅关注了注册会计师既有任期对审计质量的影响，还考察了预期任期对审计质量的影响，弥补了现有文献对预期任期的忽略。第二，将媒体监督纳入签字注册会计师任期对审计质量影响的研究之中，可以弥补现有文献在研究签字注册会计师任期对审计质量的影响时没有考虑媒体监督作用的局限性，以揭示签字注册会计师任期影响审计质量的作用机制。第三，考虑了会计师事务所的组织形式和企业产权性质的影响差异，对会计师事务所转制和企业产权性质改革也提供了借鉴。

本章余下的部分是：第二部分是理论分析与研究假设；第三部分是研究设计，包括样本选择、数据来源、变量设计和模型构建等内容；第四部分是实证研究；第五部分是本章小结。

7.2 理论分析与研究假设

任期可以看作注册会计师的执业生命周期，不仅有既有任期，也有预期任期。既有任期是已经执业的年限，预期任期是对未来尚可执业年限的预期。任期反映了管理者的认知水平、思维方式、经营阅历、风险倾向等心理想法和素质。据此，我们可以认为，不同任期的签字注册会计师具有不同的心理想法和管理素质，进而会影响签字注册会计师对审计质量的战略思维和行为选择。

审计质量是注册会计师发现错误并报告错误的联合概率，受专业胜任能力和独立性的影响。审计的价值在于对财务报告进行鉴证，更好地发挥资源配置作用。高质量审计可以提高会计师事务所声誉、降低可能的诉讼成本。不过，高质量审计付出的审计成本也更高，包括有形成本和渗透支出。其中，有形审计成本又可以分为审计资源耗费所形成的直接成本（包括人工成本和折旧等）和预期损失所形成的机会成本（包括法律诉讼风险等）；渗透支出是低质量审计给会计师事务所带来的声誉的损失和潜在的客户流失。

在审计市场竞争越来越激烈的情况下，按照成本效益原则，在提高审计质量的同时也得考虑审计成本。如果审计投入太少，就可能会造成审计质量下降，导致社会成本增加和影响会计师事务所的发展；相反，如果审计投入太多，可能会提高审计质量，但会计师事务所可能不愿承担，从而转嫁给客户。

同样，签字注册会计师在审计过程中也存在收益与成本的权衡问题。签字注册会计师的收益主要表现为货币收益、声誉收益以及未来的机会收益；其成本主要表现为学习成本、诉讼风险以及未来的机会损失。所以，按照经济人假设，签字注册会计师会从自身利益出发，根据任期长短进行成本收益权衡。如果提高质量的收益比成本高，就会提高审计质量；否则，就会降低审计质量。从既有任期的影响看，如果既有任期较短，签字注册会计师提高审计质量的代价较高，能否获得未来收益不确定，提高质量的动机不足。如果既有任期较长，能分享未来收益的可能性增加，提高审计质量的动力更强。

但是，相关研究表明，如果管理者的既有任期过长，可能使管理者缺乏创新精神，不愿意改革企业已有的战略和经营模式。因此，本研究认为，如果签字注册会计师的既有任期过长，可能使签字注册会计师对审计质量的影响存在一个拐点。经过样本统计，计算得出拐点在 9.5 年。拐点之前，注册会计师不思进取的心理会随着任期的延长而表现出来，降低审计质量。拐点之后，进一步延长既有任期后，签字注册会计师对工作的疲怠期已过，由于签字注册会计师具有实现个人财富和成就感的强烈愿望，因此随着既有任期的延长以及经验的积累和能力的提高，签字注册会计师会逐渐提高审计质量。本研究所指的签字注册会计师既有任期是指签字注册会计师的执业任期，不是签字注册会计师审计某一家上市公司的任期。综上所述，本书提出假设 7 - 1：

假设 7 - 1：签字注册会计师既有任期与审计质量呈"U"形关系。

再从预期任期的影响看，如果预期任期较短或者临近卸任时，按照期限问题理论，签字注册会计师为了追求当期业绩，可能不再考虑声誉效应和未来机会收益，采取短期行为，更多地关注审计项目的大小或多少，而不关注审计项目的质量。相反，当预期任期较长时，签字注册会计师为了追求长期业绩，就会更加注重建立长效机制，加强审计资源的长期投入，改进审计技术和方法，提高审计效率。本研究所指的预期任期，是指签字注册会计师执业生涯的预期任期，而不是签字注册会计师审计某一家上市公司的任期。基于上述分析，本书提出假设 7 - 2：

假设 7 - 2：签字注册会计师预期任期与审计质量正相关。

上面分析注册会计师成本与收益的权衡是按照经济人假设进行的，不过人的行为还会受到制度的影响。随着信息技术的发展，媒体监督成为一种主要的社会监督力量，对社会经济生活产生了越来越重要的影响。乔（2003）发现，媒体会极大地影响审计师的行为，坏消息报道会使审计师出具保留意见。例如，"银广夏事件""蓝田股份造假案""科龙电器舞弊案"等，都是因媒体报道之后而引起了有关监管部门和投资者的关注。基于以上分析，本书提出假设 7 - 3：

假设7-3：在签字注册会计师任期（包括既有任期和预期任期）对审计质量的影响中，媒体监督有着积极的正向调节作用。

会计师事务所转制为特殊普通合伙制，合伙人承担的责任更大。弗斯等（2011）发现，合伙制会计师事务所的审计师比有限责任制事务所的审计师更稳健。伦诺克斯和李（2012）发现，从合伙制变更为有限合伙制并没有带来审计质量的降低。朱小平和叶友（2003）认为，事务所应该采取合伙制，理论依据包括所有权结构、内部决策程序、企业生产要素特点和委托代理关系。余玉苗和陈波（2002）认为，不能否决事务所自主选择组织形式的权力，只要最小化了主要资产的投资扭曲问题就可以。基于上述分析，本书提出假设7-4：

假设7-4：媒体监督对注册会计师任期影响审计质量的调节作用在特殊普通合伙制会计师事务所更显著。

媒体监督对注册会计师任期影响审计质量的调节作用在国有和非国有公司中可能会表现出不一样的特点。国有上市公司对媒体监督的反应没有那么强烈，调整和改善没有那么迅速，而非国有企业对媒体监督这一法律外制度所扮演的公司治理角色的反应更加敏感，调整更加迅速和及时，因此媒体报道越多的上市公司，其审计质量越高。基于上述分析，本书提出假设7-5：

假设7-5：媒体监督对注册会计师任期影响审计质量的调节作用在非国有公司更显著。

综上所述，提出本研究的概念模型，如图7-1所示。

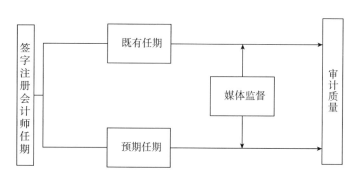

图7-1 概念模型

7.3　研究设计

7.3.1　研究样本与数据来源

本书选取样本为 1992～2019 年上市公司：（1）剔除金融类上市公司；（2）剔除 ST、*ST 公司；（3）剔除注册会计师任期、审计质量信息以及相关财务数据无法获取的公司。经过筛选，最终得到 28 年共 38 469 个观测值，其中特殊普通合伙制 23 424 个，有限责任制 15 045 个；国有样本 22 889 个，非国有样本 15 580 个。我们对连续变量进行缩尾处理以消除极端值影响。数据来自中注协官网、CSMAR、RESSET、同花顺和年报。

7.3.2　变量设计

1. 审计质量

（1）审计报告激进度。借鉴古尔等（2013）的做法，用模型（7-1）预测注册会计师发表非标审计意见的概率：

$$AQ = \alpha_0 + \alpha_1 Quick\ ratio + \alpha_2 AR + \alpha_3 Other + \alpha_4 INV + \alpha_5 ROA + \alpha_6 Loss$$
$$+ \alpha_7 Lev + \alpha_8 Size + \alpha_9 Listage + \alpha_{10} Indu \qquad (7-1)$$

模型（7-1）中，Quick ratio 是速动比率，AR 是应收账款比例，Other 是其他应收款比例，INV 是存货比例，ROA 是资产报酬率，Loss 是亏损虚拟变量，Lev 是财务杠杆，Size 是规模，Listage 是上市时间，Indu 是控制行业效应。

然后，按模型（7-2）来计算审计报告的激进性：

$$ARAgg = MAO_s - Actual\ opinion \qquad (7-2)$$

模型（7-2）中，Actual opinion 表示注册会计师实际发表的审计意见，当发表非标准审计意见时取值为 1，否则取值为 0。

MAO_s > Actual opinion，表明 ARAgg 为正，审计报告激进度高，说明审计质量低。

（2）MAO。借鉴弗朗西斯、克里希南、伦诺克斯的做法，采用注册会计师发表非标准审计意见的概率来度量审计质量，如果客户收到非标准审计意见，变量取1，否则取0。

（3）采用第3章构建的审计质量评价指标（AQ_{zh}）来度量审计质量。

2. 签字注册会计师任期

本书从既有任期和预期任期两方面来对签字注册会计师任期进行衡量。对于既有任期按签字注册会计师在会计师事务所的实际任职年限计算。对于预期任期则借鉴安提亚等（2010）的做法，采用下列公式衡量：

$$ETenure_{i,t} = (Tenure_{industry,t} - Tenure_{i,t}) + (Age_{industry,t} - Age_{i,t}) \quad (7-3)$$

式（7-3）中，$Tenure_{i,t}$表示 i 会计师事务所签字注册会计师截至 t 年时任职的年限；$Tenure_{industry,t}$表示 i 会计师事务所所属行业平均任期；$Tenure_{industry,t} - Tenure_{i,t}$表示预期任期。$Age_{i,t}$表示年龄，$Age_{industry,t}$表示 i 会计师事务所所属行业的所有签字注册会计师截至 t 年时的平均年龄。$Age_{industry,t}$与 $Age_{i,t}$之差表示在年龄维度上的签字注册会计师的任职预期。上述两维度的任职预期之和即为签字注册会计师预期任期。

3. 媒体监督

本书借鉴刘启亮等（2013）等的研究成果，选取的媒体监督变量为媒体负面报道次数。

4. 控制变量

本书还控制了如下变量：资产报酬率、是否亏损、财务杠杆、规模、上市时间、账面市值比、客户重要度、应收账款比例、其他应收款比例、周转速速、行业效应和年度效应。变量定义如表7-1所示。

表7-1 变量定义

变量名称	符号	变量定义	文献依据	预期符号
审计质量	ARAgg	根据式（7-2）计算得出	古尔等（2013）	
	MAO	注册会计师发表非标准审计意见取值为1，否则取0		
	AQ_{zh}	根据第3章计算得出		

续表

变量名称	符号	变量定义	文献依据	预期符号
签字注册会计师的既有任期	Tenure	任签字注册会计师的年限	刘运国和刘雯(2007)、罗等（2013）	-
签字注册会计师的预期任期	Etenure	根据式（7-3）计算得出	安提亚等（2010）、李培功和肖珉（2012）	-
媒体监督	Media	纸质媒体负面报道次数的自然对数	刘启亮等（2013）	+
盈利水平	ROA	资产收益率 = 净利润/总资产×100%	陈（2013）	-
亏损虚拟变量	Loss	当公司亏损时取值为1，否则取值为0	古尔等（2013）	-
财务杠杆	Lev	资产负债率	布拉克（2012）、沈和张（2013）	-
公司规模	Size	资产总额（回归分析时用该值的自然对数值）	达尔齐尔等（2011）、张西征等（2012）	+
上市时间	ListAge	已上市年度	陈晓红等（2012）	+
所有者权益账面值与市值之比	BM	所有者权益的期末账面价值除以市场价值	古尔等（2013）	-
客户重要性	CI	$\frac{\ln TAST_i}{\sum_{k=1}^{m}\sum_{i=1}^{l} \ln TAST_i}$，式中，$\ln TAST_i$ 表示客户 i 总资产的自然对数，l 表示 k 注册会计师审计的客户的数量，m 表示签署审计报告的注册会计师的数量	古尔等（2013）	+
应收账款比例	AR	应收账款/总资产	古尔等（2013）	+
其他应收款与总资产之比	Other	期末其他应收款除以总资产	古尔等（2013）	
资产周转率	Turnover	销售收入除以平均总资产	古尔等（2013）	-

变量名称	符号	变量定义	文献依据	预期符号
行业虚拟变量	$\sum$Industry	按照证监会标准进行分类	沈和张（2013）、陈晓红等（2012）	
年度	$\sum$Year	控制年度效应	陈晓红等（2012）	

7.3.3　模型建立

根据本书的研究思路，为了考察签字注册会计师既有任期和预期任期对审计质量的影响，分别建立模型（7-4）和模型（7-5）：

$$AQ = \beta_0 + \beta_1 Tenure + \beta_2 Tenure^2 + ControlVariables + \varepsilon \qquad (7-4)$$

$$AQ = \beta_0 + \beta_1 Etenure + ControlVariables + \varepsilon \qquad (7-5)$$

为了考察媒体监督在签字注册会计师既有任期和预期任期影响审计质量中的调节作用，分别建立模型（7-6）和模型（7-7）：

$$AQ = \beta_0 + \beta_1 ln（Media） + \beta_2 Tenure + \beta_3 Tenure^2 + \beta_4 ln（Media）$$

$$\times Tenure + \beta_5 ln（Media）\times Tenure^2 + ControlVariables + \varepsilon \qquad (7-6)$$

$$AQ = \beta_0 + \beta_1 ln（Media） + \beta_2 ETenure + \beta_3 ln（Media）\times ETenure$$

$$+ ControlVariables + \varepsilon \qquad (7-7)$$

根据伍德里奇（2009）对交叉项的解释，在模型（7-6）和模型（7-7）中设立了交叉项，以分别用来考察签字注册会计师既有任期和预期任期对审计质量的影响将如何受媒体监督的调节作用。

7.4　实证研究

7.4.1　描述性统计

表7-2是各变量的描述性统计。从全样本看，审计质量普遍较高，审计报告激进性的均值为-0.002。签字注册会计师既有任期的均值为12.444年，而且差异较大，从最短的0年到最长的44年。签字注册会计师预期任

期均值为 - 0.006 年，从 - 47.74 年到最大的 27.46 年。其中，- 47.74 年表示注册会计师在 47 年前就可以退休了，27.46 年表示注册会计师还可以工作 27 年。

媒体监督的均值为 6.706，其标准差为 8.525，说明媒体对各上市公司的关注度差距较大。从国有公司和非国有公司的比较看，两种产权性质不同的公司在审计质量上存在显著差异，即非国有公司高于国有公司。在签字注册会计师既有任期方面无显著差异，其均值都在 12 年左右。国有公司签字注册会计师的预期任期显著低于非国有公司，这可能是因为审计国有公司的签字注册会计师经验更为丰富。国有公司的媒体监督强度远高于非国有公司，且差异显著，这可能与媒体对国有公司更高的关注度有关。

7.4.2　相关性分析

变量间的相关性分析如表 7 - 3 所示。签字注册会计师既有任期、预期任期和媒体监督与审计质量正相关；签字注册会计师既有任期与媒体监督的相关性不显著，预期任期则与媒体监督呈显著正相关。这些分析结论初步表明，既有任期、预期任期、媒体监督与审计质量之间存在一定的相关性，与前文的理论分析基本一致。

7.4.3　回归分析

1. 签字注册会计师任期对审计质量的影响

表 7 - 4 是签字注册会计师任期与审计质量的回归分析。从全样本公司看，签字注册会计师既有任期与审计质量呈 "U" 形关系，与假设 7 - 1 相吻合，说明随着签字注册会计师既有任期的延长，审计质量的变化是先低后高。这不仅与饶育蕾等（2012）、陈（2013）等研究的结论相一致，而且也符合汉布里克和福富（1991）所提出的管理者生命周期理论。签字注册会计师预期任期与审计质量呈显著正相关，与假设 7 - 2 相吻合，说明签字注册会计师预期任期越长，审计质量越高。这与李培功和肖珉（2012）的结论类似。从特殊普通合伙制与有限责任制、国有公司和非国有公司的

比较看，在不考虑制度背景的情况下，在特殊普通合伙制与有限责任制会计师事务所中、不同产权性质中注册会计师任期对审计质量的影响与全样本的结果一致。全样本的 R^2 为 12.2% 和 12.4%，说明模型的拟合优度较好。

说明：研究报告和发表论文的数据的方向其实是一致的，当用审计报告激进度度量审计质量时，签字注册会计师既有任期、既有任期的二次方与审计报告激进度都是先正后负的关系，也就是随着审计任期的延长，审计报告激进度先增加后降低。而审计报告的激进度高，审计质量低，也就是审计报告激进度与审计质量之间是负相关关系。即随着审计任期延长，审计报告激进度先增加后降低，审计质量先降低后增加。签字注册会计师既有任期与审计质量呈"U"形关系。

此处 2015 年发表的论文存在疏漏，我们当时在对回归结果进行解读时，忽略了审计报告激进度与审计质量之间的负相关关系，直接根据数据字面结果做出了解读。文章发表后我们收到读者的邮件指出这一错误，我们及时与编辑部联系看怎么纠正，编辑部建议我们在后续如果出版专著时予以更正说明，秉着对学术负责的态度，我们没有将这个错误继续延续下去，而是在此报告中进行了修正。我们也借此机会予以说明，同时在报告中也进行了说明。

2. 媒体监督在签字注册会计师任期影响审计质量中的调节作用

表 7 - 5 是媒体监督在签字注册会计师任期影响审计质量中的调节作用分析。媒体监督与既有任期一次项、二次项的交叉项分别为正和负，且 $-b/2a$ 的系数变小，即"U"形曲线变窄，按照亨德森等（2006）、罗等（2013）对交叉项的解释，此结果说明媒体监督在签字注册会计师既有任期影响审计质量中起到了正向调节作用，与假设 7 - 3 相一致。签字注册会计师预期任期与媒体监督的交叉项系数为负相关但不显著，表明媒体监督的调节作用在预期任期对审计质量的影响中不存在。可能是注册会计师预期任期偏低，即将离任的注册会计师可能会有"不求有功、但求无过"的想法。

表 7 - 2(1)　变量的描述性统计（全样本和分产权性质）

变量	全样本（N = 38 469）				国有样本（N = 22 889）				非国有样本（N = 15 580）			
	Min	Max	Mean	SD	Min	Max	Mean	SD	Min	Max	Mean	SD
ARAgg	-0.941	0.251	-0.000	0.131	-0.942	0.258	0.002	0.118	-0.951	0.247	-0.004	0.137
MAO	0.000	1.000	0.065	0.471	0.000	1.000	0.047	0.365	0.000	1.000	0.071	0.514
AQ_{zh}	42.481	727.141	61.102	85.187	73.135	727.143	142.462	75.187	63.135	627.143	122.462	95.187
Tenure	0.000	44.000	12.444	4.950	0.000	44.000	12.382	4.836	0.000	27.000	12.634	5.110
Etenure	-47.740	27.460	-0.006	10.945	-47.740	27.460	-0.008	10.758	-44.740	27.260	0.002	11.212
Media	0.000	54.000	6.706	8.525	0.000	54.000	7.411	9.484	0.000	54.000	5.675	6.749
ROA	0.000	27.200	2.135	15.771	0.000	27.200	1.978	15.072	0.000	27.200	2.124	17.853
Loss	0.000	1.000	0.092	0.374	0.000	1.000	0.084	0.392	0.000	1.000	0.075	0.346
Lev	0.046	1.362	0.454	0.309	0.046	1.272	0.523	0.183	0.026	1.250	0.892	0.220
Size	18.657	25.619	21.912	1.343	18.657	25.219	22.121	1.289	18.657	25.410	21.392	1.021
Listage	0.000	20.000	8.855	5.539	0.000	20.000	10.490	4.981	0.000	20.000	6.587	5.644
BM	0.072	1.376	0.533	0.354	0.072	1.286	0.448	0.282	0.072	1.277	0.426	0.227
CI	0.070	1.000	0.339	0.251	0.070	1.000	0.260	0.164	0.070	1.000	0.223	0.146
AR	-0.001	0.493	0.083	0.080	-0.001	0.383	0.090	0.094	-0.001	0.394	0.114	0.095
Other	0.002	0.308	0.028	0.037	0.002	0.218	0.028	0.028	0.002	0.209	0.017	0.027
Turnover	0.000	15.796	0.831	0.668	0.000	15.686	0.779	0.580	0.000	12.478	0.676	0.531

表7-2(2) 变量的描述性统计（分会计师事务所组织形式）

变量	全样本（N=38 469）				特殊普通合伙（N=23 424）				有限责任制（N=15 045）			
	Min	Max	Mean	SD	Min	Max	Mean	SD	Min	Max	Mean	SD
ARAgg	-0.941	0.251	0.000	0.131	-0.842	0.258	0.003	0.128	-0.851	0.249	-0.003	0.139
MAO	0.000	1.000	0.065	0.471	0.000	1.000	0.043	0.387	0.000	1.000	0.071	0.523
AQ_{sh}	42.481	727.141	61.102	85.187	63.135	727.143	143.462	79.187	63.135	717.143	121.462	91.187
Tenure	0.000	44.000	12.444	4.950	0.000	44.000	12.482	4.936	0.000	28.000	12.334	5.010
Etenure	-47.740	27.460	-0.006	10.945	-47.740	27.460	-0.007	10.858	-45.740	27.160	0.003	11.012
Media	0.000	54.000	6.706	8.525	0.000	54.000	7.311	9.184	0.000	54.000	5.975	6.949
ROA	0.000	27.200	2.135	15.771	0.000	27.200	2.278	16.072	0.000	27.200	2.114	16.853
Loss	0.000	1.000	0.092	0.374	0.000	1.000	0.084	0.482	0.000	1.000	0.105	0.446
Lev	0.046	1.362	0.454	0.309	0.046	1.272	0.423	0.283	0.046	1.362	0.792	0.320
Size	18.657	25.619	21.912	1.343	19.657	25.619	22.121	1.389	18.657	25.410	21.382	1.121
Listage	0.000	20.000	8.855	5.539	0.000	20.000	10.590	5.981	0.000	20.000	7.587	5.654
BM	0.072	1.376	0.533	0.354	0.072	1.376	0.548	0.382	0.072	1.277	0.526	0.327
CI	0.070	1.000	0.339	0.251	0.070	1.000	0.360	0.264	0.070	1.000	0.323	0.246
AR	-0.001	0.493	0.083	0.080	-0.001	0.493	0.090	0.084	-0.001	0.394	0.124	0.097
Other	0.002	0.308	0.028	0.037	0.002	0.308	0.029	0.029	0.002	0.209	0.017	0.026
Turnover	0.000	15.796	0.831	0.668	0.000	15.796	0.779	0.680	0.000	13.478	0.676	0.631

表 7 - 3

变量间的相关系数检验

变量	ARAgg	Tenure	Etenure	Media	ROA	Loss	Lev	Size	Listage	BM	CI	AR	Other	Turnover
ARAgg	1.000													
Tenure	0.002*	1.000												
Etenure	0.016*	-0.816*	1.000											
Media	0.011*	-0.013	0.016*	1.000										
ROA	0.027*	0.005	-0.006	0.118*	1.000									
Loss	-0.016	-0.008	0.006	-0.021	-0.246*	1.000								
Lev	-0.015	-0.003	-0.002	0.174*	-0.119*	0.163*	1.000							
Size	-0.004	-0.002	0.018	0.578*	0.136*	-0.058*	0.458*	1.000						
Listage	-0.019	0.058*	-0.081*	0.086*	0.113*	0.086*	0.364*	0.249*	1.000					
BM	0.016	0.013	-0.014	0.078*	-0.145*	0.005	0.062*	0.361*	0.071*	1.000				
CI	-0.039*	-0.098*	0.068*	0.094*	-0.004	0.019	0.088*	0.126*	0.065*	0.012	1.000			
AR	-0.002	-0.018	0.019	-0.112*	-0.071*	-0.043*	-0.063*	-0.237*	-0.269*	-0.133*	-0.041*	1.000		
Other	0.015	-0.002	-0.019	-0.033*	-0.026*	0.052*	0.154*	-0.066*	0.149*	-0.087*	0.019	0.002	1.000	
Turnover	0.035*	0.018	-0.008	0.058*	0.227*	-0.066*	0.149*	0.097*	0.077*	-0.071*	0.012	0.1237*	-0.026*	1.000

注：* 表示 10% 的显著性水平，** 表示 5% 的显著性水平，*** 表示 1% 的显著性水平。

表7-4(1)

签字注册会计师任期与审计质量(DV = ARAgg)

变量	全样本		分会计师事务所组织形式				分产权性质			
			特殊普通合伙制		有限责任制		国有		非国有	
Tenure	0.003* (1.751)		0.001** (2.071)		0.004* (1.761)		0.001** (-2.081)		0.006** (2.101)	
Tenure²	-0.001** (-2.201)		-0.001** (-2.252)		-0.001** (-2.191)		-0.001** (-2.321)		-0.001** (-2.361)	
Etenure		0.001** (2.232)		-0.001 (-0.231)		0.001*** (3.171)		0.001 (0.841)		0.001** (2.461)
ROA	0.002*** (7.591)	0.001*** (7.443)	0.001*** (5.012)	0.001*** (5.012)	0.002*** (5.112)	0.002*** (5.071)	0.002*** (8.581)	0.002*** (8.512)	-0.001 (-0.152)	-0.001 (-0.162)
Loss	0.024*** (3.301)	0.014*** (3.042)	0.014*** (2.652)	0.014*** (2.652)	0.011 (1.381)	0.010 (1.212)	0.037*** (6.751)	0.036*** (6.531)	-0.037*** (-4.841)	-0.037*** (-4.841)
Lev	0.004 (0.552)	0.004 (0.542)	-0.022*** (-2.772)	-.022*** (-2.751)	0.025** (2.041)	0.027** (2.181)	-0.009 (-1.081)	-0.009 (-0.991)	-0.005 (-0.472)	-0.006 (-0.481)
Size	-0.003 (-1.643)	-0.002 (-1.643)	-0.001 (-0.492)	-0.001 (-0.492)	0.001 (0.101)	0.001 (0.031)	-0.003** (-2.371)	-0.003** (-2.431)	0.006*** (2.651)	0.006*** (2.621)
Listage	-0.001** (-2.162)	-0.001* (-2.011)	-0.001* (-1.693)	-0.001* (-1.732)	-0.001 (-0.271)	-0.001 (-0.142)	-0.001 (-1.521)	-0.001 (-1.571)	-0.001 (-1.623)	-0.001 (-1.502)
BM	0.025*** (2.891)	0.015*** (2.852)	0.023*** (3.812)	0.023*** (3.801)	0.006 (0.621)	0.007 (0.701)	0.023*** (3.501)	0.023*** (3.541)	-0.007 (-0.791)	-0.007 (-0.791)

续表

变量	全样本		分会计事务所组织形式				分产权性质			
			特殊普通合伙制		有限责任制		国有		非国有	
CI	-0.041*** (-4.632)	-0.316*** (-4.612)	-0.016** (-2.063)	-0.016** (-2.001)	-0.061*** (-4.732)	-0.062*** (-4.881)	-0.032*** (-3.641)	-0.032*** (-3.671)	-0.028** (-2.501)	-0.029** (-2.571)
AR	-0.035* (-1.853)	-0.025* (-1.753)	-0.023 (-1.331)	-0.023 (-1.321)	-0.017 (-0.671)	-0.016 (-0.631)	-0.069*** (-3.421)	-0.068*** (-3.391)	0.001 (0.052)	0.001 (0.012)
Other	0.207*** (2.781)	0.105*** (2.631)	0.125** (2.453)	0.125** (2.451)	0.168*** (2.592)	0.167*** (2.581)	0.255*** (4.842)	0.250*** (4.751)	0.004 (0.071)	0.002 (0.043)
Turnover	0.010*** (4.312)	0.009*** (4.232)	0.006** (2.352)	0.006** (2.331)	0.017*** (4.321)	0.017*** (4.291)	0.008*** (3.261)	0.008*** (3.271)	0.013*** (3.803)	0.013*** (3.792)
Constant	0.043 (1.442)	0.037 (1.541)	0.008 (0.291)	0.007 (0.261)	-0.006 (-0.121)	0.002 (0.013)	0.087*** (2.881)	0.087*** (2.971)	-0.132*** (-2.961)	-0.123*** (-2.801)
Industry	Yes	Yes	Yes	Yes	Yes	Yes	Yes	Yes	Yes	Yes
Year	Yes	Yes	Yes	Yes	Yes	Yes	Yes	Yes	Yes	Yes
R^2	0.122	0.124	0.181	0.180	0.242	0.267	0.245	0.240	0.223	0.219
F Value	4.89	5.11	4.62	4.84	4.21	4.75	6.37	6.44	3.87	4.10
N	38 469	38 469	23 424	23 424	15 045	15 045	22 889	22 889	15 580	15 580

注：(1) * 表示10%的显著性水平，** 表示5%的显著性水平，*** 表示1%的显著性水平；(2) 括号内是 t 值。

表 7—4（2）　　签字注册会计师任期与审计质量（DV ＝ AQ$_{zh}$）

变量 (DV＝ARAgg)	全样本		分会计师事务所所属组织形式				分产权性质			
			特殊普通合伙制		有限责任制		国有		非国有	
Tenure	-0.013* (-1.851)		-0.011** (-2.171)		-0.014* (-1.861)		-0.011** (-2.181)		-0.016** (-2.201)	
Tenure²	0.011** (2.301)		0.011** (2.352)		0.011** (2.291)		0.011** (2.421)		0.011** (2.461)	
Etenure		-0.011** (-2.332)		-0.011 (-0.331)		-0.011*** (-3.271)		-0.011 (-0.941)		-0.011** (-2.561)
ROA	-0.012*** (-7.691)	-0.011*** (-7.543)	-0.011*** (-5.112)	-0.011*** (-5.112)	-0.012*** (-5.212)	-0.012*** (-5.171)	-0.012*** (-8.681)	-0.012*** (-8.612)	-0.011 (-0.252)	-0.011 (-0.262)
Loss	-0.034*** (-3.401)	-0.024*** (-3.142)	-0.024*** (-2.752)	-0.024*** (-2.752)	-0.021 (-1.481)	-0.110 (-1.312)	-0.047*** (-6.851)	-0.046*** (-6.631)	-0.047*** (-4.941)	-0.047*** (-4.941)
Lev	-0.014 (-0.652)	-0.014 (-0.642)	-0.032*** (-2.872)	-0.032*** (-2.851)	-0.035** (-2.141)	-0.037** (-2.281)	-0.019 (-1.181)	-0.019 (-1.091)	-0.015 (-0.572)	-0.016 (-0.581)
Size	0.013* (1.743)	0.012* (1.743)	0.011 (0.592)	0.011 (0.592)	0.011 (0.201)	0.011 (0.041)	0.013** (2.471)	0.013** (2.531)	0.016** (2.751)	0.016*** (2.721)
Listage	0.011** (2.262)	0.011** (2.111)	0.011* (1.793)	0.011* (1.832)	0.011 (0.371)	0.011 (0.242)	0.011 (1.621)	0.011* (1.671)	0.011* (1.723)	0.011 (1.602)
BM	-0.035*** (-2.991)	-0.025*** (-2.952)	-0.033*** (-3.912)	-0.033*** (-3.901)	-0.016 (-0.721)	-0.017 (-0.801)	-0.033*** (-3.601)	-0.033*** (-3.641)	-0.017 (-0.891)	-0.017 (-0.891)

续表

变量 (DV = ARAgg)	全样本		分会计师事务所组织形式				分产权性质			
			特殊普通合伙制		有限责任制		国有		非国有	
CI	0.051*** (4.732)	0.416*** (4.712)	0.026** (2.163)	0.026** (2.101)	0.071*** (4.832)	0.072*** (4.981)	0.042*** (3.741)	0.042*** (3.771)	0.038** (2.601)	0.039** (2.671)
AR	0.045* (1.953)	0.035* (1.853)	0.033 (1.431)	0.033 (1.421)	0.027 (0.771)	0.026 (0.731)	0.079*** (3.521)	0.078*** (3.491)	0.011 (0.062)	0.011 (0.022)
Other	-0.307*** (-2.881)	-0.205*** (-2.731)	-0.225** (-2.553)	-0.225** (-2.551)	-0.268*** (-2.692)	-0.267*** (-2.681)	-0.355*** (-4.942)	-0.350*** (-4.851)	-0.014 (-0.081)	-0.012 (-0.053)
Turnover	-0.020*** (-4.412)	-0.019*** (-4.332)	-0.016** (-2.452)	-0.016** (-2.431)	-0.027*** (-4.421)	-0.027*** (-4.391)	-0.018*** (-3.361)	-0.018*** (-3.371)	-0.023*** (-3.903)	-0.023*** (-3.892)
Constant	-0.053 (-1.542)	-0.047 (-1.641)	-0.018 (-0.391)	-0.017 (-0.361)	-0.016 (-0.221)	-0.012 (-0.023)	-0.097*** (-2.981)	-0.097*** (-3.071)	-0.232*** (-3.061)	-0.223*** (-2.901)
Industry	Yes	Yes	Yes	Yes	Yes	Yes	Yes	Yes	Yes	Yes
Year	Yes	Yes	Yes	Yes	Yes	Yes	Yes	Yes	Yes	Yes
R^2	0.132	0.134	0.191	0.190	0.252	0.277	0.255	0.250	0.233	0.229
F Value	4.99	5.21	4.72	4.94	4.31	4.85	6.47	6.54	3.97	4.20
N	38 469	38 469	23 424	23 424	15 045	15 045	22 889	22 889	15 580	15 580

注：(1) * 表示 10% 的显著性水平，** 表示 5% 的显著性水平，*** 表示 1% 的显著性水平；(2) 括号内是 t 值。

表7-4(3)　签字注册会计师任期与审计质量（DV＝MAO）

变量 (DV=MAO)	全样本	全样本	分会计师事务所组织形式 特殊普通合伙制	分会计师事务所组织形式 特殊普通合伙制	分会计师事务所组织形式 有限责任制	分会计师事务所组织形式 有限责任制	分产权性质 国有	分产权性质 国有	分产权性质 非国有	分产权性质 非国有
Tenure	-0.023* (-1.951)		-0.021** (-2.271)		-0.024* (-1.871)		-0.021** (-2.281)		-0.026** (-2.301)	
Tenure²	0.021** (2.401)		0.021** (2.452)		0.021** (2.391)		0.021** (2.521)		0.021** (2.561)	
Etenure		-0.021** (-2.432)		-0.021 (-0.431)		-0.031*** (-3.371)		-0.021 (-0.841)		-0.013** (-2.661)
ROA	-0.022*** (-7.791)	-0.021*** (-7.643)	-0.021*** (-5.212)	-0.021*** (-5.212)	-0.022*** (-5.312)	-0.032*** (-5.271)	-0.023*** (-8.981)	-0.014*** (-8.712)	-0.021 (-0.352)	-0.021 (-0.362)
Loss	-0.044*** (-3.501)	-0.034*** (-3.242)	-0.034*** (-2.852)	-0.034*** (-2.852)	-0.031 (-1.581)	-0.210 (-1.412)	-0.057*** (-6.951)	-0.056*** (-6.731)	-0.057*** (-4.841)	-0.057*** (-4.841)
Lev	-0.024 (-0.752)	-0.024 (-0.742)	-0.042*** (-2.972)	-0.042*** (-2.951)	-0.045** (-2.241)	-0.047** (-2.381)	-0.029 (-1.281)	-0.029 (-1.081)	-0.025 (-0.672)	-0.026 (-0.681)
Size	0.022* (1.843)	0.022* (1.843)	0.021 (0.692)	0.021 (0.692)	0.021 (0.301)	0.021 (0.051)	0.023** (2.571)	0.023** (2.631)	0.026** (2.851)	0.036*** (2.821)
Listage	0.021** (2.362)	0.021** (2.211)	0.021* (1.893)	0.021* (1.932)	0.021 (0.471)	0.021 (0.342)	0.021 (1.631)	0.021* (1.771)	0.021* (1.823)	0.021 (1.612)
BM	-0.045*** (-2.891)	-0.035*** (-2.852)	-0.043*** (-3.812)	-0.043*** (-3.801)	-0.026 (-0.821)	-0.027 (-0.901)	-0.043*** (-3.701)	-0.043*** (-3.741)	-0.027 (-0.991)	-0.027 (-0.991)

续表

变量 (DV = MAO)	全样本		分会计师事务所组织形式				分产权性质			
			特殊普通合伙制		有限责任制		国有		非国有	
CI	0.061*** (4.832)	0.516*** (4.812)	0.036** (2.263)	0.036** (2.201)	0.081*** (4.932)	0.082*** (4.881)	0.052*** (3.841)	0.052*** (3.871)	0.048** (2.701)	0.049** (2.771)
AR	0.055* (1.853)	0.045* (1.953)	0.043 (1.531)	0.043 (1.521)	0.037 (0.871)	0.036 (0.831)	0.089*** (3.621)	0.088*** (3.591)	0.021 (0.072)	0.021 (0.032)
Other	-0.407*** (-2.981)	-0.305*** (-2.831)	-0.325** (-2.563)	-0.325** (-2.561)	-0.368*** (-2.792)	-0.367*** (-2.781)	-0.455*** (-4.842)	-0.450*** (-4.951)	-0.024 (-0.091)	-0.022 (-0.063)
Turnover	-0.030*** (-4.512)	-0.029*** (-4.432)	-0.026** (-2.552)	-0.026** (-2.531)	-0.037*** (-4.521)	-0.037*** (-4.491)	-0.028*** (-3.461)	-0.028*** (-3.471)	-0.033*** (-3.803)	-0.033*** (-3.992)
Constant	-0.063 (-1.642)	-0.057 (-1.631)	-0.028 (-0.491)	-0.027 (-0.461)	-0.026 (-0.321)	-0.022 (-0.033)	-0.087*** (-2.881)	-0.087*** (-3.081)	-0.332*** (-3.071)	-0.323*** (-2.801)
Industry	Yes	Yes	Yes	Yes	Yes	Yes	Yes	Yes	Yes	Yes
Year	Yes	Yes	Yes	Yes	Yes	Yes	Yes	Yes	Yes	Yes
R^2	0.142	0.144	0.291	0.290	0.262	0.287	0.265	0.260	0.243	0.239
F Value	4.89	5.11	4.82	4.84	4.41	4.95	6.57	6.64	3.87	4.30
N	38 469	38 469	23 424	23 424	15 045	15 045	22 889	22 889	15 580	15 580

注:(1) * 表示10%的显著性水平,** 表示5%的显著性水平,*** 表示1%的显著性水平;(2) 括号内是 t 值。

表 7-5(1)　　媒体监督在签字注册会计师任期管理影响审计质量中的调节作用（DV = ARAgg）

变量（DV＝MAO）	全样本	分会计师事务所组织形式		分产权性质	
		特殊普通合伙制	有限责任制	国有	非国有
Tenure	0.002** (2.561)	0.001** (2.091)	0.004* (1.651)	0.001** (2.152)	0.006** (2.051)
Tenure^2	-0.001** (-2.151)	-0.001** (-2.341)	-0.001** (-2.101)	-0.001** (-2.213)	-0.001** (-2.562)
Etenure	0.001** (2.481)	-0.001 (-0.091)	0.001*** (3.362)	0.001 (0.792)	0.001*** (2.812)
lnMedia	-0.001* (-1.681)	-0.001** (-1.982)	-0.001 (-1.321)	0.001 (0.892)	-0.001*** (-3.081)
lnMedia×Tenure	0.001** (2.292)	0.001** (2.241)	0.001 (0.452)	0.001 (0.312)	0.001** (2.112)
lnMedia×Tenure^2	-0.001** (-2.341)	-0.001** (-2.213)	-0.001 (-0.041)	-0.001 (-0.132)	-0.001* (-1.721)
lnMedia×Etenure	-0.001 (-1.081)		-0.001 (-1.132)	-0.001 (-0.082)	-0.001** (-2.031)
ROA	0.001*** (7.512)	0.001*** (5.021)	0.002*** (5.161)	0.002*** (8.581)	-0.001 (-0.182)
Loss	0.015*** (3.261)	0.014*** (2.681)	0.012 (1.441)	0.037*** (6.731)	-0.036*** (-4.701)
Lev	0.002 (0.291)	-0.023*** (-2.831)	0.024* (1.941)	-0.008 (-0.972)	-0.009 (-0.751)
Size	-0.001 (-0.451)	0.001 (0.071)	0.002 (0.601)	-0.004** (-2.382)	0.010*** (3.861)

续表

变量 (DV = MAO)	全样本		分会计师事务所组织形式				分产权性质			
			特殊普通合伙制		有限责任制		国有		非国有	
Listage	-0.001** (-2.102)	-0.001* (-2.061)	-0.001* (-1.732)	-0.001* (-1.761)	-0.001 (-0.271)	-0.001 (-0.152)	-0.001 (-1.492)	-0.001 (-1.552)	-0.001* (-1.762)	-0.001 (-1.632)
BM	0.013** (2.291)	0.013** (2.372)	0.022*** (3.481)	0.022*** (3.491)	0.003 (0.301)	0.004 (0.401)	0.024*** (3.591)	0.025*** (3.651)	-0.016* (-1.701)	-0.016* (-1.671)
CI	-0.031*** (-4.492)	-0.312*** (-4.551)	-0.016** (-2.021)	-0.016** (-1.961)	-0.061*** (-4.761)	-0.062*** (-4.892)	-0.032*** (-3.661)	-0.032*** (-3.691)	-0.027** (-2.401)	-0.027** (-2.462)
AR	-0.026* (-1.771)	-0.026* (-1.761)	-0.023 (-1.341)	-0.023 (-1.321)	-0.018 (-0.692)	-0.016 (-0.651)	-0.068*** (-3.392)	-0.067*** (-3.361)	0.003 (0.131)	0.003 (0.132)
Other	0.108*** (2.702)	0.107*** (2.682)	0.126** (2.471)	0.126** (2.481)	0.166** (2.571)	0.166** (2.571)	0.253*** (4.791)	0.248*** (4.701)	0.009 (0.142)	0.007 (0.121)
Turnover	0.009*** (4.241)	0.009*** (4.261)	0.006** (2.361)	0.006** (2.341)	0.017*** (4.352)	0.017*** (4.323)	0.008*** (3.261)	0.008*** (3.272)	0.013*** (3.771)	0.013*** (3.732)
Constant	0.012 (0.401)	0.017 (0.571)	-0.005 (-0.153)	-0.006 (-0.171)	-0.031 (-0.562)	-0.022 (-0.412)	0.103*** (2.862)	0.105*** (2.951)	-0.207*** (-4.072)	-0.198*** (-3.981)
Industry	Yes	Yes	Yes	Yes	Yes	Yes	Yes	Yes	Yes	Yes
Year	Yes	Yes	Yes	Yes	Yes	Yes	Yes	Yes	Yes	Yes
R^2	0.121	0.126	0.181	0.180	0.253	0.271	0.246	0.241	0.231	0.238
F Value	4.51	4.93	4.39	4.60	3.94	4.56	5.91	6.12	3.88	4.23
N	38 469	38 469	23 424	23 424	15 045	15 045	22 889	22 889	15 580	15 580

注:(1)* 表示 10% 的显著性水平,** 表示 5% 的显著性水平,*** 表示 1% 的显著性水平;(2)括号内是 t 值。

表7-5（2）　媒体监督在签字注册会计师任期管理影响审计质量中的调节作用（$DV = AQ_{ah}$）

变量	全样本		分会计师事务所组织形式				分产权性质			
			特殊普通合伙制		有限责任制		国有		非国有	
Tenure	-0.012*** (-2.661)		-0.011** (-2.191)		-0.014* (-1.751)		-0.011** (-2.252)		-0.016** (-2.151)	
Tenure^2	0.011** (2.251)		0.011** (2.441)		0.011** (2.201)		0.011** (2.313)		0.011** (2.662)	
Etenure		-0.011*** (-2.581)		-0.011 (-0.101)		-0.011*** (-3.462)		-0.011 (-0.892)		-0.011*** (-2.912)
lnMedia	0.011* (1.781)	0.011** (2.421)	0.011** (2.012)	0.011* (1.772)	0.011 (1.421)	0.011 (1.223)	0.011 (0.424)	0.011 (0.992)	0.011** (2.261)	0.011*** (3.181)
lnMedia ×Tenure	-0.011** (-2.392)		-0.011** (-2.341)		-0.011 (-0.552)		-0.011 (-0.412)		-0.011** (-2.212)	
lnMedia ×Tenure^2	0.011** (2.441)		0.011** (2.313)		0.011 (0.051)		0.011 (0.232)		0.011* (1.821)	
lnMedia ×Etenure		0.011 (1.181)		0.011** (2.343)		0.011 (1.232)		0.011 (0.092)		0.011** (2.131)
ROA	-0.011*** (-7.612)	-0.011*** (-7.532)	-0.011*** (-5.121)	-0.011*** (-5.091)	-0.012*** (-5.261)	-0.012*** (-5.191)	-0.012*** (-8.681)	-0.012*** (-8.601)	-0.011 (-0.272)	-0.011 (-0.282)
Loss	-0.025*** (-3.361)	-0.024*** (-3.181)	-0.024*** (-2.781)	-0.024*** (-2.761)	-0.022 (-1.541)	-0.020 (-1.351)	-0.047*** (-6.831)	-0.046*** (-6.601)	-0.459*** (-4.801)	-0.046*** (-4.801)
Lev	-0.012 (-0.391)	-0.013 (-0.481)	-0.033*** (-2.931)	-0.033*** (-2.912)	-0.034* (-2.041)	-0.036** (-2.191)	-0.018 (-1.072)	-0.018 (-0.972)	-0.018 (-0.832)	-0.019 (-0.851)
Size	0.011 (0.551)	0.011 (0.692)	0.011 (0.081)	0.011 (0.031)	0.012 (0.701)	0.011 (0.592)	0.014** (2.482)	0.014** (2.581)	0.020*** (4.001)	0.020*** (3.961)

续表

变量	全样本		分会计师事务所组织形式				分产权性质			
			特殊普通合伙制		有限责任制		国有		非国有	
Listage	0.011** (2.202)	0.011** (2.161)	0.011* (1.832)	0.011* (1.861)	0.011 (0.371)	0.011 (0.252)	0.011 (1.592)	0.011* (1.652)	0.011* (1.862)	0.011* (1.732)
BM	-0.023** (-2.391)	-0.023** (-2.472)	-0.032*** (-3.581)	-0.032*** (-3.591)	-0.013 (-0.401)	-0.014 (-0.501)	-0.034*** (-3.691)	-0.035*** (-3.751)	-0.026* (-1.801)	-0.026* (-1.771)
CI	0.041*** (4.592)	0.412*** (4.651)	0.026** (2.121)	0.026** (2.061)	0.071*** (4.861)	0.072*** (4.992)	0.042*** (3.761)	0.042*** (3.791)	0.037** (2.501)	0.037** (2.562)
AR	0.036* (1.871)	0.036* (1.861)	0.033 (1.441)	0.033 (1.421)	0.028 (0.792)	0.026 (0.751)	0.078*** (3.492)	0.077*** (3.461)	0.013 (0.231)	0.013 (0.232)
Other	-0.208*** (-2.802)	-0.207*** (-2.782)	-0.226** (-2.571)	-0.226** (-2.581)	-0.266*** (-2.671)	-0.266*** (-2.671)	-0.353*** (-4.891)	-0.348*** (-4.801)	-0.019 (-0.242)	-0.017 (-0.221)
Turnover	-0.019*** (-4.341)	-0.019*** (-4.361)	-0.016** (-2.461)	-0.016** (-2.441)	-0.027*** (-4.452)	-0.027*** (-4.423)	-0.018*** (-3.361)	-0.018*** (-3.372)	-0.023*** (-3.871)	-0.023*** (-3.832)
Constant	-0.022 (-0.501)	-0.027 (-0.671)	-0.015 (-0.253)	-0.016 (-0.271)	-0.041 (-0.662)	-0.032 (-0.512)	-0.203*** (-2.962)	-0.205*** (-3.051)	-0.307*** (-4.172)	-0.298*** (-4.081)
Industry	Yes	Yes	Yes	Yes	Yes	Yes	Yes	Yes	Yes	Yes
Year	Yes	Yes	Yes	Yes	Yes	Yes	Yes	Yes	Yes	Yes
R^2	0.131	0.136	0.191	0.190	0.263	0.281	0.256	0.251	0.241	0.248
F Value	4.61	5.03	4.49	4.70	4.04	4.66	6.01	6.22	3.98	4.33
N	38 469	38 469	23 424	23 424	15 045	15 045	22 889	22 889	15 580	15 580

注：(1) * 表示 10% 的显著性水平，** 表示 5% 的显著性水平，*** 表示 1% 的显著性水平；(2) 括号内是 t 值。

表7-5(3)　媒体监督在签字注册会计师任期影响审计质量中的调节作用(DV=MAO)

变量	全样本		分会计师事务所组织形式				分产权性质			
			特殊普通合伙制		有限责任制		国有		非国有	
Tenure	-0.022*** (-2.761)		-0.021** (-2.291)		-0.024* (-1.851)		-0.031** (-2.352)		-0.026** (-2.251)	
$Tenure^2$	0.021** (2.351)		0.014** (2.541)		0.021** (2.301)		0.019** (2.413)		0.031** (2.762)	
Etenure		-0.021*** (-2.681)		-0.017 (-0.201)		-0.021*** (-3.562)		-0.016 (-0.992)		-0.031*** (-2.812)
lnMedia	0.021* (1.881)	0.013** (2.521)	0.015** (2.032)	0.018* (1.872)	0.021 (1.521)	0.017 (1.323)	0.015 (0.524)	0.018 (0.892)	0.019** (2.361)	0.017*** (3.281)
$lnMedia \times Tenure$	-0.021** (-2.492)		-0.016** (-2.541)		-0.013 (-0.652)		-0.019 (-0.512)		-0.031*** (-2.312)	
$lnMedia \times Tenure^2$	0.021** (2.541)		0.017** (2.413)		0.015 (0.061)		0.021 (0.332)		0.018* (1.921)	
$lnMedia \times Etenure$		0.021 (1.281)		0.019** (2.443)		0.019 (1.332)		0.014 (0.082)		0.021** (2.231)
ROA	-0.021*** (-7.712)		-0.018*** (-5.221)	-0.031*** (-5.081)	-0.022*** (-5.361)	-0.032*** (-5.291)	-0.022*** (-8.781)	-0.032*** (-8.671)	-0.021 (-0.372)	-0.017 (-0.382)
Loss	-0.035*** (-3.461)		-0.034*** (-2.881)	-0.034*** (-2.861)	-0.032 (-1.641)	-0.030 (-1.451)	-0.057*** (-6.931)	-0.056*** (-6.701)	-0.559*** (-4.901)	-0.056*** (-4.901)
Lev	-0.022 (-0.491)		-0.043*** (-2.831)	-0.043*** (-2.812)	-0.044* (-2.051)	-0.046* (-2.291)	-0.028 (-1.078)	-0.028 (-0.872)	-0.028 (-0.932)	-0.029 (-0.951)
Size	0.021 (0.651)		0.021 (0.091)	0.031 (0.041)	0.022 (0.801)	0.021 (0.692)	0.024** (2.582)	0.024** (2.571)	0.030*** (4.101)	0.030*** (3.861)

续表

变量	全样本		分会计师事务所组织形式				分产权性质			
			特殊普通合伙制		有限责任制		国有		非国有	
Listage	0.021** (2.302)	0.021** (2.261)	0.021* (1.932)	0.012* (1.871)	0.021 (0.471)	0.018 (0.352)	0.021 (1.582)	0.021* (1.752)	0.021* (1.872)	0.021* (1.832)
BM	-0.033** (-2.491)	-0.033** (-2.572)	-0.042*** (-3.681)	-0.042*** (-3.691)	-0.023 (-0.501)	-0.024 (-0.601)	-0.044*** (-3.791)	-0.045*** (-3.851)	-0.036* (-1.901)	-0.036* (-1.871)
CI	0.051*** (4.692)	0.512*** (4.751)	0.036** (2.221)	0.036** (2.071)	0.081*** (4.961)	0.082*** (4.892)	0.052*** (3.861)	0.052*** (3.891)	0.047** (2.511)	0.047** (2.542)
AR	0.046* (1.881)	0.046* (1.871)	0.043 (1.541)	0.043 (1.521)	0.038 (0.892)	0.036 (0.851)	0.088*** (3.592)	0.087*** (3.561)	0.023 (0.331)	0.023 (0.332)
Other	-0.308*** (-2.902)	-0.307*** (-2.882)	-0.326*** (-2.581)	-0.326*** (-2.591)	-0.366*** (-2.771)	-0.366*** (-2.771)	-0.453*** (-4.991)	-0.448*** (-4.901)	-0.029 (-0.342)	-0.027 (-0.321)
Turnover	-0.029*** (-4.441)	-0.029*** (-4.461)	-0.026** (-2.561)	-0.026** (-2.541)	-0.037*** (-4.552)	-0.037*** (-4.523)	-0.028*** (-3.461)	-0.028*** (-3.472)	-0.043*** (-3.971)	-0.033*** (-3.932)
Constant	-0.032 (-0.601)	-0.037 (-0.771)	-0.025 (-0.353)	-0.026 (-0.371)	-0.051 (-0.762)	-0.042 (-0.612)	-0.303*** (-2.862)	-0.305*** (-3.061)	-0.407*** (-4.272)	-0.398*** (-4.181)
Industry	Yes	Yes	Yes	Yes	Yes	Yes	Yes	Yes	Yes	Yes
Year	Yes	Yes	Yes	Yes	Yes	Yes	Yes	Yes	Yes	Yes
R^2	0.231	0.236	0.291	0.290	0.363	0.381	0.356	0.351	0.341	0.348
F Value	4.71	5.13	4.59	4.80	4.14	4.76	6.11	6.32	3.88	4.43
N	38 469	38 469	23 424	23 424	15 045	15 045	22 889	22 889	15 580	15 580

注：(1) * 表示 10% 的显著性水平，** 表示 5% 的显著性水平，*** 表示 1% 的显著性水平；(2) 括号内是 t 值。

从区分会计师事务所组织形式后的回归分析看，媒体监督与签字注册会计师既有任期的一次项和二次项的交叉项系数在特殊普通合伙制显著，而在有限责任制不显著，说明媒体监督的正向调节作用在特殊普通合伙制中强于有限责任制，与假设 7 - 4 相吻合。这可能是因为与有限责任制相比，特殊普通合伙制的风险意识更强，对媒体的报道反应更加灵敏和及时。媒体监督与签字注册会计师预期任期的交叉项系数也仅在特殊普通合伙制显著为负，说明媒体监督的正向调节作用在特殊普通合伙制中强于有限责任制，与假设 7 - 4 相吻合。

媒体监督的交叉项系数在非国有公司显著，表明媒体监督的调节作用在非国有公司更显著，可能是国有企业对媒体监督的反应不敏感。媒体监督与签字注册会计师预期任期的交叉项系数也仅在非国有公司显著为负，说明媒体监督的正向调节作用在非国有公司中强于国有公司，与假设 7 - 5 相吻合。

7.4.4　稳健性检验

本书做了如下稳健性检验来保证结论的可靠性。

（1）替换变量。第一，用媒体报道次数滞后变量的自然对数来重新衡量媒体监督（回归结果见表 7 - 6）；第二，考虑到根据均值所计算的签字注册会计师预期任期容易受到极端值的影响，因此用中位数替代均值来对签字注册会计师预期任期进行重新衡量。

（2）调整样本。剔除管制行业（电力、煤气、供水等）的样本。

（3）群聚调整。参考彼得森（2009）的做法，对标准误差进行群聚调整，以防止可能出现的低估标准误差、高估显著性水平的问题。

（4）内生性问题。参考伍德里奇（2002）的做法，用媒体监督的残差作为媒体监督的工具变量重新回归，缓解可能存在的内生性问题。

上述稳健性检验的结果支持了前文的结论。

表 7 - 6　媒体监督在签字注册会计师任期影响审计质量中的调节作用（DV=ARAgg，替换媒体报道）

变量	全样本		分会计师事务所组织形式				分产权性质			
			特殊普通合伙制		有限责任制		国有		非国有	
Tenure	0.003** (2.461)		0.002** (2.081)		0.003* (1.661)		0.002** (2.252)		0.005** (2.041)	
Tenure^2	-0.002** (-2.141)		-0.002** (-2.241)		-0.002** (-2.201)		-0.002** (-2.313)		-0.002** (-2.462)	
Etenure		0.002** (2.381)		-0.002 (-0.081)		0.002*** (3.262)		0.002 (0.892)		0.002*** (2.712)
lnMedia	-0.002* (-1.671)	-0.002** (-2.221)	-0.002* (-1.972)	-0.002* (-1.772)	-0.002 (-1.221)	-0.002 (-1.223)	0.002 (0.424)	0.002 (0.792)	-0.002** (-2.151)	-0.002*** (-3.071)
lnMedia ×Tenure	0.002** (2.192)		0.002** (2.141)		0.002 (0.552)		0.002 (0.412)		0.002** (2.132)	
lnMedia ×Tenure^2	-0.002** (-2.241)		-0.002** (-2.113)		-0.002 (-0.051)		-0.002 (-0.232)		-0.002* (-1.731)	
lnMedia ×Etenure		-0.002 (-1.071)		-0.002** (-2.143)		-0.002 (-1.232)		-0.002 (-0.092)		-0.002** (-2.021)
CV	Yes	Yes	Yes	Yes	Yes	Yes	Yes	Yes	Yes	Yes
R^2	0.131	0.136	0.191	0.190	0.263	0.281	0.256	0.251	0.241	0.248
F Value	4.41	4.83	4.29	4.50	3.84	4.46	5.81	6.02	3.78	4.13
N	38 469	38 469	23 424	23 424	15 045	15 045	22 889	22 889	15 580	15 580

注：（1）* 表示 10% 的显著性水平，** 表示 5% 的显著性水平，*** 表示 1% 的显著性水平；（2）括号内是 t 值。

7.5　本章小结

本章考察了注册会计师任期对审计质量的影响，以及媒体监督在其中的调节作用。研究发现，注册会计师既有任期与审计质量呈"U"形关系；签字注册会计师预期任期与审计质量正相关；媒体监督对既有任期影响审计质量的调节作用在特殊普通合伙制和非国有公司中更显著，在预期任期影响审计质量的调节作用只在特殊普通合伙制和非国有公司存在。这些研究结论表明，在研究签字注册会计师任期对审计质量的影响时，不仅要考虑既有任期，而且还要考虑预期任期和媒体监督的调节作用。同时，这些研究结论对于深入理解会计师事务所的审计行为，以及完善媒体监督机制和加强人力资源管理都具有一定的启示意义。

由于客观原因，本章也存在一定的局限性。如用媒体监督的负面报道次数来度量媒体监督力度，没有对正面报道、中立报道进行考虑，这是受媒体的正面报道和中立报道难以严格区分的限制。又如，中国注册会计师协会网站只披露在职签字注册会计师的信息，许多签字注册会计师由于离职或者退休，无法获取其信息，本书剔除这些样本，可能存在自选择问题，从而影响结论。

第8章 政府监管、注册会计师任期 管理与审计质量研究

本章以我国 2003～2019 年深沪两市 A 股类上市公司为样本，围绕自愿性轮换问题，考察任期管理的注册会计师和任期管理情形下的过渡性注册会计师影响审计质量的问题，以及政府监管在这两种影响中的调节作用。

8.1 引言

为了提高注册会计师的独立性，进而提高审计质量，世界上许多国家都对注册会计师规定了强制轮换制度。例如，美国的强制轮换制度要求，注册会计师为某一客户提供五年审计服务后就必须轮换，并且在五年内不得重新为该客户提供审计服务（即五年的"冷冻期"）。我国的强制轮换制度也有类似的要求，不同的是，在重新为其客户提供审计服务时仅需要有两年的"冷冻期"。

但是，各国的强制轮换制度都几乎没有对自愿轮换的"冷冻期"做出规定。也就是说，注册会计师可以在强制轮换期的前一年或两年进行自愿轮换，以便在一年后又重新为该客户提供审计服务。通过这种自愿轮换，注册会计师既可以避免强制轮换制度所规定的"冷冻期"，也可以在轮换期通过对过渡性注册会计师提建议等途径，以间接地参与审计工作。本书把这种现象称为"注册会计师任期管理"。这种现象在我国注册会计师审计行业中比较常见。自 2003 年实施强制轮换制度以来，任期四年的注册会计师 3458 人中有 306 人自愿轮换，并于一年后继续为原客户提供服务。

按照经济人假说，注册会计师进行任期管理的一个重要动机，可能是为了追求利益的最大化。这是因为，注册会计师进行任期管理一方面可以稳定客户，增加收入；另一方面也可以降低洽谈签约、尽职调查等发生的变更成本。如果是出于这种动机，那么注册会计师进行任期管理就可能会影响其审计的独立性，独立性的丧失可能带来审计质量的降低。

有研究表明，注册会计师所发表的审计意见对客户的融资、经营和股价等方面都会产生一定的影响。如果注册会计师发表的是否定意见或无法表示意见，客户的融资就会受阻、经营就会受困、股价就会下跌，甚至会退市。所以，注册会计师为了进行任期管理，以获得更大的利益，就可能会丧失独立性，降低审计质量，发表迎合客户的标准无保留意见或带强调事项段的无保留意见，否则客户就不会再聘任他们。然而，以往研究主要是关注强制轮换前后审计质量的变化，而鲜有关注注册会计师进行任期管理对审计质量的影响。

在上述分析的基础上，本章选择样本为我国 2003～2019 年深沪两市 A 股上市公司，首先，关注注册会计师进行任期管理对审计质量的影响；其次，考察任期管理情形下过渡性注册会计师对审计质量的影响；最后，考察政府监管在这两种影响中的调节作用。

本章的贡献主要表现在两个方面：一方面，目前学术界对注册会计师轮换问题的研究主要集中在强制性轮换方面，而较少涉及自愿性轮换问题。因此，本章围绕自愿性轮换问题，研究注册会计师任期管理和过渡性注册会计师对审计质量的影响，将有助于深化对注册会计师轮换问题的研究，同时也为政府完善注册会计师轮换制度提供经验证据。另一方面，本章采用制度分析方法，进一步研究政府监管的调节作用，将有助于揭示任期管理的注册会计师和任期管理情形下的过渡性注册会计师影响审计质量的抑制机制，为政府加强注册会计师审计行业的监管提供借鉴。

8.2 理论分析与研究假设

在我国，为了提高注册会计师审计的独立性，进而提高审计质量，借鉴国际经验，证监会和财政部联合发文要求，签字注册会计师连续为同一客户服务五年必须轮换，冷冻期为两年。但是，我们在现实中却发现了一种有趣的现象，即一些注册会计师为了规避轮换后两年的"冷冻期"，在任期的第四年就进行自愿轮换，然后在一年后又重新轮回。如前所述，这种注册会计师所进行的任期管理之现象，在我国注册会计师审计行业中比较常见。

从经济人假说的角度看，注册会计师进行任期管理的一个重要动机，可能就是追求其利益的最大化。这是因为，注册会计师进行任期管理既可以稳定客户、增加收入，同时可以降低洽谈合约、尽职调查等活动发生的变更成本。

如果注册会计师是出于这种动机，就可能会影响其审计的独立性。俗话说得好，"吃了别人的嘴软，拿了别人的手软"。同样，注册会计师为了获得更大的利益而进行任期管理，就可能会迎合甚至依附于客户，更多地站在客户的立场上考虑问题，从而使其独立性受到削弱。否则，在轮换后，注册会计师就不会被客户重新聘任，也就不可能使其任期管理得以成功。也有经验证据支持了这一认识。班伯和艾耶发现，私人关系会让注册会计师对客户的报告立场更加默许。弗斯等发现，轮换后再度被聘任，独立性受损的可能性比较大。

在注册会计师的独立性受到削弱的情况下，审计质量就可能会下降。注册会计师所发表的审计意见对客户的融资、经营风险、股价等方面都会产生较大的影响。如果注册会计师发表的是否定意见或者无法表示意见，客户的融资就会受阻、经营风险就会加大、股价就会下跌，甚至会退市。所以，一方面，客户对注册会计师发表的审计意见会十分在意，如果注册会计师发表的是否定意见或无法表示意见，客户就会考虑更换注册会计师或会计师事务所；另一方面，注册会计师为了能够进行任期管理，就可能会丧失其独立性，迎合客户，发表无法表示意见或否定意见的概率降低。在上述分析的基础上，本书提出假设 8 - 1：

假设 8 - 1：与没有进行任期管理的注册会计师相比，进行任期管理的注册会计师审计质量更低。

在注册会计师自愿轮换后的一年间隔期担任客户审计的注册会计师，我们称其为"过渡性注册会计师"。过渡性注册会计师会如何影响审计质量呢？进行注册会计师任期管理研究，需要进一步考察这一经济后果。在强制轮换制度下，新任注册会计师能提高审计质量，因为新任注册会计师会带来新的视角和观念，会增加审计投入，以提高审计质量。但相比之下，过渡性注册会计师提高审计质量的概率不高。过渡性注册会计师主观上获取客户专门知识的积极性不够，客观上短时间确实很难获取客户专门知识。有研究表明，审计质量的提高会受到注册会计师对客户专门知识获取多少的影响。由于过渡性注册会计师主观上获取客户专门知识的动力不足，客观上短时间内获取客户专门知识的难度较大，从而导致客户专门知识的缺乏，进而影响到审计质量。

另外，与强制轮换制度下的注册会计师相比，过渡注册会计师的责任感可能没有那么强烈，没有做出足够的努力去提高审计质量。有研究表明，责任感会激发注册会计师更加努力，投入更多的时间在审计计划和审计测试程序上，增加审计程序的深度和广度，以减小其偏差；受偏见影响更少，判断更准确。过渡性注册会计师知道自己只是临时替代，其责任感不如强制轮换情形下的注册会计师强烈，不愿意花大力气查找并建议调整被审计单位财务报表的所有错误，这种责任感的缺失可能会导致降低审计质量。在上述分析的基础上，本书提出假设8-2：

假设8-2：过渡性注册会计师负责项目的审计质量降低。

以上注册会计师任期管理对审计质量的影响是在经济人假设下进行的，但人的行为是在环境的影响和制度的约束下进行的。在政府监管方面，我国政府通过一系列手段提高了审计质量，这些手段包括审计市场改革、推动事务所脱钩改制、引入国际审计准则、合并和转制等，我国的政府监管有类似于美国的监管效应。法律法规赋予行政执法和处罚权给证监会，监管机构的处罚会让注册会计师更关注客户的风险领域。任期管理的注册会计师和过渡性注册会计师，在执业时也会更加谨慎，增加审计程序的深度和广度，要求客户进行更多的审计调整，如果注册会计师发现了客户的错报而客户拒绝调整，则注册会计师出具非标准审计意见的概率会增加。政府监管抑制了进行任期管理的注册会计师和过渡性注册会计师责任缺失的问题，保证了审计质量的提高。在上述分析的基础上，本书提出假设 8 - 3：

假设 8 - 3：在进行任期管理的注册会计师和过渡性注册会计师对审计质量的影响中，政府监管可能会发挥负向的调节作用。

本研究框架如图 8 - 1 所示。

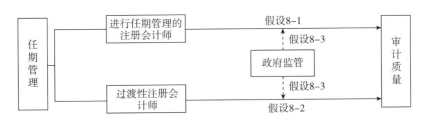

图 8 - 1　研究框架

8.3　研究设计

8.3.1　样本选择与数据来源

我们的初始样本为 2003 ~ 2019 年的 28091 家 A 股上市公司，从中识别出 2003 ~ 2016 年任期 4 年的观测值为 3928 个，剔除控制变量缺失的样本，有效样本为 3458 个。数据来自国泰安数据库（CSMAR）和万得数据库（Wind）。每家上市公司的审计报告由 2 名签字注册会计师签字（少数公司为 3 名），当其中至少有 1 名注册会计师进行任期管理时（也就是第 4 年进行自愿轮换，第 6 年重新为该客户服务），我们界定该样本为进行了任期管理。

8.3.2　变量解释

1. 被解释变量：审计质量

（1）审计报告激进度。借鉴古尔等（2013）的做法，我们定义虚拟变量 MAO（非标准审计意见取 1，否则取 0）。接下来用逻辑回归模型

（8-1）来估计审计师发表非标准审计意见的概率，在这个回归模型中，MAO 是因变量，客户特征是解释变量。审计报告激进性（ARAgg）是指预测的发表非标准审计意见的概率减去 MAO 的实际值（模型 8-2）。ARAgg 的较高值表示审计师发表非标准审计意见的倾向低于全样本预测的结果，审计报告激进性高，审计质量低。

$$MAO_s = \alpha_0 + \alpha_1 Quick + \alpha_2 AR + \alpha_3 INV + \alpha_4 Roa + \alpha_5 Loss + \alpha_6 Lev + \alpha_7 Size + \alpha_8 Listage + \alpha_9 Other + \alpha_{10} Indu \tag{8-1}$$

$$ARAgg = MAO_s - Actual\ opinion \tag{8-2}$$

模型（8-2）中，Quick 是指速动比率，AR、INV 分别指应收账款、存货的期末余额除以总资产，Roa 是资产报酬率，Loss 是亏损虚拟变量，Lev 是资产负债率，Size 是公司规模，Listage 是公司上市年限，Other 是其他应收款除以总资产，模型中还包括了行业虚拟变量 Indu。

（2）MAO。借鉴弗朗西斯、克里希南、伦诺克斯的做法，采用注册会计师发表非标准审计意见的概率来度量审计质量，如果客户收到非标准审计意见，变量取 1，否则取 0。

（3）AQ_{zh}：第 3 章构建的审计质量评价指标。

2. 解释变量：任期管理（Tenure_mgmt）

当注册会计师在任期的第 4 年进行自愿轮换并在一年后（第 6 年）轮换回来，变量取值为 1，否则取值为 0。

3. 调节变量：政府监管（Gov）

借鉴吴伟荣和刘亚伟的做法，根据中国证监会的处罚赋值，批评赋值为 2，警告赋值为 3，谴责赋值为 4，罚款赋值为 5，没收非法所得赋值 6，取消营业许可赋值为 7，市场禁入赋值为 8，其他情形赋值为 1。多次处罚按分值相加。

4. 控制变量

根据以往文献，我们选择规模、财务业绩变量（是否亏损、资产周转率和资产负债率）、成长性指标（账面市值比）、产权性质、审计师规模（包括会计师事务所规模和注册会计师规模）、会计师事务所任期作为控制变量、审计业务复杂度和前一年审计意见。变量的定义见表 8-1。

表 8-1 变量定义

变量名称	变量符号	变量定义	预期符号
审计质量	ARAgg	审计报告的激进性，由模型（8-2）计算得出	
	MAO	注册会计师发表非标准审计意见取值为 1，否则取 0	
	AQ_{zh}	第 3 章构建的审计质量评价指标	
任期管理	Tenure_mgmt	如果注册会计师在第 4 年进行自愿轮换，然后在一年后轮换回来取值为 1，否则取值为 0	-
政府监管	Gov	以监管机构对上市公司的处罚来衡量	+
规模	Size	总资产的自然对数	-
是否亏损	Loss	如果净利润为负取值为 1，否则取值为 0	+
资产周转率	Turnover	销售收入/平均总资产	-
资产负债率	Lev	总负债/总资产	+
账面市值比	BKMK	所有者权益账面价值/市场价值	+
产权性质	SOE	如果公司由政府控股取值为 1，否则取值为 0	-
事务所规模	Big10	在中国注册会计师协会排名前 10 取值为 1，否则为 0	+
注册会计师规模	TA_CPA	注册会计师审计客户的资产总和（取自然对数值）	+
事务所任期	Tenure_firm	会计师事务所的任期	-
业务复杂度	ARINV	（应收账款+存货）/总资产	+
前一年审计意见	Preopinion	客户在审计的前一年收到的审计意见类型	+

8.3.3 模型构建

我们首先考察注册会计师进行任期管理对审计质量的影响、过渡性注册会计师对审计质量的影响，构建固定效应回归模型（8-3）来验证假设 8-1 和假设 8-2。

$$AQ = \beta_0 + \beta_1 Tenure\_mgmt + \beta_2 Size + \beta_3 Loss + \beta_4 Turnover + \beta_5 lev +$$
$$\beta_6 BKMK + \beta_7 SOE + \beta_8 Big10 + \beta_9 TA\_CPA + \beta_{10} Tenure\_firm +$$
$$\beta_{11} ARINV + \beta_{12} PreOpinion + \varepsilon \qquad (8-3)$$

其次，构建固定效应回归模型检验政府监管的调节作用。

$$AQ = \beta_0 + \beta_1 Tenure\_mgmt + \beta_2 Gov + \beta_3 Tenure\_mgmt \times Gov + \beta_4 Size +$$
$$\beta_5 Loss + \beta_6 Turnover + \beta_7 lev + \beta_8 BKMK + \beta_9 SOE + \beta_{10} Big10 +$$
$$\beta_{11} TA\_CPA + \beta_{12} Tenure\_firm + \beta_{13} ARINV + \beta_{14} PreOpinion + \varepsilon$$
$$(8-4)$$

8.4 实证分析

8.4.1 描述性统计

变量均值的描述性统计结果如表 8 - 2 所示。注册会计师任期管理的比率是 8.75%，进行任期管理的注册会计师发表非标准审计意见的概率是 1.2%，而没有进行任期管理的注册会计师发表非标意见的概率是 6.8%。没有进行任期管理的注册会计师审计的客户亏损比率是 11.8%，而进行任期管理的注册会计师审计的客户这一比率为 6.8%。进行任期管理的注册会计师更多隶属于大的会计师事务所。进行任期管理的注册会计师所属会计师事务所的任期较长，差异也显著。其他变量的差异则不显著。

表 8 - 2　　　　　　　　变量的描述性统计

变量	Tenure_mgmt = 1	Tenure_mgmt = 0	P
ARAgg	0.002	− 0.099	0.004
MAO	0.012	0.068	0.006
AQ_{zh}	82.452	141.462	0.005
Tenure_mgmt	0.088	0.913	0.007
Gov	0.114	0.111	0.424
Size	20.284	21.149	0.573
Loss	0.068	0.118	0.035
Turnover	0.833	0.744	0.136
Lev	0.464	0.542	0.177
BKMK	521.218	446.687	0.232
SOE	0.068	0.107	0.151
Big10	0.548	0.518	0.030
TA_CPA	12.735	29.655	0.345
Tenure_firm	14.000	8.800	0.001
ARINV	0.260	0.320	0.511
Preopinion	0.000	0.000	0.523
N	306.000	3152.000	

注：P 值为双尾检验结果。

表 8-3 报告了因变量的差异，包括进行任期管理的子样本和没有进行任期管理的子样本。在进行任期管理的子样本中，只有 1.20% 的公司收到了非标准审计意见，而没有进行任期管理的样本这一概率是 7.01%，组间审计意见频率分布的差异是显著的（P = 0.004）。这一发现表明进行任期管理的注册会计师更少地发表非标准审计意见。

表 8-3 有任期管理和无任期管理子样本中非标审计意见的频率

变量	Tenure_mgmt = 0（n = 3 152）	Tenure_mgmt = 1（n = 306）
MAO = 1	7.01%	1.20%
0	92.89%	98.80%
Total	100%	100%
P = 0.004		

表 8-4 是详细的描述性统计结果。

表 8-4 详细的描述性统计（n = 3 458）

变量	均值	中位数	极大值	极小值	标准差
ARAgg	0.000	0.011	0.251	-0.941	0.131
MAO	0.065	0.000	1.000	0.000	0.471
AQ_{zh}	132.462	102.712	727.143	63.135	85.187
Tenure_mgmt	0.088	0.000	1.000	0.000	0.532
Gov	0.102	0.000	13.000	0.000	0.581
Size	21.028	21.581	24.682	17.692	1.251
Loss	0.113	0.000	1.000	0.000	0.281
Turnover	0.751	0.601	16.601	0.000	0.592
Lev	0.536	0.491	1.252	0.061	0.232
BKMK	453.201	386.072	487.261	13.262	84.264
SOE	0.103	0.000	1.000	0.000	0.501
Big10	0.518	1.000	1.000	0.000	0.468
TA_CPA	28.176	105.213	190.212	32.653	78.153
Tenure_firm	9.076	8.000	13.000	1.000	3.328

续表

变量	均值	中位数	极大值	极小值	标准差
ARINV	0.301	0.262	1.000	0.000	0.672
Preopinion	0.000	0.000	1.000	0.000	0.241

8.4.2 回归分析

1. 任期管理注册会计师对审计质量的影响

任期管理注册会计师影响审计质量的回归分析结果如表 8 – 5 所示。从任期第 4 年审计质量的回归分析结果看，Tenure_mgmt 的系数显著为负，进行任期管理的注册会计师在表面轮换的前一年发表非标准审计意见的概率比没有进行任期管理的注册会计师低 19.6% （$e^{-1.632}$）。说明进行任期管理的注册会计师在轮换前降低了审计质量（验证了本章的假设 8 – 1），可能是因为注册会计师为了在一年后重新回来，牺牲独立性以取悦客户。模型的 R^2 分别为 48.4%、44.9%、49.4%、43.9%、59.3% 和 53.8%，说明模型的拟合优度较好。

表 8 – 5　　　　　进行任期管理的注册会计师对审计质量的影响结果

变量	DV = ARAgg		DV = MAO		DV = AQz	
	第 4 年	第 6、第 7 年	第 4 年	第 6、第 7 年	第 4 年	第 6、第 7 年
Tenure_mgmt	0.832 ** (2.277)	0.457 ** (2.459)	-0.732 ** (-2.177)	-0.357 ** (-2.359)	-0.632 ** (-2.276)	-0.347 ** (-2.458)
Size	0.459 *** (2.754)	0.689 *** (6.288)	-0.359 *** (-2.654)	-0.589 *** (-6.188)	-0.458 *** (-2.753)	-0.679 *** (-6.287)
Loss	-0.368 *** (-8.455)	-0.855 *** (-8.675)	0.268 *** (8.355)	0.955 *** (8.575)	0.367 *** (8.454)	0.854 *** (8.674)
Turnover	0.587 ** (2.387)	1.269 *** (3.877)	-0.487 ** (-2.287)	-0.169 *** (-3.977)	-0.586 ** (-2.386)	-0.259 *** (-3.876)
Lev	-0.276 *** (-5.754)	-0.359 *** (-5.514)	0.176 *** (5.654)	0.259 *** (5.414)	0.275 *** (5.753)	0.358 *** (5.513)

续表

变量	DV = ARAgg		DV = MAO		DV = AQ$_z$	
	第 4 年	第 6、第 7 年	第 4 年	第 6、第 7 年	第 4 年	第 6、第 7 年
BKMK	− 0. 014 (− 1. 228)	− 0. 004 (− 0. 359)	0. 003 (1. 128)	0. 005 (0. 159)	0. 012 (1. 227)	0. 013 (0. 249)
SOE	0. 459 (0. 869)	0. 269 (0. 577)	− 0. 359 (0. 769)	− 0. 169 (− 0. 477)	− 0. 449 (0. 859)	− 0. 268 (− 0. 576)
Big10	− 0. 266 (− 0. 495)	− 0. 559 ** (− 2. 399)	0. 166 (0. 395)	0. 459 ** (2. 299)	0. 265 (0. 494)	0. 549 ** (2. 299)
TA_CPA	− 0. 013 (− 1. 537)	− 0. 004 (− 0. 498)	0. 003 (1. 437)	0. 005 (0. 398)	0. 012 (1. 536)	0. 014 (0. 497)
Tenure_firm	0. 016 (0. 097)	0. 018 (0. 354)	− 0. 006 (− 0. 087)	0. 008 (0. 254)	− 0. 006 (− 0. 186)	0. 008 (0. 353)
ARINV	− 0. 013 ** (− 2. 455)	− 0. 014 ** (− 2. 552)	0. 003 ** (2. 355)	0. 004 ** (2. 542)	0. 102 ** (2. 454)	0. 013 ** (2. 641)
PreOpinion	− 0. 744 ** (− 2. 296)	− 0. 826 ** (− 2. 319)	0. 644 ** (2. 196)	0. 726 ** (2. 219)	0. 743 ** (2. 295)	0. 825 ** (2. 318)
Constant	− 0. 997 (− 1. 247)	− 0. 964 *** (− 4. 575)	0. 897 (1. 147)	0. 864 *** (4. 675)	0. 996 (1. 246)	0. 963 *** (4. 774)
R^2	0. 484	0. 449	0. 494	0. 439	0. 593	0. 538
N	3 458	3 458	3 458	3 458	3 458	3 458

注：* 、** 、*** 分别表示通过 10% 、5% 、1% 的显著性水平检验。

从任期第 6、第 7 年对审计质量影响的回归分析结果看，Tenure_mgmt 的系数显著为负，进行任期管理的注册会计师在轮换回来后的前两年发表非标准审计意见的概率比没有进行任期管理的注册会计师低 26.0% ($e^{-1.347}$)。说明进行任期管理的注册会计师在轮换后也降低了审计质量（验证了本章的假设 8 – 1），可能是因为注册会计师在轮换回来后为了回报客户，继续对客户的财务报告采取宽容的态度。控制变量的检验结果与已有研究基本一致。大公司收到非标准审计意见的概率更低，亏损公司或资产负债率高的公司收到非标准意见的概率更高。

2. 过渡性注册会计师影响审计质量的分析

过渡性注册会计师影响审计质量的回归分析结果如表 8 - 6 所示。Tenure_mgmt 的系数显著为负，说明任期管理情况下过渡性注册会计师发表非标准审计意见的概率更低，降低了审计质量，与假设 8 - 2 一致。原因可能在于过渡性注册会计师获取客户专门知识的动机不足和责任感的缺失。

Size 和 Turnover 的系数显著为负，Loss 和 Lev 的系数显著为正，说明大公司和财务状况好的公司收到非标准审计意见的概率更低。"十大"会计师事务所的注册会计师发表非标准审计意见的概率更高。

表 8 - 6 　　　　过渡注册会计师对审计质量的影响结果（第 5 年）

变量	DV = ARAgg	DV = MAO	DV = AQ$_{zh}$
Tenure_mgmt	0.875 * (1.947)	- 0.975 * (- 1.847)	- 0.984 * (- 1.946)
Size	0.759 *** (4.694)	- 0.659 *** (- 4.594)	- 0.749 *** (- 4.693)
Loss	- 0.933 *** (- 6.689)	0.833 *** (6.589)	0.932 *** (6.679)
Turnover	0.279 *** (2.866)	- 0.179 *** (- 2.766)	- 0.269 *** (- 2.865)
Lev	- 0.829 *** (- 6.659)	0.729 *** (6.559)	0.819 *** (6.649)
BKMK	- 0.013 (- 0.539)	0.003 (0.439)	0.012 (0.529)
SOE	- 0.529 (- 0.929)	0.429 (0.829)	0.519 (0.928)
Big10	- 0.819 ** (- 2.389)	0.719 ** (2.289)	0.809 ** (2.379)
TA_CPA	- 0.013 (- 0.932)	0.003 (0.832)	0.012 (0.931)
Tenure_ firm	- 0.062 (- 1.279)	0.052 (1.179)	0.151 (1.269)
ARINV	- 0.014 ** (- 2.655)	0.004 ** (2.455)	0.013 ** (2.554)
PreOpinion	- 0.844 ** (- 2.396)	0.744 ** (2.296)	0.843 ** (2.395)

续表

变量	DV = ARAgg	DV = MAO	DV = AQ$_{zh}$
Constant	-0.459^{***} (-2.979)	0.359^{***} (2.879)	0.449^{***} (2.969)
R^2	0.489	0.499	0.589
N	3 458	3 458	3 458

注：$*$、$**$、$***$ 分别表示通过 10%、5%、1% 的显著性水平检验。

3. 政府监管在注册会计师任期管理影响审计质量中的调节作用

政府监管调节作用的结果如表 8 - 7 所示。从任期管理的注册会计师对审计质量的影响来看，任期管理与政府监管的交叉项系数显著为正，在第 4 年和第 6、第 7 年都如此。任期管理的注册会计师发表非标准审计意见的概率较低，加入政府监管的调节变量后，这一概率提高，按照亨德森等、罗等对交叉项的解释，此结果说明政府监管一定程度上抑制了注册会计师的任期管理，验证了本书的假设 8 - 3。

从过渡性注册会计师对审计质量的影响来看，任期管理与政府监管的交叉项的系数显著为正。任期管理情形下的过渡性注册会计师发表非标准审计意见的概率较低，加入政府监管的调节变量后，这一概率提高，说明政府监管也在一定程度上抑制了过渡性注册会计师的投机行为，验证了本书的假设 8 - 3。

表 8 - 7（1） 政府监管在任期管理影响审计质量中的调节作用（DV = MAO/ AQ$_{zh}$）

变量	DV = MAO			DV = AQ$_{zh}$		
	任期管理注册会计师		过渡性注册会计师	任期管理注册会计师		过渡性注册会计师
	第 4 年	第 6、第 7 年	第 5 年	第 4 年	第 6、第 7 年	第 5 年
Tenure_mgmt	-0.547^{**} (-2.184)	-0.154^{**} (-2.175)	-0.982^{*} (-1.793)	-0.646^{**} (-2.283)	-0.253^{**} (-2.274)	-0.991^{*} (-1.892)
Gov	0.003^{*} (1.796)	0.006^{*} (1.732)	0.004^{**} (1.972)	0.012^{*} (1.895)	0.015^{*} (1.831)	0.013^{**} (1.981)
Tenure_mgmt $\times$ Gov	0.004^{*} (1.792)	0.005^{*} (1.773)	0.005^{*} (1.752)	0.013^{*} (1.891)	0.014^{*} (1.872)	0.014^{*} (1.851)

续表

变量	DV = MAO			DV = AQ$_{zh}$		
	任期管理注册 会计师		过渡性注册 会计师	任期管理注册 会计师		过渡性注册 会计师
	第 4 年	第 6、第 7 年	第 5 年	第 4 年	第 6、第 7 年	第 5 年
Size	−0.363** (−2.563)	−0.598*** (−6.273)	−0.644*** (−4.497)	−0.462** (−2.662)	−0.589*** (−6.372)	−0.743*** (−4.596)
Loss	0.283*** (8.453)	0.005* (1.953)	0.832*** (6.592)	0.382*** (8.552)	0.014* (1.962)	0.931*** (6.691)
Turnover	−0.589** (−2.289)	−1.183*** (−3.892)	−1.082*** (−2.762)	−0.688** (−2.379)	−1.282*** (−3.991)	−1.181*** (−2.861)
Lev	0.187*** (5.659)	0.262*** (5.452)	0.733*** (6.572)	0.286*** (5.749)	0.361*** (5.551)	0.832*** (6.671)
BKMK	0.003 (1.039)	0.003 (0.152)	0.003 (0.452)	0.012 (1.138)	0.012 (0.251)	0.012 (0.551)
SOE	−0.352 (−0.763)	−0.174 (−0.473)	0.342 (0.752)	−0.451 (−0.862)	−0.273 (−0.572)	0.441 (0.851)
Big10	0.157 (−0.496)	0.452** (2.183)	0.633 (2.192)	0.256 (−0.595)	0.551** (2.282)	0.732 (2.291)
TA_CPA	0.003 (1.446)	0.003 (0.394)	0.003 (0.843)	0.012 (1.545)	0.012 (0.493)	0.012 (0.942)
Tenure_firm	−0.007 (−0.094)	0.009 (0.262)	0.044 (1.082)	−0.016 (−0.193)	0.018 (0.361)	0.143 (1.181)
ARINV	0.004** (2.455)	0.005** (2.572)	0.006** (2.389)	0.013** (2.554)	0.014** (2.671)	0.015** (2.479)
PreOpinion	0.744** (2.296)	0.752** (2.317)	0.763** (2.419)	0.843** (2.395)	0.851** (2.416)	0.862** (2.518)
Constant	0.889 (1.143)	0.782*** (4.672)	0.372*** (2.782)	0.979 (1.242)	0.881*** (4.771)	0.471*** (2.881)
R^2	0.498	0.448	0.493	0.487	0.459	0.482
N	3 458	3 458	3 458	3 458	3 458	3 458

注: *、**、***分别表示通过 10%、5%、1%的显著性水平检验。

表 8 – 7（2）　　　　政府监管在任期管理影响审计质量中的调节作用（DV = ARAgg）

变量	DV = ARAgg		
	任期管理注册会计师		过渡性注册会计师
	第 4 年	第 6、第 7 年	第 5 年
Tenure_mgmt	0.647 **	0.254 **	0.882 *
	(2.284)	(2.275)	(1.893)
Gov	− 0.013 *	− 0.016 *	− 0.014 **
	(− 1.896)	(− 1.832)	(− 1.872)
Tenure_mgmt × Gov	− 0.014 *	− 0.015 *	− 0.015 *
	(− 1.892)	(− 1.873)	(− 1.852)
Size	0.463 **	0.698 ***	0.744 ***
	(2.573)	(6.373)	(4.597)
Loss	− 0.383 ***	− 0.015 *	− 0.932 ***
	(− 8.553)	(− 1.853)	(− 6.692)
Turnover	0.689 **	1.283 ***	1.182 ***
	(2.389)	(3.992)	(2.862)
Lev	− 0.287 ***	− 0.362 ***	− 0.833 ***
	(− 5.759)	(− 5.552)	(− 6.672)
BKMK	− 0.013	− 0.013	− 0.013
	(− 1.139)	(− 0.252)	(− 0.552)
SOE	0.452	0.274	0.342
	(0.863)	(0.573)	(0.752)
Big10	− 0.257	− 0.552 **	− 0.733
	(− 0.596)	(− 2.283)	(− 2.292)
TA_CPA	− 0.013	− 0.013	− 0.013
	(− 1.546)	(− 0.494)	(− 0.943)
Tenure_firm	− 0.017	− 0.019	− 0.054
	(− 0.084)	(− 0.362)	(− 1.182)
ARINV	− 0.014 **	− 0.015 **	− 0.016 **
	(− 2.555)	(− 2.562)	(− 2.489)
PreOpinion	− 0.844 **	− 0.852 **	− 0.863 **
	(− 2.396)	(− 2.417)	(− 2.519)
Constant	− 0.689	− 0.782 ***	− 0.472 ***
	(− 1.243)	(4.772)	(− 2.882)
R^2	0.478	0.458	0.483
N	3 458	3 458	3 458

注：*、**、*** 分别表示通过 10%、5%、1% 的显著性水平检验。

8.4.3 稳健性检验

为了保证结论的稳健性，本书进行的稳健性检验包括：

（1）倾向得分匹配检验。我们采用倾向得分匹配法进行稳健性检验，研究中分别控制了行业效应和年度效应，并对标准误进行群聚调整。配对样本的构建是由相同环境但是任期管理程度不同的公司构成。这一方法可以减轻研究设计可能带来的偏差。

我们首先构建倾向得分模型（8-5），因变量是注册会计师进行任期管理的概率。

$$Tenure\_mgmt = \beta_0 + \beta_1 Roa + \beta_2 Size + \beta_3 Turnover + \beta_4 Lev + \beta_5 SaleGrowth +$$
$$\beta_6 Fshare + \beta_7 SOE + \beta_8 Tenure\_firm + \beta_9 Big10 +$$
$$\beta_{10} Both4th + \beta_{11} Rank + \beta_{12} IPOPartner + \beta_{13} Education +$$
$$\beta_{14} School + \beta_{15} CCP + \beta_{16} CPAAge + \varepsilon \qquad (8-5)$$

模型（8-5）包括了客户、会计师事务所、注册会计师与客户的关系和注册会计师的个人特点等变量。其中，Roa 是资产报酬率，SaleGrowth 指主营业务后入增长率。如果客户同时发现 B 股或者 H 股，Fshare 取值为 1。Both4th 是指两个签字注册会计师任期都是第 4 年。如果注册会计师是合伙人，Rank 取值为 1。如果注册会计师同时是客户的 IPO 审计师，IPOPartner 取值为 1。当注册会计师为硕士及以上学历时，Eduaction 取值为 1。如果注册会计师毕业于国内 211 高校，School 取值为 1。如果注册会计师是中共党员，CCP 取值为 1。CPAAge 是注册会计师的年龄。其余变量的定义同表 8-1。

我们按照倾向得分最高的样本来进行匹配。然后，我们在测试样本和控制样本中检验任期管理和注册会计师签发非标准审计意见概率的关系。结果如表 8-8 所示，Tenure_mgmt 的系数显著为负，说明进行任期管理的注册会计师在任期的第 4 年更少的发表非标准审计意见，与前文的主要结论一致。

表 8 - 8　　　　　　　　　　倾向得分匹配的回归结果

变量	DV = ARAgg	DV = MAO	DV = AQ$_{zh}$
Tenure_mgmt	0.733 * (1.811)	- 0.633 * (- 1.711)	- 0.732 * (- 1.810)
Size	0.936 (1.626)	- 0.836 (- 1.526)	- 0.935 (- 1.625)
Loss	- 0.759 *** (- 2.977)	0.659 *** (2.877)	0.758 *** (2.976)
Turnover	0.097 (0.085)	- 0.087 (- 0.095)	- 0.186 (- 0.194)
Lev	- 0.355 (- 1.388)	0.255 (1.288)	0.354 (1.387)
BKMK	0.019 ** (2.346)	- 0.009 ** (- 2.246)	- 0.018 ** (- 2.345)
SOE	0.562 (0.836)	- 0.462 (- 0.736)	- 0.561 (- 0.835)
Big10	- 0.544 (- 0.763)	0.344 (0.463)	0.443 (0.562)
TA_CPA	- 0.013 (- 0.355)	0.003 (0.255)	0.012 (0.354)
Tenure_firm	- 0.047 (- 0.375)	0.037 (0.275)	0.136 (0.374)
ARINV	- 0.015 ** (- 2.655)	0.005 ** (2.555)	0.014 ** (2.654)
PreOpinion	- 0.764 ** (- 2.386)	0.764 ** (2.286)	0.863 ** (2.385)
Constant	0.227 (0.289)	- 0.127 (- 0.189)	- 0.226 (- 0.279)
Industry	Yes	Yes	Yes
Year	Yes	Yes	Yes
R^2	48.7%	47.8%	48.9%
N	612	612	612

（1） ＊ 、 ＊＊ 、 ＊＊＊ 表示 10%、5%、1% 的显著性水平；（2） 括号内是 t 值。

（2）其他稳健性检验。此外，我们还进行了如下的稳健性检验：①审计质量的度量指标可能对实证结论产生干扰，因此，本书分别以操控性应计盈余、审计报告激进度、国际"四大"、国内"十大"来作为审计质量的替代指标；②剔除管制行业，重新检验本文的结论。在进行上述调整后，重新对模型进行回归检验，主要结论与前文基本一致，说明结论较为稳健。

8.4.4 进一步分析

我们承认，因为任期管理并不是未加计划地发生的，可能会存在内生性问题。比如，注册会计师可能会更愿意保留那些低风险的客户，因此更愿意对这些客户进行任期管理。虽然我们控制了那些可能影响审计风险的客户特点（比如是否亏损、资产负债率和账面市值比）、审计风险（审计业务复杂度和前一年审计意见），但模型中仍然可能有一些遗漏的未观测客户风险。为了确定我们的结果是否受到潜在的选择性偏误的影响，我们进行了进一步分析。

我们对注册会计师任期前 3 年的样本对模型（8-1）进行了重新回归，假设与审计风险相关的遗漏变量不随时间变化。结果列示于表 8-9，任期管理的系数不显著，说明在注册会计师任期的前 3 年，客户收到的非标准审计意见并没有更少。

表 8-9　　　　任期 1-3 年的注册会计师对审计质量的影响结果

变量	DV = ARAgg	DV = MAO	DV = AQ$_{zh}$
Tenure_mgmt	0.382 (0.863)	-0.282 (-0.763)	-0.381 (-0.862)
Size	0.563 *** (5.517)	-0.463 *** (-5.417)	-0.562 *** (-5.516)
Loss	-0.136 *** (-12.369)	0.136 *** (12.269)	0.235 *** (12.368)
Turnover	0.396 (1.537)	-0.296 (-1.437)	-0.395 (-1.536)
Lev	-2.536 *** (-7.853)	2.436 *** (7.953)	2.535 *** (7.962)
BKMK	-0.013 (-0.587)	0.003 (0.487)	0.012 (0.496)
SOE	0.392 (1.246)	-0.292 (-1.146)	-0.391 (-1.245)

变量	DV = ARAgg	DV = MAO	DV = AQ_{zh}
Big10	-0.299 (-0.699)	0.199 (0.599)	0.289 (0.698)
TA_CPA	-0.013 (-0.759)	0.003 (0.659)	0.012 (0.758)
Tenure_firm	0.057 (1.238)	-0.047 (-1.138)	-0.146 (-1.237)
ARINV	0.018 (0.294)	-0.008 (-0.194)	-0.017 (-0.293)
PreOpinion	-0.015 ** (-2.565)	0.005 ** (2.465)	0.014 ** (2.564)
Constant	-0.347 *** (-2.837)	5.247 *** (2.937)	5.346 *** (2.946)
R^2	40.1%	39.8%	38.7%
N	3 458	3 458	3 458

（1）　*、**、*** 表示10%、5%、1%的显著性水平；（2）括号内是 t 值。

8.5　本章小结

本章考察注册会计师进行任期管理对审计质量的影响。首先考察任期管理注册会计师对审计质量的影响，其次考察任期管理情形下过渡性注册会计师对审计质量的影响，最后考察政府监管在这两种影响中的调节作用。研究发现，注册会计师进行任期管理降低了审计质量，在任期管理情形下过渡性注册会计师也降低了审计质量，政府监管抑制了任期管理注册会计师和任期管理情形下过渡性注册会计师对审计质量的影响作用。

已有文献关于注册会计师任期与审计质量的研究较多，主要聚焦于强制轮换制度对审计质量的影响，关注注册会计师自愿轮换进而进行任期管理的研究较少，本书从一个全新的视角来看这一问题，有助于深化对注册会计师任期问题的认识，即任期不是固定的，而是动态的；而且任期不全是被动的，是可以主动选择的。

实施强制轮换制度就是担心任期过长会影响独立性，损害审计质量。但是注册会计师通过任期管理，有效地钻了政策漏洞，并且这一现象确实损害了审计质量，这提示监管部门后续在修订注册会计师强制轮换制度时，要考虑如何规避这一问题。本章进一步研究政府监管的调节作用，有助于揭示任期管理的注册会计师和任期管理情形下的过渡性注册会计师影响审计质量的抑制机制，为政府加强注册会计师审计质量的监管提供借鉴。

第3篇

注册会计师任期管理影响审计质量的变化研究

在解决了审计质量是什么，注册会计师任期管理为什么会影响审计质量的问题之后，本篇我们关注的是注册会计师任期管理对审计质量的影响如何变化的问题。首先关注的是注册会计师通过任期管理实现的超长累计任期是否会影响股价崩盘风险（第9章）。然后研究注册会计师超长累计任期对审计质量的影响，及机构投资者持股的调节机制（第10章）。

第9章　注册会计师超长累计任期与股价崩盘风险研究

从现实中不难发现，在注册会计师强制轮换制度下，出现了大量任期管理现象，来实现事实上的超长累计任期，以延长对客户的审计时间。这一现象会影响审计质量吗？目前学术界却关注不够，且结论也不一致。本章关注的是注册会计师超长累计任期对股价崩盘风险的影响。

9.1　引言

借鉴市场经济发达国家的做法，我国从2003年开始执行注册会计师轮换制度以提高审计独立性，规定注册会计师连续为客户服务不超过五年，须间隔两年。但是，注册会计师在实务中存在两种任期管理现象：第一种是在第四年提前轮换，第六年重新回来；第二种是所内注册会计师轮换以延长事务所任期。任期管理可能会对独立性产生影响，进而损害审计质量。雷曼兄弟破产前还收到安永发表的标准审计意见，其和安永的审计关系维持了19年（拉帕波特和拉帕波特，2010；拉帕波特，2010）。

长期契约关系会提高审计质量还是降低审计质量，学界并未达成共识。"学习效应"认为注册会计师积累的客户专门知识有助于审计质量的提高（约翰斯通等，2002；普华永道，2002，2013；贝克和吴，2006；美国公众公司会计监督委员会，2011b）。也有研究认为，长任期会降低独立性，造成审计质量下降（默茨和夏拉夫，1961；美国参议院梅特卡夫委员，1976；特纳，2002；凯里和西姆内特，2006；戴维斯等，2009；美国公众公司会计监督委员会，2011a）。存在两种结论的原因可能是：第一，没有考虑累计任期；第二，没有考虑上述影响的传导路径。为了解决上述问题，我们从资本市场反应这一独特的视角进行切入。

本章的贡献体现在如下方面：第一，关注累计任期和任期管理现象，深化了对注册会计师任期的认识。第二，丰富了注册会计师审计与资本市场关系的研究，撬开了注册会计师审计与资本市场关系黑箱的一角。第三，重新认识注册会计师轮换制度，探讨注册会计师规避轮换制度的行为。

9.2 理论分析与研究假设

理性经济人假设认为，注册会计师通过第四年主动轮换、第六年重新回来和所内轮换增加事务所任期两种方式进行任期管理，目的就是稳定客户、增加收入，降低洽谈签约成本。

本章考察注册会计师超长累计任期对股价崩盘风险的影响。股价崩盘是由管理层隐藏坏消息引起的，隐藏坏消息的手段包括盈余操纵、附注不透明、表外披露和转移分类，注册会计师也很难完全发现上述行为。雷曼隐藏坏消息的手段是表外业务（弗卡斯，2010），注册会计师也要关注不直接反映盈余操纵指标的转移分类和附注（范等，2010；李，2012；戈什和唐，2015a）。博登公司、美国食品配送、水资源管理、动漫、安然和动力等公司都是通过转移分类来隐藏其财务业绩的。

一方面，注册会计师通过长时间积累的客户专门知识有助于发现客户隐藏坏消息的行为（约翰斯通等，2001；约翰斯通等，2002；贝克和吴，2006；普华永道，2002；2013）。随着时间的延长，注册会计师学习到的客户业务、人员和核心价值观的知识可以避免频繁轮换带来的旋转木马效应（希尔斯，2002）。

另一方面，长任期可能会使会计师的独立性被逐渐侵蚀（莫坦和夏拉夫，1961）。而审计业务对独立性的要求尤其高，过度密切的合作会使得超然独立很难达到（美国参议院梅特卡夫委员，1976）。当对客户的管理活动过于熟悉之后，从认知视角注册会计师可能会默许客户的选择性披露行

为，从机理视角可能也想维持客户获利更多（美国注册会计师协会，
1978）。2011 年，美国公众公司会计监督委员会开始讨论会计师事务所强
制轮换是否能更好地提高注册会计师的独立性。注册会计师任期过长之后，
可能会因为独立性的侵蚀而对客户不够警惕，没有及时发现其隐藏坏消息
的行为，增加未来可能的股价崩盘风险。

注册会计师股价崩盘风险究竟是会提高审计质量，还是降低审计质量，
我们并不确定。因此，我们提出假设 9 - 1：

假设 9 - 1：注册会计师超长累计任期会影响股价崩盘风险。

注册会计师任期挂你影响股价崩盘风险的路径是什么呢？我们从如下
四个方面进行探讨。

（1）信息路径。管理层捂盘理论（金和迈尔斯，2006）认为，管理层
会通过信息不透明来操纵信息，进而增加股价崩盘风险（赫顿等，2009），
采用国际财务报告准则降低了信息环境差的公司的股价崩盘风险（德丰
等，2012）。超长累计任期的注册会计师审计的公司被曝出财务造假的概率
更高，可能是注册会计师的机会主义动机造成的。注册会计师超长累计任
期降低了客户的信息透明度，纵容了捂盘行为，加剧了股价崩盘风险。

假设 9 - 2：注册会计师超长累计任期降低了信息透明度，进而影响到
了未来的股价崩盘风险。

（2）会计路径。管理层还可能借助会计路径来实现信息误判，常用的
手段是盈余管理，造成一种"形势利好"的假象。任期长的注册会计师更
可能纵容客户的盈余管理行为，公司真实盈余管理程度与股价暴跌风险正
相关。如果公司聘请的审计师质量较高，股价崩盘的风险也会相应降低
（Robin and Zhang，2014），说明高质量审计对管理层的盈余管理行为进行
了有效的约束，限制了捂盘行为。基于上述分析，本书提出假设 9 - 3：

假设 9 - 3：注册会计师超长累计任期通过影响客户的盈余管理行为影
响股价崩盘风险。

（3）投资路径。高能力的管理层可能通过寻租行为浪费资源、降低投
资效率和加大股价波动风险（哈比德，2014）。过度投资有助于管理层建
立自己的帝国，也是管理层信息捂盘的主要动因，当非效率投资累积到一

定程度、投资失败的消息最终曝出都可能引起股价崩盘。

出于满足自利性的需求，管理层会通过与进行任期管理的注册会计师合谋，依靠非效率投资实现自我价值，同时也会加速隐藏坏消息的捂盘行为，并隐藏过度浪费资源的投资，最终加剧股价的崩盘。在以上分析的基础上，本书提出假设9－4：

假设9－4：注册会计师超长累计任期通过影响企业非效率投资的披露影响股价崩盘风险。

（4）关联交易侵占路径。关系型交易模式主要有四种：股权结构集中、政商关系、关联交易和集中的供应商客户关系。关联交易使公司的经营活动对市场价格不那么敏感，同时也增加了外界对公司价值进行评估的难度（李增泉，2017）。公开的信息披露可能会泄露商业机密，因此关系型交易有一定的隐蔽性，从不同渠道来验证信息可信性的有效性也降低了。关系型交易还依赖专有投资，独立性第三方要对这些专有投资进行鉴证非常困难。如果专有投资足够大，让客户有动机配合公司的盈余管理行为，则增加了第三方评估的难度。关联交易中有一部分是公允的，还有一部分是不公允的，有些可能会侵害中小股东的利益，注册会计师需要识别出那些不公允的和侵害中小股东利益的部分。超长累计任期的注册会计师独立性可能受损，与管理层合谋的可能性更大，对客户关联交易隐藏的容忍度更高，从而东窗事发引致股价崩盘风险。在以上分析的基础上，本书提出假设9－5：

假设9－5：注册会计师超长累计任期通过纵容客户对关联交易的隐藏引发股价崩盘风险。

本研究逻辑如图9－1所示。

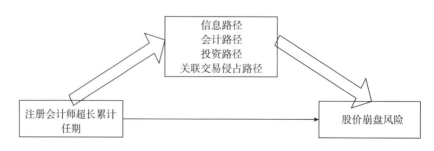

图9－1　研究内容逻辑关系

9.3　研究设计

9.3.1　样本选择与数据来源

我们的初始样本为 1992～2019 年沪深 A 股 3 210 家上市公司的 39 904 个样本，剔除公司上市时间小于 5 年的样本，最终得到 2 465 家公司的 38 469个观测值。数据来源为 CSMAR 和 Wind。

9.3.2　变量解释与模型构建

财务报表重述和非标准审计意见发生概率并不高，其并不是代表管理层隐藏坏消息手段的最好指标，也不是度量审计质量的最好替代变量（普拉姆和约恩，2010；德丰和张，2014；弗朗西斯等，2013；赵艳秉，张龙平，2017）。在现有股价崩盘风险的文献基础上（金和迈尔斯，2006；赫顿等，2009；金等，2011a，b），相比盈余操纵和转移分类，股价崩盘风险这一基于市场的风险测量指标能更综合反映客户隐藏坏消息的手段。

借鉴前人的研究（约翰逊等，2002；迈尔斯等，2003；赫顿等，2009；哈维和西迪克，2000；陈等，2001；卡伦和方，2013；2017），为了检验注册会计师超长累计任期对股价崩盘风险的影响，我们构建模型（9-1）：

$$CR_{j,t+1} = \beta_0 + \beta_1 LCT_{j,t} + \sum_k \beta_k Controls_{j,t}^k + \beta_i Ind + \beta_t Year + \varepsilon_{j,t+1} \quad (9-1)$$

模型（9-1）中，$CR_{j,t+1}$ 是股价崩盘风险，我们同时用周收益负偏度和周收益跌涨波动比率衡量。Ind 表示控制行业固定效应，Year 表示控制年度固定效应。借鉴迈尔斯等（2003）、高希和穆恩（2005）、卡拉马尼斯和伦诺克斯（2008）、伦诺克斯和皮特曼（2010）、卡伦和方（2017）的做法，本研究分别将累计任期≥5 年、累计任期≥9 年的样本视作超长累计任期的样本。

本书用工具变量和 2SLS 来控制 OLS 中可能存在的内生性问题，第一极端用工具变量对注册会计师超长累计任期进行回归；第二阶段，用预测注册会计师超长累计任期对股价崩盘风险（CR）进行回归。工具变量要求与解释变量相关，但是与误差项无关，在大部分会计研究中难以找到（伊特尔和拉克尔，2001；陈霍尔和莫尔斯，2007）。有效的工具变量要满足的两个条件是：与注册会计师任期管理相关，与股价崩盘风险不直接相关（拉克尔和拉斯蒂克斯，2010）。本书使用的三个工具变量是：跨境业务（Foreign）、高科技行业（HiTech）和无形资产比率（Intan）。

（1）跨境业务。切尼等（2004）和古尔等（2009）发现，由于现任注册会计师可以更好地了解公司业务，客户的业务复杂程度会影响注册会计师的留任，公司业务的复杂程度与注册会计师超长累计任期相关。由于有跨境业务的公司产生复杂业务的可能性更大，我们用 Foreign 表示公司业务复杂度。此外，跨境业务与股价崩盘风险没有直接关系，参考拉克尔和拉斯蒂克斯（2010）以及达利瓦等（2016）的做法，我们在模型中控制了规模。

（2）高科技行业。舒（2000）以及高希和唐（2015b）研究发现，行业特点会影响注册会计师的任期，注册会计师审计高科技行业面临的诉讼风险更高，注册会计师变更的频率也更高。我们还控制了其他相关变量来达到排除性条件。

（3）无形资产比率。切尼等（2004）以及高希和唐（2015b）研究表明，审计风险会影响注册会计师更换。德丰和张（2014）也发现，无形资产等难以计量的资产数量与审计风险正相关。无形资产多的公司有更高的审计师风险，发生注册会计师轮换的概率更高。我们也控制了其他变量来达到排除性条件。

变量定义如表 9-1 所示。

表 9-1　　　　　　　　　　　　　变量定义

变量类型	变量名称	变量符号	变量描述	预期符号
被解释变量	股价崩盘风险	$Ncskew_{j,t+1}$	周收益的三阶矩与周收益标准差三次方的商，取相反数，再取滞后一期的值	
		$Duvol_{j,t+1}$	周收益低于平均值的标准与高于平均值的标准差的比值，取自然对数，再取滞后一期的值	

变量类型	变量名称	变量符号	变量描述	预期符号
解释变量	注册会计师超长累计任期	$LCT_{1j,t}$	如果注册会计师的累计任期在 5 年及以上，则赋值为 1，否则赋值为 0	+
		$LCT_{2j,t}$	如果注册会计师的累计任期在 9 年及以上，则赋值为 1，否则赋值为 0	+
		$LCT_{3j,t}$	注册会计师为客户服务的累计年数	+
工具变量	跨境业务	$Foreign_{j,t}$	当客户有跨境业务时，则赋值为 1，否则赋值为 0	
	高科技行业	$Hitech_{j,t}$	当客户是高科技行业时，则赋值为 1，否则赋值为 0	
	无形资产比率	$Intan_{j,t}$	无形资产除以总资产	
控制变量	周收益负偏度	$Ncskew_{j,t}$	对周收益的偏度取相反数	+
	市场收益	$Ret_{j,t}$	公司第 t 年周收益平均值	+
	市账比	$MB_{j,t}$	每股现价对每股账面价值的比率	+
	财务杠杆	$Lev_{j,t}$	用资产负债率测度	−
	公司规模	$lnSize_{j,t}$	资产总额取自然对数	+
	投资者异质性	$Dturn_{j,t}$	股票月度的换手率	+
	上市时间	$Age_{j,t}$	公司上市至今的年度	+
	会计盈余管理	$AbsAcc_{j,t}$	为修正琼斯模型残差的绝对值	+
	市场波动	$Sigma_{j,t}$	对周收益取标准差	+
	净资产收益率	$Roe_{j,t}$	净利润/所有者权益	+
	行业	Ind	控制行业固定效应	
	年度	Year	控制年度固定效应	

我们构建如下模型来检验注册会计师超长累计任期影响股价崩盘风险的路径，模型设定以投资路径为例，其他路径类似：

$$CR_{j,t+1} = \beta_0 + \beta_1 LCT_{j,t} + \sum_k \beta_k Controls_{j,t}^k + \beta_i Ind + \beta_t Year + \varepsilon_{j,t+1} \quad (Path\ a)$$

$$\mathrm{Inv\_Eff}_{j,t} = \alpha_0 + \alpha_1 \mathrm{LCT}_{j,t} + \alpha_2 \mathrm{FCF}_{j,t} + \alpha_3 \mathrm{Growth}_{j,t} + \alpha_4 \mathrm{lnSize}_{j,t} + \alpha_5 \mathrm{Lev}_{j,t} +$$
$$\alpha_6 \mathrm{Roe}_{j,t} + \alpha_i \mathrm{Ind} + \alpha_t \mathrm{Year} + \varepsilon_{j,t} \quad\quad (\text{Path b})$$

$$\mathrm{CR}_{j,t+1} = \beta_0 + \beta_1 \mathrm{LCT}_{j,t} + \beta_2 \mathrm{Inv\_Eff}_{j,t} + \sum_k \beta_k \mathrm{Controls}_{j,t}^k + \beta_i \mathrm{Idu} + \beta_t \mathrm{Year} +$$
$$\varepsilon_{j,t+1} \quad\quad (\text{Path c})$$

其中，$\mathrm{Inv\_Eff}_{j,t}$ 为参考陈等（2011）的方法估算的异常投资率。$\mathrm{FCF}_{j,t}$ 是自由的现金净流量，$\mathrm{Growth}_{j,t}$ 是销售收入增长率。设定路径模型 Path b 参考了权小锋等（2015）的做法。

借鉴巴伦和肯尼（1986）的做法，分三步进行中介效应的检验：第一，检验注册会计师超长累计任期影响股价崩盘风险的路径模型 a 的系数 β_1；第二，检验注册会计师超长累计任期对非效率投资的影响，重点关注路径模型 b 的系数 α_1；第三，检验注册会计师超长累计任期和非效率投资对股价崩盘风险的影响，重点关注路径模型 c 的系数 β_1 和 β_2。

当路径模型 a 的系数 β_1 显著，路径模型 b 的系数 α_1 显著，路径模型 c 的系数 β_2 显著而 β_1 不显著，索贝尔 Z 值统计显著，则非效率投资是完全中介因子。当路径模型 a 的系数 β_1 显著，路径模型 b 的系数 α_1 显著；路径模型 c 的系数 β_1 和 β_2 显著，但 β_1 低于路径模型 a 的系数 β_1，索贝尔 Z 值统计显著，则非效率投资是部分中介因子。

9.4　注册会计师超长累计任期影响股价崩盘风险的基本分析

9.4.1　样本描述性统计

我们的初始样本为 1992 ~ 2019 年的 3210 家沪深 A 股上市公司，剔除上市时间不足 5 年的样本，2 161 家公司的注册会计师累计任期在 5 年以上，占比为 76.1%；487 家公司的注册会计师累计任期在 9 年以上，占比为 17.2%。表 9 - 2 是变量的描述性统计结果，不同股票的股价崩盘风险差异较大；注册会计师累计任期的最大值是 14 年，平均值是 6.67 年，说明存在超长累计任期的现象。

表 9 – 2　　　　　　　　　　　　　　变量的描述性统计

变量	均值	极大值	极小值	标准差
$Ncskew_{j,t}$	– 0. 341	5. 156	– 3. 773	0. 635
$Duvol_{j,t}$	– 0. 287	1. 241	– 1. 968	0. 357
$LCT_{1j,t}$	0. 761	1. 000	0. 000	0. 125
$LCT_{2j,t}$	0. 172	1. 000	0. 000	0. 118
$LCT_{3j,t}$	6. 581	14. 000	2. 000	7. 327
$Ret_{j,t}$	– 0. 147	– 0. 015	– 4. 097	0. 131
$MB_{j,t}$	1. 581	9. 137	0. 772	1. 031
$Lev_{j,t}$	0. 531	0. 991	0. 094	0. 197
$lnSize_{j,t}$	14. 622	17. 775	12. 781	1. 182
$Dturn_{j,t}$	1. 335	11. 470	– 11. 661	4. 471
$Age_{j,t}$	14. 248	25. 000	5. 000	8. 286
$AbsAcc_{j,t}$	0. 013	0. 335	– 0. 327	0. 097
$Sigma_{j,t}$	0. 068	0. 237	0. 024	0. 028
$Roe_{j,t}$	0. 063	0. 277	– 0. 331	0. 091

9.4.2　实证检验结果

从表 9 – 3 可见，注册会计师超长累计任期与股价崩盘风险正相关，这与约翰逊等（2002）和迈尔斯等（2003）的发现吻合。表明注册会计师在过长的任期中确实更容忍客户对坏消息的隐藏，最终导致股价的崩盘。我们的发现不完全同于卡伦和方（2017）的研究，一是不同的研究对象导致，卡伦和方（2017）研究的背景是美国的制度环境，而本书研究的背景是我国的制度环境；二是因为卡伦和方（2017）只关注"四大"会计师事务所审计的样本，而本研究关注的是全样本；三是因为卡伦和方（2017）关注的是连续任期，而本书关注的是累计任期。模型的 R^2 为 14.5% 和 16.8%，说明模型的拟合优度较好。

表9－3 注册会计师超长累计任期影响股价崩盘风险的基本分析

变量	$Ncskew_{t+1}$	$Duvol_{t+1}$
$LCT_{1j,t}$	0.004 **	0.003 ***
	(2.521)	(2.751)
$LCT_{2j,t}$	0.005 ***	0.004 ***
	(2.881)	(2.912)
$LCT_{3j,t}$	0.006 ***	0.006 ***
	(3.141)	(2.932)
$Ncskew_{j,t}$	0.035 ***	0.029 ***
	(3.521)	(6.393)
$Ret_{j,t}$	0.954 ***	0.999 ***
	(9.131)	(6.514)
$MB_{j,t}$	0.027 ***	0.008 ***
	(7.682)	(7.972)
$Lev_{j,t}$	−0.305 ***	−0.187 ***
	(−5.863)	(−5.773)
$lnSize_{j,t}$	0.078 ***	0.039 ***
	(11.144)	(10.731)
$Dturn_{j,t}$	0.445 ***	0.273 ***
	(4.421)	(5.223)
$Age_{j,t}$	0.001	0.001
	(0.312)	(0.792)
$AbsAcc_{j,t}$	0.321 ***	0.273 ***
	(4.943)	(5.223)
$Sigma_{j,t}$	0.553 ***	0.563 ***
	(8.754)	(5.245)
$Roe_{j,t}$	0.351 ***	0.334 ***
	(4.585)	(9.972)
Ind	Yes	Yes
Year	Yes	Yes
N	38 469	38 469
R^2	0.145	0.168

注：（1）*、**、***表示10%、5%、1%的显著性水平；（2）括号内是t值。

本章通过工具变量和2SLS来解决可能的内生性问题，结果如表9－4所示，第2列是注册会计师超长累计任期对工具变量回归的结果，公司业务越复杂，注册会计师任期越长；无形资产比率与注册会计会计师任期负相关，高科技行业公司的注册会计师任期短，第3列是第二阶段回归的结果，与前面的发现一致，预期的注册会计师超长累计任期越长，股价崩盘风险越高。

表 9 - 4   两阶段最小二乘回归结果

变量	第一阶段（DV = LCT$_t$）	第二阶段（DV = Ncskew$_{t+1}$）
工具变量		
Foreign$_t$	0. 508 *** (2. 971)	
Intan$_t$	- 1. 513 *** (- 3. 352)	
Hitech$_t$	- 0. 626 ** (- 2. 243)	
解释变量		
PredLCT$_t$		0. 092 *** (3. 331)
CV	Yes	Yes
N	38 469	38 469
R^2	0. 482	0. 138

注：（1） * 、 ** 、 *** 表示 10% 、5% 、1% 的显著性水平；（2）括号内是 t 值。

9.5 注册会计师超长累计任期影响股价崩盘风险的路径分析

注册会计师超长累计任期通过什么路径影响股价崩盘风险？信息路径的检验结果如表 9 - 5 的 Panel A 所示。注册会计师超长累计任期与股价崩盘风险正相关（流经模型 a），信息不透明度与超长累计任期正相关（路径模型 b）。路径模型 c 中，注册会计师超长累计任期和信息透明度都是显著的，但是注册会计师超长累计任期的回归系数把路径模型 a 中的系数小，且 Sobel Z 值统计显著，说明信息透明度是部分中介因子。关联交易侵占的中介效应检验如 Panel B 所示。在路径模型 b 中，关联交易侵占对注册会计师超长累计任期的影响不显著，Sobel Z 也不显著，说明关联交易没有发挥中介效应。

表 9 – 5　　　　　　　　　信息路径 VS 关联交易侵占路径

Panel A：信息不透明度作为中介因子				Panel B：关联交易侵占作为中介因子			
Path a（不含中介因子）				Path a（不含中介因子）			
自变量		因变量		自变量		因变量	
		Ncskew$_{t+1}$	Duvol$_{t+1}$			Ncskew$_{t+1}$	Duvol$_{t+1}$
名称	符号	栏目 1	栏目 2	名称	符号	栏目 1	栏目 2
注册会计师超长累计任期	LCT$_{1t}$	0.017***　(2.895)	0.006**　(2.224)	注册会计师超长累计任期	LCT$_{1t}$	0.007***　(3.205)	0.005**　(2.226)
	LCT$_{2t}$	0.018***　(3.225)	0.007**　(2.347)		LCT$_{2t}$	0.008***　(3.347)	0.006**　(2.314)
	LCT$_{3t}$	0.224***　(4.354)	0.116**　(2.351)		LCT$_{3t}$	0.009***　(3.451)	0.007**　(2.323)
控制变量	CV	Yes	Yes	控制变量	CV	Yes	Yes
行业、年度	Ind、Year	Yes	Yes	行业、年度	Ind、Year	Yes	Yes
N		38 469	38 469	N		16 961	16 961
F 对应的 P 值		0.000	0.000	F 对应的 P 值		0.000	0.000
R^2		12.3%	11.4%	R^2		13.6%	11.5%
Path b（中介因子检验）				Path b（中介因子检验）			
自变量		因变量		自变量		因变量	
		信息不透明度：Opaque$_t$				关联交易侵占：RTP$_t$	
名称	符号	栏目 3		名称	符号	栏目 3	
注册会计师超长累计任期	LCT$_{1t}$	0.003***　(3.312)		注册会计师超长累计任期	LCT$_{1t}$	-0.005　(-1.258)	
	LCT$_{2t}$	0.004***　(3.687)			LCT$_{2t}$	-0.006　(-1.349)	
	LCT$_{3t}$	0.005***　(3.795)			LCT$_{3t}$	-0.007　(-1.476)	
控制变量	CV	Yes		控制变量	CV	Yes	
N		38 469		N		16 961	
F 对应的 P 值		0.000		F 对应的 P 值		0.000	
R^2		41.5%		R^2		13.5%	

续表

Panel A：信息不透明度作为中介因子			Panel B：关联交易侵占作为中介因子			
Path c（包含中介因子）			Path c（包含中介因子）			
自变量		因变量		自变量		因变量	
名称	符号	Ncskew_{t+1}	Duvol_{t+1}	名称	符号	Ncskew_{t+1}	Duvol_{t+1}
		栏目 4	栏目 5			栏目 4	栏目 5
注册会计师超长累计任期	LCT_{1t}	0.005 ** (2.227)	0.004 * (1.846)	注册会计师超长累计任期	LCT_{1t}	0.006 * (1.825)	0.003 * (1.874)
	LCT_{2t}	0.006 ** (2.345)	0.005 * (1.843)		LCT_{2t}	0.007 * (1.936)	0.004 * (1.812)
	LCT_{3t}	0.007 ** (2.498)	0.006 * (1.854)		LCT_{3t}	0.008 * (1.823)	0.05 * (1.834)
信息不透明度	Opaque_t	0.595 *** (3.668)	0.492 *** (2.914)	关联交易侵占	RTP_t	0.043 * (1.813)	0.026 ** (2.013)
控制变量	CV	Yes	Yes	控制变量	CV	Yes	Yes
行业、年度	Ind、Year	Yes	Yes	行业、年度	Ind、Year	Yes	Yes
N		38 469	38 469	N		16 961	16 961
F 对应的 P 值		0.000	0.000	F 对应的 P 值		0.000	0.000
R^2		12.8%	9.8%	R^2		13.1%	11.7%
Sobel Z Sobel Z 对应的 P 值		1.881 * (0.055)	1.787 * (0.076)	Sobel Z Sobel Z 对应的 P 值		−0.912 (0.366)	−0.971 (0.369)

注：（1）＊、＊＊、＊＊＊表示 10%、5%、1% 的显著性水平；（2）括号内是 t 值。

会计路径的中介效应检验的结果如表 9 - 6 的 Panel A 所示。会计路径的中介效应检验不成立。投资路径的中介效应检验结果如 Panel B 所示。我们发现，非效率投资发挥了完全中介效应。说明管理层会通过非效率的投资行为来制造企业利好的假象，同时这些非效率的投资又可能带来负面的后果，这些措施帮助管理层实现短期的捂盘，到负面消息突破临界值后，股价就会极端暴跌。

表 9 – 6   会计路径 VS 投资路径

Panel A：会计盈余管理作为中介因子				Panel B：非效率投资作为中介因子			
Path a（不含中介因子）				Path a（不含中介因子）			
自变量		因变量		自变量		因变量	
		$Ncskew_{t+1}$	$Duvol_{t+1}$			$Ncskew_{t+1}$	$Duvol_{t+1}$
名称	符号	栏目 1	栏目 2	名称	符号	栏目 1	栏目 2
注册会计师超长累计任期	LCT_{1t}	0.007 *** (2.858)	0.006 ** (2.346)	注册会计师超长累计任期	LCT_{1t}	0.008 *** (3.312)	0.007 ** (2.215)
	LCT_{2t}	0.008 *** (2.941)	0.007 ** (2.314)		LCT_{2t}	0.009 *** (3.449)	0.008 ** (2.367)
	LCT_{3t}	0.009 *** (2.837)	0.008 ** (2.325)		LCT_{3t}	0.008 *** (3.595)	0.009 ** (2.461)
控制变量	CV	Yes	Yes	控制变量	CV	Yes	Yes
行业、年度	Ind、Year	Yes	Yes	行业、年度	Ind、Year	Yes	Yes
N		38 469	38 469	N		37 163	37 163
F 对应的 P 值		0.000	0.000	F 对应的 P 值		0.000	0.000
R^2		12.2%	10.9%	R^2		13.1%	12.5%
Path b（中介因子检验）				Path b（中介因子检验）			
自变量		因变量		自变量		因变量	
		盈余管理：EM_t				非效率投资：Inv_Eff_t	
名称	符号	栏目 3		名称	符号	栏目 3	
注册会计师超长累计任期	LCT_{1t}	– 0.002 (– 0.556)		注册会计师超长累计任期	LCT_{1t}	0.002 *** (2.929)	
	LCT_{2t}	– 0.003 (– 0.678)			LCT_{2t}	0.003 *** (2.831)	
	LCT_{3t}	– 0.004 (– 0.732)			LCT_{3t}	0.004 *** (3.115)	
控制变量	CV	Yes		控制变量	CV	Yes	
N		38 469		N		37 163	
F 对应的 P 值		0.000		F 对应的 P 值		0.000	
R^2		43.7%		R^2		13.7%	

续表

Panel A：会计盈余管理作为中介因子			Panel B：非效率投资作为中介因子			
Path c（包含中介因子）			Path c（包含中介因子）			
自变量		因变量		自变量		因变量
		$Ncskew_{t+1}$	$Duvol_{t+1}$			$Ncskew_{t+1}$	$Duvol_{t+1}$
名称	符号	栏目 4	栏目 5	名称	符号	栏目 4	栏目 5
注册会计师超长累计任期	LCT_{1t}	0.004* （1.792）	0.006 （1.489）	注册会计师超长累计任期	LCT_{1t}	0.006 （1.471）	0.004 （1.321）
	LCT_{2t}	0.005* （1.825）	0.007 （1.622）		LCT_{2t}	0.007 （1.558）	0.005 （1.415）
	LCT_{3t}	0.006 （1.934）	0.008 （1.644）		LCT_{3t}	0.006 （1.639）	0.006 （1.529）
会计盈余管理	EM_t	0.525*** （2.897）	0.322*** （2.741）	非效率投资	Inv_Eff_t	0.122*** （3.328）	0.068*** （3.869）
控制变量	CV	Yes	Yes	控制变量	CV	Yes	Yes
行业、年度	Ind、Year	Yes	Yes	行业、年度	Ind、Year	Yes	Yes
N		38 469	38 469	N		37 163	37 163
F 对应的 P 值		0.000	0.000	F 对应的 P 值		0.000	0.000
R^2		14.1%	11.2%	R^2		12.3%	10.5%
Sobel Z Sobel Z 对应的 P 值		0.181 （0.753）	0.186 （0.762）	Sobel Z Sobel Z 对应的 P 值		2.781*** （0.004）	0.992*** （0.002）

注：（1）*、**、***表示 10%、5%、1% 的显著性水平；（2）括号内是 t 值。

9.6　稳健性检验

为了保证结论的可靠性，我们做了一系列稳健性检验。我们主要报告的是 Ncskew 滞后一期度量的结果，用滞后一期的 Duvol 度量股价崩盘风险的结果类似。

1. 倾向得分匹配检验

我们采用倾向得分匹配法进行稳健性检验，研究中控制了行业固定效应和年度固定效应，同时对标准误进行了群聚调整。配对样本的构建是由相同环境但是超长累计任期程度不同的公司构成。这一方法可以减轻研究设计可能带来的偏差。

我们首先构建倾向得分模型（9－2），因变量是注册会计师累计任期超长的概率。

$$
\begin{aligned}
LCT = & \beta_0 + \beta_1 Roa + \beta_2 Size + \beta_3 Turnover + \beta_4 Lev + \beta_5 SaleGrowth + \\
& \beta_6 Fshare + \beta_7 SOE + \beta_8 Tenure\_firm + \beta_9 Big10 + \beta_{11} Both4th + \\
& \beta_{12} IPOPartner + \beta_{13} Education + \beta_{14} School + \beta_{15} CCP + \\
& \beta_{16} CPAAge + \varepsilon
\end{aligned}
\tag{9-2}
$$

模型（9－2）包括了客户、会计师事务所、注册会计师与客户的关系和注册会计师的个人特点等变量。其中，Roa 是资产报酬率，SaleGrowth 指主营业务收入增长率。当客户还发行 B 股或 H 股时，Fshare 为 1。Both4th 是指两个签字注册会计师任期都是第 4 年。注册会计师是合伙人时，Rank 为 1。当注册会计师为客户提供了首次公开发行上市审计时，IPOPartner 赋值为 1。如果注册会计师的学历为硕士及以上，Eduaction 赋值为 1。当注册会计师是 211 高校毕业时，School 赋值为 1。CCP 是是否党员的虚拟变量。CPAAge 表示注册会计师的年龄。

我们按照倾向得分最高的样本来进行匹配。1992～2019 年注册会计师累计任期≥9 年的样本有 487 个，匹配后的样本为 974 个。然后我们重新检验注册会计师超长累计任期与股价崩盘风险的关系。倾向得分匹配回归的结果如表 9－7 所示，LCT 的系数显著为正，说明注册会计师的超长累计任期增加了股价崩盘风险，与前文的主要结论一致。

表 9－7   倾向得分匹配的回归结果

变量	$Ncskew_{t+1}$	$Duvol_{t+1}$
$LCT_{1j,t}$	0.005 ** (2.421)	0.004 *** (2.851)
$LCT_{2j,t}$	0.006 *** (2.981)	0.005 *** (2.812)
$LCT_{3j,t}$	0.007 *** (3.241)	0.007 *** (2.832)
$Ncskew_{j,t}$	0.045 *** (3.621)	0.039 *** (6.493)

续表

变量	Ncskew$_{t+1}$	Duvol$_{t+1}$
Ret$_{j,t}$	0.854*** (9.231)	0.899*** (6.614)
MB$_{j,t}$	0.037*** (7.782)	0.007*** (7.872)
Lev$_{j,t}$	−0.405*** (−5.963)	−0.287*** (−5.873)
lnSize$_{j,t}$	0.088*** (11.244)	0.049*** (10.831)
Dturn$_{j,t}$	0.545*** (4.521)	0.373*** (5.323)
Age$_{j,t}$	0.002 (0.412)	0.002 (0.892)
AbsAcc$_{j,t}$	0.421*** (4.843)	0.383*** (5.423)
Sigma$_{j,t}$	0.653*** (8.854)	0.663*** (5.345)
Roe$_{j,t}$	0.451*** (4.685)	0.434*** (9.872)
Ind	Yes	Yes
Year	Yes	Yes
N	974	974
R^2	0.165	0.178

注：（1）*、**、***表示10%、5%、1%的显著性水平；（2）括号内是 t 值。

2. 其他稳健性检验

（1）对任期取自然对数。我们对注册会计师超长累计任期取自然对数，重新回归模型（9-1），结果列示在表 9-8 第 1 列中，主要结论与前文相同。

（2）重新界定超长累计任期。如果注册会计师累计任期比中位数高，变量赋值为 1，否则赋值为 0，重新回归模型（9-1），主要结论支持前文观点。

（3）采用法玛和麦克白的方法，对每年的样本分别回归，主要结论仍然成立。

（4）控制财务报告质量。借鉴弗朗西斯等（2005）的方法，用修正的DD 模型衡量盈余质量，结论也是稳健的。

（5）控制会计稳健性。詹金斯和维勒里（2008）发现，注册会计师任期越长，会计稳健性越强。借鉴卡恩和瓦茨（2009）的做法，我们控制会计稳健性，前文结论仍然成立。

（6）控制公司固定效应。部分随时间变化的公司特点可能被我们遗漏了，而这会影响注册会计师任期与股价崩盘风险关系的准确性。为了解决这一问题，我们控制了公司的固定效应，发现结论还是成立的。

表 9 – 8　　　　　　　　　　　稳健性检验结果

DV	Ncskew$_{t+1}$					
自变量	任期取自然对数	重新界定超长累计任期	Fama-Macbeth	控制 DD	控制 C_Score	控制公司固定效应
LCT$_t$	0.039 *** (3.291)	0.046 *** (3.121)	0.004 ** (2.672)	0.004 ** (2.913)	0.004 ** (2.641)	0.003 ** (2.142)
CV	Yes	Yes	Yes	Yes	Yes	Yes
N	38 469	38 469	38 469	38 469	38 469	38 469
R^2	14.7%	13.7%	13.6%	14.5%	14.6%	14.6%

注：（1）＊、＊＊、＊＊＊表示10%、5%、1%的显著性水平；（2）括号内是 t 值。

9.7　本章小结

从现实中不难发现，在注册会计师强制轮换制度下，出现了大量进行任期管理的现象，来实现事实上的超长累计任期。注册会计师任期对审计质量的影响是"学习效应"还是降低了独立性，学术界尚无定论；目前对注册会计师任期的研究集中于连续任期，对任期管理现象鲜有关注。本章关注注册会计师超长累计任期对股价崩盘风险的影响，在理论分析的基础上进行传导路径分析，发现超长累计任期与股价崩盘风险正相关，非效率投资是上述影响关系的完全中介因子，信息披露是部分中介因子。一系列稳健性检验的结果表明，前文的主假设仍然得到验证。

本章关注的问题对完善注册会计师轮换制度和资本市场健康发展提供理论指导，并为审计轮换制度改革提供经验证据。已有研究关注的是实施注册会计师强制轮换制度后，审计质量是提高了还是降低了，结论并不一致。这些研究结论不一致的重要原因是没有考虑注册会计师通过任期管理巧妙规避强制轮换制度这一现象，本章的研究将为政府部门如何制定更合理的审计轮换制度提供经验证据。

第 10 章　机构投资者持股、注册会计师任期管理与审计质量研究

机构投资者经验丰富、信息获取渠道广、信息处理能力专业，有监管成本的优势，在主动监管中获取的价值更多。机构投资者监督公司绩效、高管薪酬、信息透明度、管理层行为和股价反应等，增加了公司的信息披露。因此，可以合理预期，机构投资者对于其观察到的管理层隐藏坏消息的行为会进行适度的干预，对于其注意到的注册会计师与管理层合谋的行为也会予以适度的监督。本章从机构投资者持股视角，考察其在注册会计师任期管理对审计质量影响中的调节机制。

10.1　引言

美国注册会计师轮换制度规定连续服务不超过五年、冷冻期五年，我国 2003 年开始实行的轮换制度规定连续服务不超过五年、冷冻期两年。各国的轮换制度都没有对自愿轮换的冷冻期进行规定，注册会计师可以通过在强制轮换期前 1~2 年提前自愿轮换，一年后重新为该客户服务，以规避冷冻期的规定，本章称其为"任期管理"。主要包括两种情况：一是注册会计师在任期的第四年进行自愿轮换，一年后又轮换回来；二是换师不换所，即在所内通过轮换签字注册会计师来达到超长累计任期以稳定客户。雷曼兄弟在亏损被曝出前仍然收到安永签发的标准审计意见，两者维持了 19 年的审计关系。

注册会计师任期管理的行为是否会受到第三方比如机构投资者监督行

为的影响呢? 机构投资者在证监会 "超长发展机构投资者" 的口号后快速发展, 成为介于内部股东和中小股东间的第三方力量, 其投资专业化、投资行为规范化, 在公司治理中发挥了一定作用。

关于机构持股与公司治理, 目前学术界主要有两种观点。一种是有效监督假说, 机构投资者作为最重要的外部治理机制, 会采用 "用手投票" 等积极方式发挥其治理作用, 对公司管理层进行监督, 如抑制企业盈余管理、改善股权结构和提高公司绩效等。另一种是利益冲突假说, 机构投资者处于维护自身利益的考虑, 不排除支持管理层的决定或与管理层合谋等方式损害公司价值, 因而在公司治理中并未充当 "积极的监督者", 而是 "利益攫取者", 如加剧管理层盈余管理的动机和加剧股票市场波动等。

实务界、监管者和学术界开始关注机构投资者的作用。部分研究认为, 机构投资者没有发挥公司治理作用, 而且强化了被投资公司的短期行为。另一部分研究认为, 机构投资者发挥了积极的监督治理作用, 提高了信息披露的质量, 降低了管理层的机会主义行为。我国机构投资者已成为资本市场的主要投资主体。古列维奇和申恩 (2005) 发现, 我国很多国有企业存在一股独大的现象, 国家会通过政治力量保护自身的利益, 机构投资者能不能发挥治理作用呢? 其会监督注册会计师与客户之间可能存在的合谋行为吗?

在上述分析的基础上, 本章选择我国 1992～2019 年沪深两市 A 股上市公司作为研究样本, 首先, 关注注册会计师进行任期管理对审计质量的影响, 包括过渡性注册会计师的影响; 其次, 关注注册会计师超长累计任期对审计质量可能产生的影响; 最后, 分别考察机构投资者持股对任期管理和超长累计任期影响审计质量的调节作用。

本章可能的贡献之处有: 第一, 有助于深化对注册会计师任期的认识, 已有研究注册会计师任期的研究主要关注注册会计师的连续任期, 本研究考察注册会计师累计任期, 关注任期管理现象, 有所创新。第二, 关注机构投资者的调节作用, 为加强注册会计师审计行业监管提供思路借鉴。

10.2 理论分析与研究假设

理性经济人假设认为，注册会计师任期管理可以稳定客户、增加收入、降低变更成本，如果注册会计师是出于这种动机，就可能会影响其审计的独立性。在注册会计师的独立性受到削弱的情况下，审计质量就可能会下降。注册会计师所发表的审计意见对客户的融资、经营风险、股价等方面都会产生较大的影响。如果注册会计师发表的是否定意见或者无法表示意见，客户的融资就会受阻、经营风险就会加大、股价就会下跌，甚至会退市。所以，一方面，客户对注册会计师发表的审计意见会十分在意，如果注册会计师发表的是否定意见或无法表示意见，客户就会考虑更换注册会计师或会计师事务所；另一方面，注册会计师为了能够进行任期管理，就可能会丧失其独立性，迎合客户，发表无法表示意见或否定意见的概率降低。

在注册会计师自愿轮换后的一年间隔期担任客户审计的注册会计师，我们称其为"过渡性注册会计师"。第一，过渡性注册会计师关于客户的专门知识有限。主观上由于内在动力缺乏，获取客户专门知识的积极性不够。客观上由于时间较短，也很难获取客户专门知识。第二，与强制轮换情形下的新任注册会计师相比，过渡性注册会计师的责任感可能没有那么强烈，没有做出足够的努力去提高审计质量。过渡性注册会计师知道自己只是临时替代，其责任感不如强制轮换情形下的注册会计师强烈，不愿意花大力气查找并建议调整被审计单位财务报表的所有错误，这种责任感的缺失可能会导致降低审计质量。

假设 10-1：与非任期管理情形比，任期管理注册会计师和该情形下的过渡性注册会计师主持项目的审计质量低。

"监督中学习"视角认为，长任期有助于注册会计师获取特定客户的专门知识，更好地理解客户业务，学习其人员、业务和核心价值观的知识，发现客户隐藏财务报告坏消息的多种渠道，发现财务舞弊线索并要求调整，提高审计质量。从认知视角来看，注册会计师和客户的长期合作会导致其难以保持超然独立，对客户管理活动的过于熟悉可能会导致对客户财务报告选择性披露的默许。激励视角认为，注册会计师可能想通过对客户的纵容来维持客户而从中获利。

假设10-2：注册会计师的超长累计任期会影响审计质量。

管理层出于业绩考核、职业晋升和薪酬契约等多方面压力，可能会通过盈余管理行为谋取私利。在管理层的盈余管理行为损害投资者利益的时候，理论上投资者可以通过治理手段维护自己的利益。但是中小投资者可以选择的方式可能只有"用脚投票"。机构投资者投资周期长、规模较大，理论上可以参与公司治理、发挥监督作用。

与一般投资者相比，机构投资者有能力、也有动力去约束管理层的行为。第一，科菲发现，机构投资者的监督不存在利益冲突；第二，机构投资者规模较大，可以通过征集投票代理权的方式参与对上市公司的监督；第三，机构投资者比较专业，有更强的信息解读能力。机构投资者对管理层的监督增加了管理层操纵盈余被曝光的概率，同时机构投资者长期持股降低了管理层短期业绩操纵的动机，因而抑制了管理层采用应计项目盈余管理的能力和动机。博森等研究发现，与个人投资者相比，机构投资者分辨会计盈余中的可操纵和非可操纵部分更快，发现盈余管理行为更及时。德丰等研究表明，上市公司事先调整盈利的可能性在有持股量超过5%的机构投资者时下降。李增福等的研究发现，机构投资者持股能抑制企业真实活动盈余管理。机构投资者在对公司进行监督的过程中，也会注意到注册会计师通过任期管理与客户合谋的行为，并抑制其影响的发挥。基于上述分析，本章提出假设10-3：

假设10-3：机构投资者持股会抑制任期管理和过渡性注册会计师对审计质量的影响。

虽然我国机构投资者还存在投资理念不成熟、频繁买卖赚取差价、参与公司治理积极性不强的现象，但随着持股比例的上升，"见利就收"等短视行为的成本会增加，举起"权利之手"比频繁地"用脚投票"交易成本会更低，长远收益也更多。持股比例高的机构投资者将会从消极持股向积极投资转化。

不同于应计项目盈余管理的是,真实活动盈余管理的隐蔽性更强,更不易被发现。李江涛等发现,为了规避审计师和监管部门可能的监管,上市公司更偏好采用真实活动进行盈余管理。李彬等发现,在会计准则更加完善后,上市公司更偏好用真实活动盈余管理进行操控。真实活动盈余管理的危害性更大,因为其操控了企业的实际生产经营活动。机构投资者专业性更强,通过定期对上市公司生产经营状况的分析,对真实活动盈余管理也更敏感。机构投资者如果秉承价值投资的理念,为了避免自己可能遭受的损失,会对破坏性更大的真实活动盈余管理进行制止。在抑制真实盈余管理活动的过程中,机构投资者会察觉到注册会计师通过超长累计任期与客户进行合谋,并发挥其抑制作用。在上述分析的基础上,本书提出假设 10 - 4:

假设 10 - 4:机构投资者持股会调节注册会计师超长累计任期对审计质量的影响。

10.3　研究设计

10.3.1　样本选择与数据来源

初始样本为 1992 ~ 2019 年沪深 A 股 3 210 家上市公司的 39 904 个样本,剔除公司上市时间 < 5 年的 745 家公司的 1435 个样本(因为这些样本不会出现注册会计师累计任期 ≥5 年的情况),得到 2 465 家上市公司的年度观测值 38 469 个。其中,注册会计师累计任期(不论是否连续)≥5 年的样本有 2161 家上市公司,累计任期 ≥9 年的样本有 487 家上市公司。因为我国的注册会计师强制轮换制度从 2003 年开始执行,从中识别出 2003 ~ 2019 年任期 4 年的观测值为 3 928 个,剔除控制变量缺失的样本,有效样本为 3 458 个。本研究数据来自国泰安数据库和万得数据库。每家上市公司的审计报告由 2 名签字注册会计师签字(少数公司为 3 名),当其中至少有 1 名注册会计师进行任期管理时(也就是第 4 年进行自愿轮换,第 6 年重新为该客户服务),我们界定该样本为进行了任期管理。借鉴卡伦等的

做法，当其中至少有 1 名注册会计师累计任期 ≥ 5 年时，我们就界定其为超长累计任期。

10.3.2　变量解释

1. 被解释变量：审计质量

（1）审计报告激进度。借鉴古尔等（2013）的做法，我们定义虚拟变量 MAO（非标准审计意见取 1，否则取 0）。我们接着用逻辑回归模型（10 - 1）来估计审计师发表非标准审计意见的概率，在这个回归模型中，MAO 是因变量，客户特征是解释变量。审计报告激进性（ARAgg）是指预测的发表非标准审计意见的概率减去 MAO 的实际值（模型（10 - 2））。ARAgg 的较高值表示审计师发表非标准审计意见的倾向低于全样本预测的结果，审计报告激进性高，审计质量低。

$$MAO_s = \alpha_0 + \alpha_1 Quick + \alpha_2 AR + \alpha_3 INV + \alpha_4 Roa + \alpha_5 Loss + \alpha_6 Lev + \alpha_7 Size + \alpha_8 Listage + \alpha_9 Other + \alpha_{10} Indu \tag{10 - 1}$$

$$ARAgg = MAO_s - Actual\ opinion \tag{10 - 2}$$

模型中，Quick 是指速动比率，AR、INV 分别指应收账款、存货的期末余额除以总资产，Roa 是资产报酬率，Loss 是亏损虚拟变量，Lev 是资产负债率，Size 是公司规模，Listage 是公司上市年限，Other 是其他应收款除以总资产，模型中还包括了行业虚拟变量 Indu。

（2）MAO。借鉴弗朗西斯、克里希南、伦诺克斯的做法，采用注册会计师发表非标准审计意见的概率来度量审计质量，如果客户收到非标准审计意见，变量取 1，否则取 0。

（3）AQ$_{zh}$：第 3 章构建的审计质量评价指标。

2. 解释变量

（1）任期管理（Tenure_mgmt）。当注册会计师在任期的第 4 年进行自愿轮换并在一年后（第 6 年）轮换回来，变量取值为 1，否则取值为 0。

（2）注册会计师超长累计任期。参考已有研究的做法，本研究将累计任期 ≥ 5 年作为注册会计师通过任期管理实现事实上的超长累计任期的界定；为了进一步检验超长累计任期超过 5 年所做出的结果的准确性，本研究同时还用累计任期≥9年（超长累计任期时限更长）的界定作为注册会计师通过任期管理实现事实上的超长累计任期的界定，通过设置虚拟变量的方式实现。同时，用连续变量客户聘任注册会计师的累计年度来度量注册会计师的超长累计任期（$T_{j,t}$）。

3. 调节变量：机构投资者持股

$INS_{i,t}$代表机构投资者持股比例。

4. 控制变量

根据以往文献，我们选择规模、财务业绩变量（是否亏损、资产周转率和资产负债率）、成长性指标（账面市值比）、产权性质、审计师规模（包括会计师事务所规模和注册会计师规模）、会计师事务所任期、审计业务复杂度和前一年审计意见作为控制变量。变量的定义见表10-1。

表 10-1　　　　　　　　　　　　　主要变量定义

变量名称	变量符号	变量定义	预期符号
审计质量	ARAgg	发表非标准审计意见的预测值 - 实际值	
	MAO	当客户收到非标准的审计意见，变量赋值为1，否则赋值为0	
	AQ_{zh}	第3章构建的审计质量评价指标	
任期管理	Tenure_mgmt	如果注册会计师在第4年进行自愿轮换，然后在一年后轮换回来取值为1，否则取值为0	-
注册会计师超长累计任期	$T_{1j,t}$	客户聘任注册会计师的累计任期≥5年，变量取值为1，否则取0	-
	$T_{2j,t}$	为了重新检验超长累计任期5年所做出的结果的准确性，本研究同时还设置另一个虚拟变量，当客户聘任注册会计师的累计任期≥9年（超长累计任期时限更长）时，变量取值为1，否则取0	-
	$T_{3j,t}$	客户聘任注册会计师的累计年度，包括当年	-
机构投资者持股比例	$INS_{i,t}$	机构投资者持股数除以流通在外股数	+
规模	Size	总资产的自然对数	-
是否亏损	Loss	如果净利润为负取值为1，否则取值为0	+
资产周转率	Turnover	销售收入/平均总资产	-
资产负债率	Lev	总负债/总资产	+

续表

变量名称	变量符号	变量定义	预期符号
账面市值比	BKMK	所有者权益账面价值/市场价值	+
产权性质	SOE	如果公司由政府控股取值为 1，否则取值为 0	－
事务所规模	Big10	在中国注册会计师协会排名前 10 取值为 1，否则为 0	+
注册会计师规模	TA_CPA	注册会计师审计客户的资产总和（取自然对数值）	+
事务所任期	Tenure_firm	会计师事务所的任期	－
审计业务复杂度	ARINV	（应收账款＋存货）/总资产	+
前一年审计意见	Preopinion	客户在审计的前一年收到的审计意见类型	+

10.3.3　模型构建

我们首先考察注册会计师进行任期管理对审计质量的影响、过渡性注册会计师对审计质量的影响，以及注册会计师超长累计任期对审计质量的影响，构建固定效应回归模型（10 － 3）来验证假设 10 － 1 和假设 10 － 2。

$$AQ = \beta_0 + \beta_1 Tenure\_mgmt + \beta_2 Size + \beta_3 Loss + \beta_4 Turnover + \beta_5 Lev +$$
$$\beta_6 BKMk + \beta_7 SOE + \beta_8 Big10 + \beta_9 TA\_CPA + \beta_{10} Tenure\_firm +$$
$$\beta_{11} ARINV + \beta_{12} PreOpinion + \varepsilon \qquad (10-3)$$

AQ 分别用 ARAgg/MAO 和 AQ_{zh} 来度量。当验证注册会计师超长累计任期对审计质量的影响时，解释变量为 $T_{1j,t}$，$T_{2j,t}$，$T_{3j,t}$。

然后考察机构投资者持股在上述两种影响中的调节作用，构建固定效应回归模型（10 － 4）来验证假设 10 － 3 和假设 10 － 4。

$$AQ = \beta_0 + \beta_1 Tenure\_mgmt + \beta_2 INS_{i,t} + \beta_3 Tenure\_mgmt \times INS_{i,t} + \beta_4 Size +$$
$$\beta_5 Loss + \beta_6 Turnover + \beta_7 Lev + \beta_8 BKMK + \beta_9 SOE + \beta_{10} Big10 +$$
$$\beta_{11} T A_C PA + \beta_{12} Tenure_f irm + \beta_{13} ARINV + \beta_{14} PreOpinion + \varepsilon \qquad (10-4)$$

10.4　实证分析

10.4.1　描述性统计

表 10 － 2 是变量的描述性统计结果。收到非标准审计意见的概率是

6.1%。审计质量的综合评分差异较大,说明不同事务所提供的审计质量之间存在较大的差异。8.9%的样本进行了任期管理,76.1%的注册会计师审计同一公司的累计任期超过了5年,17.2%的注册会计师审计同一公司的累计任期超过了9年,注册会计师累计任期的均值是6.672年。机构投资者持股的平均比例是10.1%。

表10-2 主要变量描述性统计

变量	均值	中位数	极大值	极小值	标准差
ARAgg	0.000	0.011	0.251	-0.941	0.131
MAO	0.061	0.000	1.000	0.000	0.462
AQ_{zh}	132.462	102.712	727.143	63.135	85.187
Tenure_mgmt	0.089	0.000	1.000	0.000	0.523
$T_{1j,t}$	0.761	1.000	1.000	0.000	0.121
$T_{2j,t}$	0.172	1.000	1.000	0.000	0.112
$T_{3j,t}$	6.672	6.000	14.000	2.000	7.321
$INS_{i,t}$	0.101	0.042	0.831	0.000	0.133
Size	21.031	21.582	24.683	17.694	1.256
Loss	0.112	0.000	1.000	0.000	0.281
Turnover	0.751	0.600	16.601	0.000	0.592
Lev	0.541	0.492	1.253	0.061	0.233
BKMK	453.201	386.072	487.263	13.264	84.265
SOE	0.101	0.000	1.000	0.000	0.502
Big10	0.521	1.000	1.000	0.000	0.472
TA_CPA	28.181	105.212	190.213	32.654	78.156
Tenure_firm	9.081	8.000	13.000	1.000	3.334
ARINV	0.301	0.262	1.000	0.000	0.673
Preopinion	0.000	0.000	1.000	0.000	0.245

10.4.2　回归分析

1. 任期管理注册会计师和过渡性注册会计师对审计质量的影响

任期管理注册会计师和过渡性注册会计师对审计质量影响的回归结果如表 10 - 3 所示。从表 10 - 3 中可以看出，任期管理的注册会计师发表了更少的非标准审计意见，审计质量更低。在进行任期管理情形下的过渡性注册会计师也发表了更少的非标准审计意见，审计质量更低。验证了本书的假设 10 - 1，这说明任期管理确实损害了审计质量。模型的 R^2 分别为 39.3%、33.8%、38.9%、38.3%、34.8% 和 37.9%，说明模型的拟合优度较好。

表 10 - 3（1）　　　任期管理注册会计师和过渡性注册会计师
对审计质量的影响（DV = MAO/AQ$_{zh}$）

变量	DV = MAO			DV = AQ$_{zh}$		
	任期管理注册会计师		过渡性注册 会计师	任期管理注册会计师		过渡性注册 会计师
	第 4 年	第 6、第 7 年	第 5 年	第 4 年	第 6、第 7 年	第 5 年
Tenure_mgmt	- 0.732 ** (- 2.276)	- 0.447 ** (- 2.458)	- 0.984 * (- 1.946)	- 0.642 ** (- 2.186)	- 0.357 ** (- 2.368)	- 0.984 * (- 1.856)
Size	- 0.458 ** (- 2.753)	- 0.679 *** (- 6.287)	- 0.749 *** (- 4.693)	- 0.368 ** (- 2.663)	- 0.589 *** (- 6.197)	- 0.659 *** (- 4.583)
Loss	0.367 *** (8.454)	0.854 *** (8.674)	0.932 *** (6.779)	0.277 *** (8.364)	0.964 *** (8.584)	0.842 *** (6.589)
Turnover	- 0.586 ** (- 2.386)	- 1.259 *** (- 3.876)	- 1.269 *** (- 2.865)	- 0.496 ** (- 2.296)	- 1.169 *** (- 3.986)	- 1.179 *** (- 2.775)
Lev	0.275 *** (5.753)	0.358 *** (5.513)	0.819 *** (6.649)	0.185 *** (5.663)	0.268 *** (5.423)	0.729 *** (6.559)
BKMK	0.012 (1.227)	0.003 (0.249)	0.003 (0.529)	0.003 (1.137)	0.003 (0.159)	0.003 (0.439)
SOE	- 0.449 (- 0.859)	- 0.268 (- 0.576)	0.519 (0.928)	- 0.359 (- 0.769)	- 0.178 (- 0.486)	0.429 (0.838)
Big10	0.265 (0.494)	0.649 ** (2.299)	0.809 ** (2.379)	0.175 (0.384)	0.459 ** (2.189)	0.719 ** (2.289)

续表

变量	DV = MAO			DV = AQ$_{zh}$		
	任期管理注册会计师		过渡性注册会计师	任期管理注册会计师		过渡性注册会计师
	第 4 年	第 6、第 7 年	第 5 年	第 4 年	第 6、第 7 年	第 5 年
TA_CPA	0.003 (1.536)	0.003 (0.497)	0.003 (0.931)	0.003 (1.446)	0.003 (0.387)	0.003 (0.841)
Tenure_firm	−0.006 (−0.096)	0.008 (0.353)	0.061 (1.269)	−0.006 (−0.096)	0.008 (0.263)	0.061 (1.179)
ARINV	0.003 ** (2.454)	0.004 ** (2.641)	0.004 ** (2.554)	0.003 ** (2.364)	0.004 ** (2.551)	0.004 ** (2.464)
PreOpinion	0.743 ** (2.295)	0.825 ** (2.318)	0.843 ** (2.395)	0.653 ** (2.185)	0.735 ** (2.228)	0.753 ** (2.285)
Constant	0.796 (1.246)	0.963 *** (4.774)	0.449 *** (2.969)	0.886 (1.156)	0.873 *** (4.684)	0.359 *** (2.879)
R^2	0.393	0.338	0.389	0.383	0.348	0.379
N	3 458	3 458	3 458	3 458	3 458	3 458

注：（1） * 、 ** 、 *** 表示 10%、5%、1% 的显著性水平；（2） 括号内是 t 值。

表 10 – 3（2）　任期管理注册会计师和过渡性注册会计师对审计质量的影响

（DV = ARAgg）

变量	DV = ARAgg		
	任期管理注册会计师		过渡性注册会计师
	第 4 年	第 6、第 7 年	第 5 年
Tenure_mgmt	0.832 ** (2.376)	0.547 ** (−2.558)	0.884 * (1.846)
Size	0.558 *** (2.853)	0.779 *** (6.387)	0.849 *** (4.793)
Loss	−0.467 *** (−8.554)	−0.954 *** (−8.774)	−1.832 *** (−6.879)
Turnover	0.686 ** (2.486)	0.359 *** (3.976)	0.369 *** (2.965)
Lev	−0.375 *** (−5.853)	−0.458 *** (−5.613)	−0.919 *** (−6.749)
BKMK	−0.022 (−1.327)	−0.013 (−0.349)	−0.004 (−0.629)

续表

变量	DV = ARAgg		
	任期管理注册会计师		过渡性注册会计师
	第 4 年	第 6、第 7 年	第 5 年
SOE	0.549 (0.959)	0.368 (0.676)	0.619 (0.828)
Big10	− 0.365 (− 0.594)	− 0.749 ** (− 2.399)	− 0.909 ** (− 2.479)
TA_CPA	− 0.013 (− 1.636)	− 0.015 (− 0.597)	− 0.004 (− 0.831)
Tenure_firm	0.016 (0.086)	− 0.018 (− 0.453)	− 0.071 (− 1.369)
ARINV	− 0.013 ** (− 2.554)	− 0.014 *** (− 2.741)	− 0.005 ** (− 2.564)
PreOpinion	− 0.843 ** (− 2.395)	− 0.925 ** (− 2.418)	− 0.943 ** (− 2.495)
Constant	− 0.896 (− 1.346)	− 0.863 *** (− 4.874)	− 0.549 *** (− 2.869)
R^2	0.493	0.438	0.489
N	3 458	3 458	3 458

注：（1）＊、＊＊、＊＊＊ 表示 10%、5%、1% 的显著性水平；（2）括号内是 t 值。

2. 注册会计师超长累计任期影响审计质量的分析

注册会计师超长累计任期影响审计质量的分析如表 10 - 4 所示。从表 10 - 4 中可见，注册会计师累计任期越长，发表非标准审计意见的概率越低。说明注册会计师通过任期管理或者其他途径实现的事实上的超长累计任期确实损害了审计质量，验证了本书的假设 10 - 2。

表 10 - 4（1）　注册会计师超长累计任期影响审计质量的分析（DV = MAO/ AQ_{zh}）

变量	DV = MAO			DV = AQ_{zh}		
	任期管理注册会计师		过渡性注册 会计师	任期管理注册会计师		过渡性注册 会计师
	第 4 年	第 6、第 7 年	第 5 年	第 4 年	第 6、第 7 年	第 5 年
$T_{1j,t}$	− 0.532 ** (− 2.076)	− 0.247 ** (− 2.258)	− 0.874 * (− 1.746)	− 0.622 ** (− 2.166)	− 0.337 ** (− 2.348)	− 0.964 * (− 1.836)

续表

变量	DV = MAO			DV = AQ$_{zh}$		
	任期管理注册会计师		过渡性注册会计师	任期管理注册会计师		过渡性注册会计师
	第 4 年	第 6、第 7 年	第 5 年	第 4 年	第 6、第 7 年	第 5 年
$T_{2j,t}$	− 0. 432 ** (− 2. 066)	− 0. 147 ** (− 2. 158)	− 0. 774 * (− 1. 646)	− 0. 522 ** (− 2. 066)	− 0. 237 ** (− 2. 248)	− 0. 864 * (− 1. 736)
$T_{3j,t}$	− 0. 522 ** (− 2. 075)	− 0. 237 ** (− 2. 248)	− 0. 864 * (− 1. 736)	− 0. 612 ** (− 2. 156)	− 0. 327 ** (− 2. 338)	− 0. 954 * (− 1. 8236)
Size	− 0. 258 ** (− 2. 553)	− 0. 479 *** (− 6. 087)	− 0. 549 *** (− 4. 493)	− 0. 348 ** (− 2. 643)	− 0. 569 *** (− 6. 177)	− 0. 629 *** (− 4. 583)
Loss	0. 167 *** (8. 254)	0. 854 *** (8. 474)	0. 732 *** (6. 479)	0. 257 *** (8. 344)	0. 944 *** (8. 564)	0. 822 *** (6. 569)
Turnover	− 0. 386 ** (− 2. 186)	− 1. 059 *** (− 3. 876)	− 1. 069 *** (− 2. 665)	− 0. 476 ** (− 2. 276)	− 1. 149 *** (− 3. 966)	− 1. 159 *** (− 2. 755)
Lev	0. 075 *** (5. 553)	0. 158 *** (5. 313)	0. 619 *** (6. 449)	0. 165 *** (5. 643)	0. 248 *** (5. 403)	0. 709 *** (6. 539)
BKMK	0. 001 (1. 027)	0. 001 (0. 049)	0. 001 (0. 329)	0. 001 (1. 117)	0. 001 (0. 139)	0. 001 (0. 419)
SOE	− 0. 249 (0. 659)	− 0. 068 (− 0. 376)	0. 319 (0. 728)	− 0. 339 (0. 749)	− 0. 158 (− 0. 466)	0. 409 (0. 818)
Big10	0. 065 (0. 294)	0. 349 ** (2. 099)	0. 609 ** (2. 179)	0. 155 (0. 384)	0. 439 ** (2. 189)	0. 708 ** (2. 269)
TA_CPA	0. 001 (1. 336)	0. 001 (0. 297)	0. 001 (0. 731)	0. 001 (1. 426)	0. 001 (0. 387)	0. 001 (0. 821)
Tenure_firm	− 0. 004 (− 0. 076)	0. 006 (0. 153)	0. 041 (1. 069)	− 0. 004 (− 0. 085)	0. 006 (0. 243)	0. 050 (1. 159)
ARINV	0. 001 ** (2. 154)	0. 002 ** (2. 441)	0. 002 ** (2. 354)	0. 001 ** (2. 344)	0. 002 ** (2. 531)	0. 002 ** (2. 444)
PreOpinion	0. 543 ** (2. 095)	0. 625 ** (2. 118)	0. 643 ** (2. 195)	0. 633 ** (2. 185)	0. 715 ** (2. 208)	0. 733 ** (2. 285)
Constant	0. 796 (1. 046)	0. 763 *** (4. 574)	0. 249 *** (2. 769)	0. 886 (1. 136)	0. 853 *** (4. 664)	0. 339 *** (2. 859)
R^2	0. 383	0. 328	0. 379	0. 373	0. 328	0. 369
N	38 469	38 469	38 469	38 469	38 469	38 469

注：（1）*、**、*** 表示 10%、5%、1% 的显著性水平；（2）括号内是 t 值。

表 10 - 4（2）　　　　注册会计师超长累计任期影响审计质量的分析（DV = ARAgg）

变量	DV = ARAgg		
	任期管理注册会计师		过渡性注册会计师
	第 4 年	第 6、第 7 年	第 5 年
$T_{1j,t}$	0.632 ** (2.176)	0.347 ** (2.358)	0.974 * (1.846)
$T_{2j,t}$	0.532 ** (2.166)	0.247 ** (2.258)	0.874 * (1.746)
$T_{3j,t}$	0.622 ** (2.175)	0.337 ** (2.348)	0.964 * (1.836)
Size	0.358 ** (-2.563)	0.579 *** (6.187)	0.649 *** (4.593)
Loss	-0.267 *** (-8.354)	-0.954 *** (-8.574)	-0.832 *** (-6.579)
Turnover	0.486 ** (2.286)	0.069 *** (3.976)	0.079 *** (2.765)
Lev	-0.085 *** (-5.653)	-0.258 *** (-5.413)	-3.719 *** (-6.549)
BKMK	-0.011 (-1.127)	-0.002 (-0.059)	-0.003 (-0.429)
SOE	0.349 (0.759)	0.078 (0.476)	0.419 (0.828)
Big10	-0.075 (-0.394)	-0.449 ** (-2.199)	-0.709 ** (-2.279)
TA_CPA	-0.011 (-1.436)	-0.002 (-0.397)	-0.003 (-0.831)
Tenure_firm	0.014 (0.086)	0.016 (0.253)	0.051 (1.169)
ARINV	-0.011 ** (-2.254)	-0.012 ** (-2.541)	-0.003 ** (-2.454)
PreOpinion	-0.543 ** (2.195)	-0.725 ** (-2.218)	-0.743 ** (-2.295)
Constant	-0.896 (-1.146)	-0.863 *** (-4.674)	-0.349 *** (2.869)
R^2	0.393	0.428	0.479
N	38 469	38 469	38 469

注：（1）＊、＊＊、＊＊＊表示 10%、5%、1% 的显著性水平；（2）括号内是 t 值。

3. 机构投资者持股在任期管理影响审计质量中的调节作用分析

机构投资者持股在注册会计师任期管理影响审计质量中的调节作用回归结果如表 10 - 5 所示。从表 10 - 5 中可以看出，机构投资者持股抑制了注册会计师任期管理对审计质量的负面影响，从任期管理的注册会计师和过渡性注册会计师来看，表现都是如此。可见，机构投资者发挥了必要的监督作用，验证了本书的假设 10 - 3。

表 10 - 5（1）　　　　机构投资者持股在任期管理影响审计质量中的调节作用
（DV = MAO/ AQ$_{zh}$）

变量	DV = MAO			DV = AQ$_{zh}$		
	任期管理注册会计师		过渡性注册会计师	任期管理注册会计师		过渡性注册会计师
	第 4 年	第 6、第 7 年	第 5 年	第 4 年	第 6、第 7 年	第 5 年
Tenure_mgmt	- 0. 646 **	- 0. 253 **	- 0. 881 *	- 0. 556 **	- 0. 163 **	- 0. 991 *
	(- 2. 283)	(- 2. 274)	(- 1. 892)	(- 2. 193)	(- 2. 184)	(- 1. 782)
INS$_{i,t}$	0. 003 *	0. 006 *	0. 004 **	0. 003 *	0. 006 *	0. 004 **
	(1. 895)	(1. 831)	(1. 971)	(1. 785)	(1. 741)	(1. 981)
Tenure_mgmt × INS$_{i,t}$	0. 004 *	0. 005 *	0. 005 *	0. 004 *	0. 005 *	0. 005 *
	(1. 891)	(1. 872)	(1. 851)	(1. 781)	(1. 782)	(1. 761)
Size	- 0. 462 ***	- 0. 699 ***	- 0. 743 ***	- 0. 372 **	- 0. 589 ***	- 0. 653 ***
	(- 2. 662)	(- 6. 372)	(- 4. 596)	(- 2. 572)	(- 6. 282)	(- 4. 486)
Loss	0. 352 ***	0. 005 *	0. 931 ***	0. 292 ***	0. 005 *	0. 841 ***
	(8. 552)	(1. 852)	(6. 691)	(8. 462)	(1. 962)	(6. 581)
Turnover	- 0. 688 **	- 0. 282 ***	- 0. 181 ***	- 0. 598 **	- 0. 192 ***	- 0. 091 ***
	(- 2. 379)	(- 3. 991)	(- 2. 861)	(- 2. 289)	(- 3. 881)	(- 2. 771)
Lev	0. 286 ***	0. 361 ***	0. 832 ***	0. 196 ***	0. 271 ***	0. 742 ***
	(5. 749)	(5. 551)	(6. 671)	(5. 659)	(5. 461)	(6. 581)
BKMK	0. 003	0. 003	0. 003	0. 003	0. 003	0. 003
	(1. 138)	(0. 251)	(0. 551)	(1. 048)	(0. 161)	(0. 461)
SOE	- 0. 451	- 0. 273	0. 441	- 0. 361	- 0. 183	0. 351
	(- 0. 862)	(- 0. 572)	(0. 851)	(- 0. 772)	(- 0. 482)	(0. 761)
Big10	0. 256	0. 551 **	0. 732	0. 166	0. 461 **	0. 642
	(- 0. 595)	(2. 282)	(2. 291)	(- 0. 485)	(2. 192)	(2. 181)
TA_CPA	0. 003	0. 003	0. 003	0. 003	0. 003	0. 003
	(1. 545)	(0. 493)	(0. 942)	(1. 455)	(0. 383)	(0. 852)

续表

变量	DV = MAO			DV = AQ$_{zh}$		
	任期管理注册会计师		过渡性注册会计师	任期管理注册会计师		过渡性注册会计师
	第 4 年	第 6、第 7 年	第 5 年	第 4 年	第 6、第 7 年	第 5 年
Tenure_firm	-0.007 (-0.094)	0.009 (0.361)	0.053 (1.181)	-0.007 (-0.083)	0.009 (0.271)	0.053 (1.091)
ARINV	0.004** (2.554)	0.005*** (2.671)	0.006** (2.479)	0.004** (2.464)	0.005*** (2.581)	0.006** (2.389)
PreOpinion	0.843** (2.395)	0.851** (2.416)	0.862** (2.518)	0.753** (2.285)	0.761** (2.326)	0.772** (2.428)
Constant	0.979 (1.242)	0.881*** (4.771)	0.471*** (2.881)	0.889 (1.152)	0.791*** (4.681)	0.381*** (2.791)
R^2	0.397	0.349	0.392	0.387	0.339	0.382
N	3 458	3 458	3 458	3 458	3 458	3 458

注：（1）＊、＊＊、＊＊＊表示10%、5%、1%的显著性水平；（2）括号内是 t 值。

表 10 – 5（2）　机构投资者持股在任期管理影响审计质量中的调节作用（DV = ARAgg）

变量	DV = ARAgg		
	任期管理注册会计师		过渡性注册会计师
	第 4 年	第 6、第 7 年	第 5 年
Tenure_mgmt	0.746** (2.383)	0.353** (2.374)	0.981* (1.872)
INS$_{i,t}$	-0.013* (-1.875)	-0.016* (-1.931)	-0.014** (-1.891)
Tenure_mgmt × INS$_{i,t}$	-0.014* (-1.871)	-0.015* (-1.892)	-0.006* (-1.861)
Size	0.562*** (2.762)	0.799*** (6.472)	0.843*** (4.696)
Loss	-0.452*** (-8.652)	-0.015* (-1.952)	-0.831*** (-6.791)
Turnover	0.788** (2.479)	0.382*** (3.891)	0.181*** (2.961)
Lev	-0.386*** (-5.849)	-0.461*** (-5.651)	-0.932*** (-6.771)
BKMK	-0.013 (-1.238)	-0.013 (-0.351)	-0.004 (-0.651)

续表

变量	DV = ARAgg		
	任期管理注册会计师		过渡性注册会计师
	第 4 年	第 6、第 7 年	第 5 年
SOE	0.551 (0.962)	0.373 (0.672)	0.541 (0.951)
Big10	− 0.356 (− 0.695)	− 0.651** (− 2.382)	− 0.832 (− 2.391)
TA_CPA	− 0.013 (− 1.565)	− 0.004 (− 0.593)	− 0.005 (− 0.842)
Tenure_firm	0.0017 (0.084)	0.019 (0.461)	0.063 (1.281)
ARINV	− 0.014** (− 2.564)	− 0.015*** (− 2.771)	− 0.016** (− 2.489)
PreOpinion	− 0.943** (− 2.495)	− 0.951** (− 2.516)	− 0.962** (2.528)
Constant	− 0.879 (− 1.342)	− 0.881*** (− 4.871)	− 0.571*** (− 2.981)
R^2	0.497	0.449	0.492
N	3 458	3 458	3 458

注：（1）*、**、***表示 10%、5%、1%的显著性水平；（2）括号内是 t 值。

4. 机构投资者持股在注册会计师超长累计任期影响审计质量中的调节作用

机构投资者在注册会计师超长累计任期影响审计质量中的调节作用的回归分析结果如表 10 - 6 所示。从表 10 - 6 中可见，机构投资者持股抑制了注册会计师超长累计任期对审计质量的负面影响，验证了本书的假设 10 - 4。

表 10 - 6（1）　　机构投资者持股在注册会计师超长累计任期影响审计质量中的调节作用（DV = MAO/ DV = AQ_zh）

变量	DV = MAO			DV = AQ_zh		
	任期管理注册会计师		过渡性注册 会计师	任期管理注册会计师		过渡性注册 会计师
	第 4 年	第 6、第 7 年	第 5 年	第 4 年	第 6、第 7 年	第 5 年
$T_{1j,t}$	− 0.446** (− 2.083)	− 0.053** (− 2.074)	− 0.881* (− 1.692)	− 0.536** (− 2.173)	− 0.143** (− 2.164)	− 0.971* (− 1.782)

续表

变量	DV = MAO			DV = AQ$_{zh}$		
	任期管理注册会计师		过渡性注册会计师	任期管理注册会计师		过渡性注册会计师
	第 4 年	第 6、第 7 年	第 5 年	第 4 年	第 6、第 7 年	第 5 年
$T_{2j,t}$	-0.646 ** (-2.283)	-0.253 ** (-2.274)	-0.981 * (-1.892)	-0.736 ** (-2.373)	-0.343 ** (-2.364)	-0.871 * (-1.982)
$T_{3j,t}$	-0.746 ** (-2.383)	-0.353 ** (-2.374)	-0.891 * (-1.682)	-0.556 ** (-2.193)	-0.163 ** (-2.184)	-0.991 * (-1.792)
$INS_{i,t}$	0.001 * (1.695)	0.004 * (1.661)	0.002 ** (1.871)	0.012 * (1.785)	0.015 * (1.721)	0.013 ** (1.961)
$T_{1j,t} \times INS_{i,t}$	0.002 * (1.691)	0.003 * (1.672)	0.003 * (1.651)	0.013 * (1.781)	0.014 * (1.762)	0.014 * (1.741)
$T_{2j,t} \times INS_{i,t}$	0.202 * (1.891)	0.203 * (1.872)	0.203 * (1.851)	0.213 ** (1.981)	0.214 ** (1.962)	0.214 * (1.941)
$T_{3j,t} \times INS_{i,t}$	0.022 * (1.681)	0.023 * (1.692)	0.023 * (1.671)	0.033 ** (1.791)	0.034 * (1.782)	0.034 * (1.761)
Size	-0.262 ** (-2.462)	-0.499 *** (-6.172)	-0.543 *** (-4.396)	-0.352 ** (-2.552)	-0.589 *** (-6.262)	-0.633 *** (-4.486)
Loss	0.182 *** (8.352)	0.003 * (1.852)	0.731 *** (6.491)	0.272 *** (8.442)	0.014 * (1.942)	0.821 *** (6.581)
Turnover	-0.488 ** (-2.179)	-1.082 *** (-3.791)	-1.181 *** (-2.661)	-0.578 ** (-2.269)	-1.172 *** (-3.881)	-1.071 *** (-2.751)
Lev	0.086 *** (5.549)	0.161 *** (5.351)	0.632 *** (6.471)	0.176 *** (5.639)	0.251 *** (5.441)	0.722 *** (6.561)
BKMK	0.001 (1.138)	0.001 (0.051)	0.001 (0.351)	0.012 (1.028)	0.012 (0.141)	0.012 (0.441)
SOE	-0.251 (-0.662)	-0.073 (-0.372)	0.241 (0.651)	-0.341 (-0.752)	-0.163 (-0.462)	0.331 (0.741)
Big10	0.256 (-0.395)	0.351 ** (2.082)	0.532 (2.091)	0.146 (-0.485)	0.441 ** (2.172)	0.622 (2.181)
TA_CPA	0.001 (1.345)	0.001 (0.293)	0.001 (0.742)	0.012 (1.435)	0.012 (0.383)	0.012 (0.832)
Tenure_firm	-0.005 (-0.193)	0.007 (0.161)	0.143 (1.181)	-0.016 (-0.083)	0.018 (0.251)	0.033 (1.071)
ARINV	0.002 ** (2.354)	0.003 ** (2.471)	0.004 ** (2.279)	0.013 ** (2.444)	0.014 ** (2.561)	0.015 ** (2.369)

续表

变量	DV = MAO			DV = AQ_zh		
	任期管理注册会计师		过渡性注册 会计师	任期管理注册会计师		过渡性注册 会计师
	第 4 年	第 6、第 7 年	第 5 年	第 4 年	第 6、第 7 年	第 5 年
PreOpinion	0.643 ** (2.195)	0.651 ** (2.216)	0.662 ** (2.318)	0.733 ** (2.285)	0.741 ** (2.306)	0.752 ** (2.408)
Constant	0.779 (1.042)	0.681 *** (4.571)	0.271 *** (2.681)	0.869 (1.132)	0.771 *** (4.661)	0.361 *** (2.771)
R^2	0.386	0.348	0.391	0.381	0.336	0.372
N	38 469	38 469	38 469	38 469	38 469	38 469

注:(1)*、**、*** 表示 10%、5%、1% 的显著性水平;(2)括号内是 t 值。

表 10-6(2)　　　　机构投资者持股在注册会计师超长累计任期影响审计

质量中的调节作用（DV = ARAgg）

变量	DV = ARAgg		
	任期管理注册会计师		过渡性注册 会计师
	第 4 年	第 6、第 7 年	第 5 年
$T_{1j,t}$	0.546 ** (2.183)	0.063 ** (2.174)	0.981 * (1.792)
$T_{2j,t}$	0.746 ** (2.383)	0.353 ** (2.374)	0.881 * (1.872)
$T_{3j,t}$	0.846 ** (2.483)	0.453 ** (2.474)	0.991 * (1.782)
$INS_{i,t}$	-0.011 * (-1.795)	-0.014 * (-1.761)	-0.012 ** (-1.971)
$T_{1j,t} \times INS_{i,t}$	-0.012 * (-1.791)	-0.013 * (-1.772)	-0.004 * (-1.751)
$T_{2j,t} \times INS_{i,t}$	-0.302 * (-1.871)	-0.303 * (-1.892)	-0.303 * (-1.951)
$T_{3j,t} \times INS_{i,t}$	-0.032 * (-1.781)	-0.033 * (-1.792)	-0.033 * (-1.771)
Size	0.362 ** (2.462)	0.599 *** (6.272)	0.643 *** (4.496)
Loss	-0.282 *** (-8.452)	-0.013 * (-1.952)	-0.831 *** (-6.591)

续表

变量	DV = ARAgg		
	任期管理注册会计师		过渡性注册会计师
	第 4 年	第 6、第 7 年	第 5 年
Turnover	0.588 **	0.092 ***	0.281 ***
	(2.279)	(3.891)	(2.761)
Lev	−0.096 ***	−2.261 ***	−0.632 ***
	(−5.649)	(−5.451)	(−6.571)
BKMK	−0.011	−0.002	−0.003
	(−1.238)	(−0.061)	(−0.451)
SOE	0.351	0.083	0.341
	(0.762)	(0.472)	(0.751)
Big10	−0.356	−0.451 **	−0.632
	(−0.495)	(−2.182)	(−2.191)
TA_CPA	−0.011	−0.002	−0.003
	(−1.445)	(−0.393)	(−0.842)
Tenure_firm	0.015	0.017	0.243
	(0.293)	(0.261)	(1.281)
ARINV	−0.012 **	−0.013 **	−0.005 **
	(−2.454)	(−2.571)	(−2.379)
PreOpinion	−0.743 **	−0.751 **	−0.762 **
	(−2.295)	(−2.316)	(−2.418)
Constant	−0.879	−0.781 ***	−0.371 ***
	(−1.142)	(−4.671)	(−2.781)
R^2	0.486	0.448	0.491
N	38 469	38 469	38 469

注：（1）*、**、*** 表示 10%、5%、1% 的显著性水平；（2）括号内是 t 值。

10.4.3　稳健性检验

1. 倾向得分匹配检验

我们采用倾向得分匹配法进行稳健性检验，研究中控制了行业固定效应和年度固定效应，同时对标准误进行了群聚调整。配对样本的构建是由相同环境但是任期管理程度不同的公司构成。这一方法可以减轻研究设计可能带来的偏差。

我们首先构建倾向得分模型（10-5），因变量是注册会计师进行任期管理的概率。

$$Tenure\_mgmt = \beta_0 + \beta_1 Roa + \beta_2 Size + \beta_3 Turnover + \beta_4 Lev + \beta_5 SaleGrowth +$$
$$\beta_6 Fshare + \beta_7 SOE + \beta_8 Tenure\_firm + \beta_9 Big10 +$$
$$\beta_{10} Both4th + \beta_{11} Rank + \beta_{12} IPOPartner +$$
$$\beta_{13} Education + \beta_{14} School + \beta_{15} CCP + \beta_{16} CPAAge + \varepsilon$$

$$(10-5)$$

模型（10-5）包括了客户、会计师事务所、注册会计师与客户的关系和注册会计师的个人特点等变量。其中，Roa 是资产报酬率，SaleGrowth 指主营业务收入增长率。如果客户同时发行 B 股或者 H 股，Fshare 取值为 1。Both4th 是指两个签字注册会计师任期都是第 4 年。如果注册会计师是合伙人，Rank 取值为 1。当注册会计师为客户提供了 IPO 审计时，IPOPartner 赋值为 1。如果注册会计师的学历为硕士及以上，Eduaction 赋值为 1。当注册会计师是 211 高校毕业时，School 赋值为 1。CCP 是是否党员的虚拟变量。CPAAge 表示注册会计师的年龄。

我们按照倾向得分最高的样本来进行匹配。2003～2019 年进行任期管理的样本有 308 个，匹配后的样本为 616 个。然后，我们在测试样本和控制样本中检验任期管理和注册会计师签发非标准审计意见概率的关系。倾向得分匹配回归的结果如表 10-7 所示，Tenure_mgmt 的系数显著为负，说明进行任期管理的注册会计师在任期的第 4 年更少的发表非标准审计意见，与前文的主要结论一致。

表 10-7 倾向得分匹配的回归结果

变量	DV = ARAgg	DV = MAO	DV = AQ$_{zh}$
Tenure_mgmt	0.923 * (1.810)	-0.823 * (-1.910)	-0.646 * (-1.730)
Size	0.835 (1.635)	-0.935 (-1.625)	-0.855 (-1.545)
Loss	-0.858 *** (-2.876)	0.758 *** (2.976)	0.678 *** (2.896)

续表

变量	DV = ARAgg	DV = MAO	DV = AQ$_{zh}$
Turnover	0.286 (0.294)	− 0.186 (− 0.194)	− 0.096 (− 0.084)
Lev	− 0.454 (− 1.487)	0.354 (1.387)	0.274 (1.297)
BKMK	0.208** (2.445)	− 0.108** (− 2.345)	− 0.028** (− 2.265)
SOE	0.561 (0.935)	− 1.561 (− 0.835)	− 1.481 (− 0.755)
Big10	− 0.543 (− 0.662)	0.443 (0.562)	0.363 (0.482)
TA_CPA	− 0.202 (− 0.454)	0.102 (0.354)	0.022 (0.274)
Tenure_firm	− 0.236 (− 0.474)	0.136 (0.374)	0.056 (0.294)
ARINV	− 0.204*** (− 2.754)	0.104*** (2.654)	0.024** (2.574)
PreOpinion	− 0.963** (− 2.485)	1.863** (2.385)	1.783** (2.295)
Constant	0.326 (0.379)	− 3.226 (− 0.279)	− 3.146 (− 0.199)
Industry	Yes	Yes	Yes
Year	Yes	Yes	Yes
R^2	0.468	0.368	0.357
N	616	616	616

注：（1）＊、＊＊、＊＊＊表示10%、5%、1%的显著性水平；（2）括号内是 t 值。

2. 其他稳健性检验

本章从三个方面对实证结果进行稳健性检验：首先，考虑到机构投资者发挥治理效应可能存在滞后性，采取第三季度持股比例进行替代（回归结果见表 10 - 8）。其次，我们还进行了如下的稳健性检验：（1）审计质量的度量指标可能对实证结论产生干扰；（2）剔除管制行业，重新检验本书的结论。在进行上述调整后，重新对模型进行回归检验，主要结论与前文基本一致，说明结论较为稳健。

表 10 - 8（1） 机构投资者持股在任期管理影响审计质量中的调节作用

（DV = MAO/ AQ$_{zh}$，替换机构投资者持股比例）

变量	DV = MAO			DV = AQ$_{zh}$		
	任期管理注册会计师		过渡性注册会计师	任期管理注册会计师		过渡性注册会计师
	第 4 年	第 6、第 7 年	第 5 年	第 4 年	第 6、第 7 年	第 5 年
Tenure_mgmt	- 0. 736 **	- 0. 153 **	- 0. 781 *	- 0. 456 **	- 0. 153 **	- 0. 891 *
	(- 2. 183)	(- 2. 174)	(- 1. 792)	(- 2. 093)	(- 2. 174)	(- 1. 762)
INS$_{i,t}$	0. 004 *	0. 005 *	0. 003 **	0. 002 *	0. 005 *	0. 003 **
	(1. 795)	(1. 731)	(1. 971)	(1. 685)	(1. 731)	(1. 971)
Tenure_mgmt × INS$_{i,t}$	0. 003 *	0. 004 *	0. 004 *	0. 003 *	0. 004 *	0. 004 *
	(1. 791)	(1. 772)	(1. 751)	(1. 681)	(1. 762)	(1. 751)
CV	Yes	Yes	Yes	Yes	Yes	Yes
R^2	0. 387	0. 329	0. 382	0. 367	0. 329	0. 372
N	3 458	3 458	3 458	3 458	3 458	3 458

注：（1）＊、＊＊、＊＊＊表示10%、5%、1%的显著性水平；（2）括号内是 t 值。

表 10 - 8（2） 机构投资者持股在任期管理影响审计质量中的调节作用

（DV = ARAgg，替换机构投资者持股比例）

变量	DV = ARAgg		
	任期管理注册会计师		过渡性注册会计师
	第 4 年	第 6、第 7 年	第 5 年
Tenure_mgmt	0. 546 **	0. 323 **	0. 961 *
	(2. 183)	(2. 174)	(1. 852)
INS$_{i,t}$	- 0. 012 *	- 0. 014 *	- 0. 012 **
	(- 1. 855)	(- 1. 921)	(- 1. 971)
Tenure_mgmt × INS$_{i,t}$	- 0. 012 *	- 0. 013 *	- 0. 004 *
	(- 1. 851)	(- 1. 872)	(- 1. 831)
CV	Yes	Yes	Yes
R^2	0. 477	0. 429	0. 472
N	3 458	3 458	3 458

注：（1）＊、＊＊、＊＊＊表示10%、5%、1%的显著性水平；（2）括号内是 t 值。

10.4.4　进一步分析

我们承认，因为任期管理并不是未加计划地发生的，可能会存在内生性问题。比如，注册会计师可能会更愿意保留那些低风险的客户，因此更愿意对这些客户进行任期管理。虽然我们控制了那些可能影响审计风险的客户特点（比如是否亏损、资产负债率和账面市值比）、审计风险（审计业务复杂度和前一年审计意见），但模型中仍然可能有一些遗漏的未观测客户风险。为了确定我们的结果是否受到潜在的选择性偏误的影响，我们进行了进一步分析。

我们假设与审计风险相关的遗漏变量不会随着时间发生变化，用注册会计师任期前 3 年的样本重新回归，发现客户收到非标准审计意见的概率并未降低。

表 10 – 9　　任期 1~3 年的注册会计师对审计质量的影响结果

变量	DV = ARAgg	DV = MAO	DV = AQ$_{zh}$
Tenure_mgmt	0. 481 (0. 962)	− 0. 381 (− 0. 862)	− 0. 291 (− 0. 772)
Size	0. 662 *** (5. 616)	− 0. 562 *** (− 5. 516)	− 0. 472 *** (− 5. 426)
Loss	− 0. 335 *** (− 12. 468)	0. 235 *** (12. 368)	0. 145 *** (12. 278)
Turnover	0. 495 (1. 636)	− 0. 395 (− 1. 536)	− 0. 285 (− 1. 446)
Lev	− 0. 635 *** (− 7. 952)	0. 535 *** (7. 852)	0. 445 *** (7. 962)
BKMK	− 0. 202 (− 0. 686)	0. 102 (0. 586)	0. 012 (0. 496)
SOE	0. 491 (1. 345)	− 0. 391 (− 1. 245)	− 0. 281 (− 1. 155)
Big10	− 0. 389 (− 0. 798)	0. 289 (0. 698)	0. 199 (0. 588)
TA_CPA	− 0. 202 (− 0. 858)	0. 102 (0. 758)	0. 012 (0. 668)

续表

变量	DV = ARAgg	DV = MAO	DV = AQ$_{zh}$
Tenure_firm	0.246 (1.337)	-0.146 (-1.237)	-0.056 (-1.147)
ARINV	0.207 (0.393)	-0.107 (-0.293)	-0.017 (-0.183)
PreOpinion	-0.204 ** (-2.574)	0.104 ** (2.564)	0.014 ** (2.474)
Constant	-0.446 *** (-2.936)	0.346 *** (2.836)	0.256 *** (2.946)
R^2	0.462	0.382	0.374
N	3458	3458	3458

注：（1）*、**、*** 表示10%、5%、1%的显著性水平；（2）括号内是 t 值。

10.5　本章小结

本章考察注册会计师进行任期管理和超长累计任期对审计质量的影响。首先考察任期管理注册会计师过渡性注册会计师对审计质量的影响，其次考察任期管理情形下注册会计师超长累计任期对审计质量的影响，最后考察机构投资者持股在这两种影响中的调节作用。研究发现，注册会计师进行任期管理降低了审计质量，在任期管理情形下过渡性注册会计师也降低了审计质量；注册会计师累计任期越长，审计质量越低；机构投资者持股抑制了任期管理注册会计师和任期管理情形下注册会计师超长累计任期对审计质量的影响作用。

第 11 章　研究结论、政策启示与研究展望

本章在审计质量是什么、注册会计师任期管理为什么会影响审计质量、影响如何变化的基础上，探索未来值得进一步研究的空间。

11.1　研究结论

本书运用行为金融理论和高层梯队理论，采用制度分析、规范分析和实证分析的方法，借鉴国际经验和考虑我国制度背景，按照"理论研究—实证研究—对策研究"的思路，全面剖析了注册会计师任期管理和审计质量的关系，得出了一些观点。

第 1 篇我们首先回答了审计质量是什么的问题，包括审计质量文献综述和如何衡量审计质量。审计质量文献综述包括审计质量的影响因素和审计质量的经济后果两方面。审计质量的衡量首先反思现有替代变量，然后构建新的评价指标体系、对评价指标进行优化。

在回答了审计质量是什么之后，第 2 篇接下来回答注册会计师任期管理为什么会影响审计质量这一问题。首先探讨签字注册会计师背景特征是否会影响审计质量（第 4 章），然后剖析制度背景、审计师特征与审计质量研究（第 5 章）；接着在注册会计师背景特征中，着重考察注册会计师执业经验对审计质量的影响（第 6 章）；在对注册会计师执业经验分析的基础上，进一步考察注册会计师既有任期对审计质量的影响，注册会计师预期任期对审计质量的影响（第 7 章）；在研究注册会计师任期的过程中，我们发现了任期管理的现象，进而深入考察注册会计师任期管理对审计质

量的影响（第 8 章）。

第 4 章运用高阶梯队理论对签字注册会计师背景特征影响审计质量进行了理论和实证研究。（1）从理论上分析了签字注册会计师背景特征对审计质量的影响，具体包括签字注册会计师的性别对审计质量的影响，女性审计师可能更谨慎；签字注册会计师年龄对审计质量的影响，年龄越大的签字注册会计师主持项目的审计质量可能更高；签字注册会计师的学历与审计质量正相关；具有会计教育背景的签字注册会计师主持项目的审计质量可能更高；签字注册会计师的任期对审计质量的影响，任期长的签字注册会计师主持项目的审计质量可能更高。（2）实证检验了签字注册会计师背景特征对审计质量的影响。研究发现，年长的签字注册会计师负责项目的审计质量更高，高学历的注册会计师负责项目的审计质量更高，长任期的注册会计师负责项目的审计质量更高，而性别和教育背景没有对审计质量产生显著影响。从不同会计师事务所组织形式的回归结果来看，签字注册会计师性别、教育背景和任期对审计质量的影响无差异，年龄和学历只在有限合伙制会计师事务所组织形式下对审计质量发挥正向的影响。签字注册会计师背景特征对审计质量的影响在有内部培训资质的事务所更明显，而这一影响在非"十大"的会计师事务所更明显。

第 5 章研究审计师特征对审计质量的影响，选取样本为 1992～2019 年上市公司，理论基础为高阶梯队理论，首先考察审计师特征影响审计质量的结果，其次考虑在制度背景的调节作用下，审计师特征对审计质量影响的变化。研究结果表明，女性、学历高和党员注册会计师主持项目的审计质量较高。进一步研究发现，政府监管越严厉，审计师特征对审计质量的影响越强。媒体对企业的关注度越高，审计师特征对审计质量的影响越强。

第 6 章运用高阶梯队理论，研究我国 1992～2019 年注册会计师执业经验是否会影响审计质量，首先关注经验对审计质量的影响，其次考虑在政府监管、会计师事务所规模的调节作用下，签字注册会计师执业经验对审计质量影响的变化。研究结果表明，签字注册会计师执业经验对审计质量的影响呈现出先高后低的特点，即呈倒"U"形关系。上市公司被政府监管越严厉，签字注册会计师执业经验对审计质量的影响就会越强。会计师事务所规模越大，签字注册会计师执业经验对审计质量的影响就越强。

第 7 章考察注册会计师任期对审计质量的影响，以及媒体监督在其中的调节作用。研究发现，注册会计师既有任期与审计质量呈"U"形关系；签字注册会计师预期任期与审计质量正相关；媒体监督对既有任期影响审计质量的调节作用在特殊普通合伙制和非国有公司中更显著，在预期任期影响审计质量的调节作用只在特殊普通合伙制和非国有公司存在。

第 8 章考察注册会计师进行任期管理对审计质量的影响。首先考察任期管理注册会计师对审计质量的影响，其次考察任期管理情形下过渡性注册会计师对审计质量的影响，最后考察政府监管在这两种影响中的调节作用。研究发现，注册会计师进行任期管理降低了审计质量，在任期管理情形下过渡性注册会计师也降低了审计质量，政府监管抑制了任期管理注册会计师和任期管理情形下过渡性注册会计师对审计质量的影响作用。

在解决了审计质量是什么，注册会计师任期管理为什么会影响审计质量的问题之后，第 3 篇我们关注的是注册会计师任期管理对审计质量的影响如何变化的问题。首先关注的是注册会计师通过任期管理实现的超长累计任期是否会影响股价崩盘风险（第 9 章）。然后研究注册会计师超长累计任期对审计质量的影响，以及机构投资者持股的调节机制（第 10 章）。

不难发现，在注册会计师强制轮换制度下，出现了大量进行任期管理的现象，来实现事实上的超长累计任期。注册会计师任期对审计质量的影响是"学习效应"还是降低了独立性，学术界尚无定论；目前对注册会计师任期的研究集中于连续任期，对任期管理现象鲜有关注。第 9 章从资本市场反应角度研究注册会计师超长累计任期是否会影响股价崩盘风险，首先是理论分析，其次是传导路径分析。研究表明，注册会计师超长累计任期越长，股价崩盘风险越大；非效率投资是上述影响关系的完全中介因子，信息披露是部分中介因子。一系列稳健性检验的结果与前文的主要结论基本一致。

第 10 章考察注册会计师进行任期管理和超长累计任期对审计质量的影响。首先考察任期管理注册会计师过渡性注册会计师对审计质量的影响，其次考察任期管理情形下注册会计师超长累计任期对审计质量的影响，最后考察机构投资者持股在这两种影响中的调节作用。研究发现，注册会计师进行任期管理降低了审计质量，在任期管理情形下过渡性注册会计师也降低了审计质量；注册会计师累计任期越长，审计质量越低；机构投资者持股抑制了任期管理注册会计师和任期管理情形下注册会计师超长累计任期对审计质量的影响作用。

11.2　政策启示

在理论分析和实证研究的基础上，我们注意到，注册会计师的背景特征会影响到其行为选择和审计质量，本书提出如下提高审计质量的建议：

（1）要完善签字注册会计师选拔机制。研究表明，在关注审计质量时，不可忽视签字注册会计师背景特征的作用，研究结论对选拔和管理注册会计师，从根本上提高审计质量有重要借鉴。签字注册会计师的组成在突出团队整体优势的同时，可以适当保留风格上的差异，把优秀的人才安排在合适的岗位上。委任签字注册会计师要考虑人口背景特征和心理特征，从源头上组建高效的团队。这些研究结论表明，在研究签字注册会计师对审计质量的影响时，不仅要考虑人口背景特征，而且还要考虑执业经验、政府监管和会计师事务所规模的调节作用。同时，这些研究结论对于深入理解会计师事务所的审计行为，以及完善政府监管机制和加强会计师事务所人力资源管理都具有一定的启示意义。这些研究结论表明，在研究签字注册会计师任期对审计质量的影响时，不仅要考虑既有任期，而且还要考虑预期任期和媒体监督的调节作用。同时，这些研究结论对于深入理解会计师事务所的审计行为，以及完善媒体监督机制和加强人力资源管理都具有一定的启示意义。

（2）要完善会计师事务所决策机制。通过共同的决策机制和相机性决策机制来建立民主决策机制，通过事前调研、事中监控和事后总结来建立动态决策机制，实现事务所决策过程的民主和公正。

（3）要完善注册会计师审计的制度环境。研究表明，在分析审计师特征影响审计质量时，不可忽视制度背景的调节作用。本研究结论为加深理解会计师事务所审计行为，为会计师事务所和政府监管机构如何有的放矢地提高审计质量和完善注册会计师审计的制度环境提供制度安排上的经验证据。审计质量受到很多因素的影响，审计市场结构、媒体监督和政府监管等制度的影响不容忽视，提高审计质量，注册会计师和会计师事务所要努力，社会和监管部门也要共同努力。

（4）加强对会计师事务所的有效监管。已有文献关于注册会计师任期与审计质量的研究较多，主要聚焦于强制轮换制度对审计质量的影响，关注注册会计师自愿轮换进而进行任期管理的研究较少，本书从一个全新的视角来看这一问题，有助于深化对注册会计师任期问题的认识，即任期不是固定的，而是动态的；而且任期不全是被动的，是可以主动选择的。实施强制轮换制度就是担心任期过长会影响独立性，损害审计质量。但是注册会计师通过任期管理，有效地钻了政策漏洞，并且这一现象确实损害了审计质量，这提示监管部门后续在修订注册会计师强制轮换制度时，要考虑如何规避这一问题。本章进一步研究政府监管的调节作用，有助于揭示任期管理的注册会计师和任期管理情形下的过渡性注册会计师影响审计质量的抑制机制，为政府加强注册会计师审计质量的监管提供借鉴。本研究关注的问题对完善注册会计师轮换制度和资本市场健康发展提供理论指导，并为审计轮换制度改革提供经验证据。已有研究关注的是实施注册会计师强制轮换制度后，审计质量是提高了还是降低了，结论并不一致。这些研究结论不一致的重要原因是没有考虑注册会计师通过任期管理巧妙规避强制轮换制度这一现象，本章的研究将为政府部门如何制定更合理的审计轮换制度提供经验证据。比如是否需要借鉴欧盟的做法，要求会计师事务所强制轮换。

11.3 研究展望

本书关注了制度背景视角下注册会计师任期管理和审计质量之间的关系，取得了一些研究成果，但仍然有很多值得研究的地方：

（1）签字注册会计师非理性问题。现有研究对审计人的市场利益主体特性认识不够，假定审计师是理性经济人，对审计行为的研究不全面。未来可以用行为经济学的观点，结合社会学、行为科学和心理学理论，探讨注册会计师的过度自信、自恋等非理性行为的影响。

（2）审计质量的衡量。审计费用、非标准审计意见和盈余质量等替代变量有诸如交叉论证、样本的非同质性和替代变量的外生性等问题，本书构建的审计质量综合评价指标也还有很多值得进一步改进的地方。如何更好地对审计质量进行衡量，建立一个公认的审计质量综合评价指标，还有很长的路要走，与实务界合作、用案例研究的方法进行探索或许可以尝试。

（3）事务所内部治理机制的研究。张立民（2006）认为，国内的事务所在组织形式、利益分配和内部制衡机制方面存在不足。中注协于2007年5月发布的《会计师事务所内部治理指南》指引我们，可以通过实地访谈、问卷调查和实验研究的方法关注事务所内部治理现状和完善途径。

（4）转型经济背景下审计质量作用机理的研究。我国上市公司早期对高质量审计需求较低，原因是主要面向政府和管制机构。王等（2008）研究发现，有效审计需求随着市场、法律发育程度的提高而提高。我国经济转型过程中的制度变更决定了审计的需求特征可能表现出阶段性，现有研究未能对需求约束下审计质量的影响路径和经济后果进行研究，不能恰当评价转型过程中制度安排的绩效和变化趋势。

（5）样本缺失的问题。由于客观原因，本研究也有其局限性。中国注册会计师协会网站披露的是在职签字注册会计师的信息，那些曾经参与过上市公司审计但现已离职或者退休的注册会计师信息我们无法获取，对这些样本的剔除是研究中的一个遗憾，也是无奈之举，这可能会对研究结论产生影响。由于客观原因，本研究也存在一定的局限性。如用媒体监督的负面报道次数来度量媒体监督力度，没有对正面报道、中立报道进行考虑，这是受媒体的正面报道和中立报道难以严格区分的限制。又如，中国注册会计师协会网站只披露在职签字注册会计师的信息，许多签字注册会计师由于离职或者退休，无法获取其信息，本文剔除这些样本，可能存在自选择问题，从而影响结论。

（6）专家建议研究注册会计师个人特征与"任期管理"有无关联、有怎样的关联，给我们未来的研究提供了非常好的研究方向，后续我们将围绕这一问题进行进一步的探讨。

参考文献

1. 白云霞，陈华，黄志忠．法律环境、审计质量与 IPO 首日回报——来自国有 IPO 公司的证据［J］．审计研究，2009，3：67－73.

2. 薄仙慧，吴联生．国有控股与机构投资者的治理效应：盈余管理视角［J］．经济研究，2009，2：81－92.

3. 蔡春，黄益建，赵莎．关于审计质量对盈余管理影响的实证研究［J］．审计研究，2005，2：3－10.

4. 曹强，葛晓舰．事务所任期、行业专门化与财务重述［J］．审计研究，2009，6：59－68.

5. 曾姝，李青原．税收激进行为的外溢效应——来自共同审计师的证据［J］．会计研究，2016，6：70－76.

6. 曾雪云，伍利娜，王雪．上市公司审计委员会的履职活动与潜在绩效［J］．财经研究，2016，42（2）：132－144.

7. 曾亚敏，张俊生．会计师事务所合并对审计质量的影响［J］．审计研究，2010，5：53－60.

8. 陈冬华，章铁生，李翔．法律环境、政府管制与隐性契约［J］．经济研究，2008，3：60－72.

9. 陈辉发，蒋义宏，王芳．发审委身份公开、会计师事务所声誉与 IPO 公司盈余质量［J］．审计研究，2012，1：60－68.

10. 陈小林，林昕．盈余管理、盈余管理属性与审计意见——基于中国证券市场的经验证据［J］．会计研究，2011，6：77－85.

11. 陈小林，张雪华，闫焕民．事务所转制、审计师个人特征与会计稳健性［J］．会计研究，2016，6：77－85.

12. 陈艳萍. 我国审计市场竞争态势：完全竞争还是垄断竞争？［J］. 会计研究，2011，6：92-94.

13. 陈运森，王玉涛. 审计质量、交易成本与商业信用模式［J］. 审计研究，2010，6：77-85.

14. 程璐，陈宋生. 审计市场供需不平衡、事务所选聘与审计收费［J］. 会计研究，2016，5：87-94.

15. 储一昀，仓勇涛，王琳. 财务分析师能认知审计任期的信息内涵吗？［J］. 会计研究，2011，1：90-94.

16. 褚剑，方军雄. 中国式融资融券制度安排与股价崩盘风险的恶化［J］. 经济研究，2016，5：143-158.

17. 崔文迁，陈敏. 非经常性损失与监管利润关系及对审计的启示［J］. 审计研究，2010，2：91-96.

18. 杜兴强，谭雪. 董事会国际化与审计师选择：来自中国资本市场的经验证据［J］. 审计研究，2016，3：98-104.

19. 方红星，戴捷敏. 公司动机、审计师声誉和自愿性内部控制鉴证报告——基于 A 股公司 2008-2009 年年报的经验研究［J］. 会计研究，2012，2：87-95.

20. 方红星，孙嚣，金韵韵. 公司特征、外部审计与内部控制信息的自愿披露——基于沪市上市公司 2003-2005 年年报的经验研究［J］. 会计研究，2009，10：44-52.

21. 方红星，张勇. 供应商/客户关系型交易、盈余管理与审计师决策［J］. 会计研究，2016，1：79-86.

22. 方军雄，洪剑峭. 异常审计收费与审计质量的损害——来自中国审计市场的证据［J］. 中国会计评论，2008，6（4）：425-441.

23. 方军雄. 审计收费信息强制披露的经济后果性研究——来自中国审计市场的证据［J］. 中国会计与财务研究，2010，12：109-145.

24. 方先明，高爽. 上市公司管理层修正公告策略的市场反应［J］. 中国工业经济，2018，2：176-192.

25. 方哲. 关于会计师事务所业务质量检查审计结果公告的市场反应

〔J〕. 审计研究，2008，6：17 – 22.

26. 冯延超，梁莱歆. 上市公司法律风险、审计收费及非标准审计意见——来自中国上市公司的经验证据〔J〕. 审计研究，2010，3：75 – 81.

27. 龚启辉，李琦，吴联生. 政府控制对审计质量的双重影响〔J〕. 会计研究，2011，8：68 – 75.

28. 龚启辉，李志军，王善平. 资源控制权与审计师轮换的治理效应〔J〕. 审计研究，2011，5：73 – 81.

29. 龚启辉，王善平. 审计师轮换规制效果的比较研究〔J〕. 审计研究，2009，3：81 – 90.

30. 郭照蕊. 国际四大与高审计质量——来自中国证券市场的证据〔J〕. 审计研究，2011，1：98 – 107.

31. 韩东京. 所有权结构、公司治理与外部审计监督——来自我国上市公司的经验证据〔J〕. 审计研究，2008，2：55 – 64.

32. 贺建刚，魏明海，刘峰. 利益输送、媒体监督与公司治理：五粮液案例研究〔J〕. 管理世界，2008，10：141 – 150.

33. 洪金明，徐玉德，李亚茹. 信息披露质量、控股股东资金占用与审计师选择——来自深市 A 股上市公司的经验证据〔J〕. 审计研究，2011，2：107 – 112.

34. 胡继荣，王耀明. 论 CPA 不确定性审计意见预测——基于重大疑虑事项的持续经营〔J〕. 会计研究，2009，6：81 – 87.

35. 贾平，陈关亭. 公允价值计量下审计质量的作用研究〔J〕. 审计研究，2010，3：59 – 66.

36. 姜付秀，伊志宏，苏飞等. 管理者背景特征与企业过度投资行为〔J〕. 管理世界，2009，1：130 – 139.

37. 李海燕，厉夫宁. 独立审计对债权人的保护作用——来自债务代理成本的证据〔J〕. 审计研究，2008，3：81 – 93.

38. 李培功，沈艺峰. 媒体的公司治理作用：中国的经验证据〔J〕. 经济研究，2010，4：14 – 27.

39. 李青原. 会计信息质量、审计监督与公司投资效率——来自我国上市公司的经验证据［J］. 审计研究，2009，4：65 - 73.

40. 李晓慧，曹强，孙龙渊. 审计声誉毁损与客户组合变动——基于1999 - 2014 年证监会行政处罚的经验证据［J］. 会计研究，2016，4：85 - 91.

41. 李增泉. 关系型交易的会计治理——关于中国会计研究国际化的范式探析［J］. 财经研究，2017，2：4 - 33.

42. 李长爱，申慧慧. 我国注册会计师行业监管效率研究［J］. 审计研究，2008，5：74 - 80.

43. 梁权熙，曾海舰. 独立董事制度改革、独立董事的独立性与股价崩盘风险［J］. 管理世界，2016，3：144 - 159.

44. 廖义刚，张玲，谢盛纹. 制度环境、独立审计与银行贷款——来自我国财务困境上市公司的经验证据［J］. 审计研究，2010，2：62 - 69.

45. 刘斌，王杏芬，李嘉明. 多客户审计、审计公司组织形式与审计失败［J］. 审计研究，2008，1：90 - 96.

46. 刘峰，谢斌，黄宇明. 规模与审计质量：店大欺客与客大欺店？——基于香港市场大陆上市公司的经验数据［J］. 审计研究，2009，3：45 - 54.

47. 刘峰，赵景文，涂国前等. 审计师聘约权安排重要吗？——审计师声誉角度的检验［J］. 会计研究，2010，12：49 - 56.

48. 刘峰，周福源. 国际四大意味着高审计质量吗？——基于会计稳健性角度的检验［J］. 会计研究，2007，3：79 - 87.

49. 刘更新，蔡利. 审计管制、审计责任与审计质量研究——基于法律标准不确定性影响的分析［J］. 审计研究，2010，3：67 - 74.

50. 刘桂良，牟谦. 审计市场结构与审计质量：来自中国证券市场的经验证据［J］. 会计研究，2008，6：85 - 92.

51. 刘继红. 高管会计师事务所关联、审计任期与审计质量［J］. 审计研究，2011，2：63 - 70.

52. 刘力，马贤明. 审计委员会与审计质量——来自中国 A 股市场的经验证据［J］. 会计研究，2008，7：84 - 89.

53. 刘明辉, 李黎, 张羽. 我国审计市场集中度与审计质量关系的实证分析 [J]. 会计研究, 2003, 7: 37 - 41.

54. 刘启亮, 李蕙, 赵超等. 媒体负面报道、诉讼风险与审计费用 [J]. 会计研究, 2014, 6: 81 - 88.

55. 刘启亮, 李祎, 张建平. 媒体负面报道、诉讼风险与审计契约稳定性——基于外部治理视角的研究 [J]. 管理世界, 2013, 11: 144 - 154.

56. 刘启亮, 唐建新. 学习效应、私人关系、审计任期与审计质量 [J]. 审计研究, 2009, 4: 52 - 64.

57. 刘启亮, 余宇莹, 陈汉文. 签字会计师任期与审计质量: 来自中国大陆证券市场的经验证据 [J]. 中国会计与财务研究, 2008, 2: 1 - 61.

58. 刘启亮, 周连辉, 付杰, 肖建. 政治联系、私人关系、事务所选择与审计合谋 [J]. 审计研究, 2010, 4: 66 - 77.

59. 刘笑霞, 李明辉. 会计师事务所人力资本特征与审计质量——来自中国资本市场的经验证据 [J]. 审计研究, 2012, 2: 82 - 89.

60. 刘笑霞, 李明辉, 杨鑫. 审计师质量对资本结构的影响 [J]. 科研管理, 2016, 37 (11): 128 - 134.

61. 陆正飞, 王春飞, 伍利娜. 制度变迁、集团客户重要性与非标准审计意见 [J]. 会计研究, 2012, 10: 71 - 78.

62. 马莉. 论审计师行业专长及其对审计质量的影响 [D]. 东北财经大学, 2011.

63. 欧进士, 苏瓜藤, 周玲台. 审计报告对预测银行授信失败有用性之实证研究 [J]. 会计研究, 2011, 5: 86 - 91.

64. 潘越, 戴亦一, 吴超鹏, 刘建亮. 社会资本、政治关系与公司投资决策 [J]. 经济研究, 2009, 11: 82 - 94.

65. 权小锋, 陆正飞. 投资者关系管理影响审计师决策吗? ——基于A股上市公司投资者关系管理的综合调查 [J]. 会计研究, 2016, 2: 73 - 80.

66. 权小锋, 吴世农, 尹洪英. 企业社会责任与股价崩盘风险: "价值利器" 或 "自利工具" [J]. 经济研究, 2015, 11: 49 - 64.

67. 宋衍蘅, 付皓. 事务所审计任期会影响审计质量吗? ——来自发布补充更正公告的上市公司的经验证据 [J]. 会计研究，2012，1：75 – 80.

68. 宋衍蘅，肖星. 监管风险、事务所规模与审计质量 [J]. 审计研究，2012，3：83 – 89.

69. 宋衍蘅，张海燕. 继任审计师关注前任审计师的声誉吗？——前任会计师事务所的审计质量与可操控性应计利润 [J]. 审计研究，2008，1：61 – 66.

70. 孙永军，丁莉娜. 审计质量评价研究：基于我国 100 强事务所的数据分析 [J]. 审计研究，2009，6：47 – 52.

71. 谭楚月，段宏. 审计质量只能替代吗？——来自实证研究的结论分析 [J]. 会计研究，2014，7：89 – 95.

72. 田野，陈全. 审计师变更时机、年报审计意见分歧与审计质量——来自中国证券市场的经验证据 [J]. 中国会计与财务研究，2011，2：45 – 107.

73. 王爱国，尚兆燕. 法律惩戒、审计意见与审计变通行为——来自上市公司的数据 [J]. 审计研究，2010，2：54 – 61.

74. 王兵，苏文兵，何孟庄. "四大"审计质量在中国存在差异吗？ [J]. 审计研究，2011，6：89 – 97.

75. 王兵，辛清泉，杨德明. 审计师声誉影响股票定价吗——来自 IPO 定价市场化的证据 [J]. 会计研究，2009，11：73 – 81.

76. 王兵，辛清泉. 分所审计是否影响审计质量和审计收费？ [J]. 审计研究，2010，2：70 – 76.

77. 王春飞，伍利娜，陆正飞. 企业集团统一审计与审计质量 [J]. 会计研究，2010，11：65 – 71.

78. 王春飞，吴溪，曾铁兵. 会计师事务所总分所治理与分所首次业务承接——基于中国注册会计师协会报备数据的分析 [J]. 会计研究，2016，3：87 – 94.

79. 王化成，曹丰，叶康涛. 季度还是掏空：大股东持股比例与股价崩盘风险 [J]. 管理世界，2015，2：45 – 57，187.

80. 王良成，韩洪灵. 大所的审计质量一贯的高吗？——来自我国上市公司配股融资的经验证据 [J]. 审计研究，2009，3：55 – 66.

81. 王少飞，孙铮，张旭．审计意见、制度环境与融资约束——来自我国上市公司的实证分析［J］．审计研究，2009，3：55 – 66.

82. 王少飞，唐松，李增泉等．盈余管理、事务所客户资源控制权的归属与审计质量——来自中国证券市场的经验证据［J］．审计研究，2010，1：55 – 64.

83. 王世权，张爽，刘雅琦．母子公司关系网络影响管理审计的内在机理——基于宝钢集团的案例研究［J］．会计研究，2016，2：81 – 88.

84. 王晓珂，王艳艳，于李胜等．审计师个人经验与审计质量［J］．会计研究，2016，9：75 – 81.

85. 王遥．注册会计师审计行为的影响因素分析——基于行为金融学的"非理性"假定［J］．审计研究，2008，2：72 – 78.

86. 王烨．股权控制链、代理冲突与审计师选择［J］．会计研究，2009，6：65 – 72.

87. 王翊，杨小龙．管理层权力与审计师选择［J］．财会通讯，2014，10（下）：17 – 19.

88. 魏志华，李常青，曾爱民．家族控制、审计监督与公司治理——基于年报补充更正视角的经验证据［J］．审计研究，2009，6：69 – 78.

89. 吴超鹏，吴世农，程静雅，王璐．风险投资对上市公司投融资行为影响的实证研究［J］．经济研究，2012，1：105 – 119，160.

90. 吴昊旻，王华．代理冲突及其制度渊源、事务所规模与审计质量［J］．审计研究，2010，5：68 – 72.

91. 吴溪．会计师事务所为新承接的审计客户配置了更有经验的项目负责人吗？［J］．中国会计与财务研究，2009，3：1 – 59.

92. 吴溪．监管处罚中的"重师轻所"及其后果：经验证据［J］．会计研究，2008，8：23 – 31.

93. 伍利娜．审计定价影响因素研究——来自中国上市公司首次审计费用披露的证据［J］．中国会计评论，2003，1（1）：113 – 128.

94. 夏冬林，林震昃，我国审计市场的竞争状况分析［J］．会计研究，2003，3：40 – 46.

95. 谢德仁，郑登津，崔宸瑜．控股股东股权质押是潜在的"地雷"吗？——基于股价崩盘风险视角的研究 [J]．管理世界，2016，5：128 - 140，188.

96. 谢盛纹，刘杨晖．审计师变更、前任审计师任期和会计信息可比性 [J]．审计研究，2016，2：82 - 89.

97. 谢盛纹，闫焕民．换"所"不换"师"式变更、超工具性关系与审计质量 [J]．会计研究，2013，12：86 - 91.

98. 谢盛纹，闫焕民．事务所轮换与签字注册会计师轮换的成效对比研究 [J]．审计研究，2014，4：81 - 88，112.

99. 辛清泉，黄崑．监管政策、审计意见和审计师谨慎性 [J]．中国会计与财务研究，2009，1：60 - 121.

100. 许年行，江轩宇，伊志宏，徐信忠．分析师利益冲突、乐观偏差与股价崩盘风险 [J]．经济研究，2012，7：127 - 140.

101. 许年行，于上尧，伊志宏．机构投资者羊群行为与股价崩盘风险 [J]．管理世界，2013，7：31 - 43.

102. 许言，邓玉婷，陈钦源，许年行．高管任期与公司坏消息的隐藏 [J]．金融研究，2017，12：174 - 190.

103. 颜延，张为国．会计准则导向、审计收费与审计意见收买 [J]．中国会计与财务研究，2009，1：1 - 59.

104. 耀友福，胡宁，周兰．审计师变更、事务所转制与股价崩盘风险 [J]．审计研究，2017，3：97 - 104.

105. 叶建芳，陈辉发，蒋义宏．法律渊源、投资者保护与审计质量——来自全球主要股票市场的证据 [J]．审计研究，2010，4：78 - 88.

106. 余玉苗，宋子龙，刘颖斐．年报预约披露、时间压力传导与独立审计质量 [J]．审计研究，2016，2：58 - 65.

107. 喻小明，聂新军，刘华．事务所客户重要性影响审计质量吗？——来自 A 股市场 2003 - 2006 年的证据 [J]．会计研究，2008，10：66 - 72.

108. 原红旗，韩维芳．会计师事务所的地区竞争优势与审计质量 [J]．审计研究，2012，2：67 - 74.

109. 翟胜宝，张雯，曹源，朴仁玉．分析师跟踪与审计意见购买 [J]．会计研究，2016，6：86-93.

110. 张娟，黄志忠，李明辉．签字注册会计师强制轮换制度提高了审计质量吗？——基于中国上市公司的实证研究 [J]．审计研究，2011，5：82-89.

111. 张俊生，曾亚敏．中国本土会计师事务所合并与客户企业可控应计 [J]．中国会计与财务研究，2011，3：85-128.

112. 张敏，冯虹茜，张雯．机构持股、审计师选择与审计意见 [J]．审计研究，2011，6：82-88.

113. 张兆国，刘亚伟，亓小林．管理者背景特征、晋升激励与过度投资研究 [J]．南开管理评论，2013，4：32-42.

114. 张兆国，刘亚伟，杨清香．管理者任期、晋升激励与研发投资研究 [J]．会计研究，2014，9：81-88.

115. 张兆国，刘永丽，谈多娇．管理者背景特征与会计稳健性——来自中国上市公司的经验证据 [J]．会计研究，2011，7：11-18.

116. 赵保卿，朱蝉飞．注册会计师审计质量控制的博弈分析 [J]．会计研究，2009，4：87-93.

117. 赵艳秉，张龙平．审计质量度量方法的比较与选择——基于我国 A 股市场的实证检验 [J]．经济管理，2017，146-157.

118. 郑军，林钟高，彭琳．法制环境、政治关系、审计师选择与审计定价——来自中国民营上市公司的经验证据 [J]．中国会计与财务研究，2012，1：1-55.

119. 周中胜，陈汉文．独立审计有用吗？——基于资源配置效率视角的经验研究 [J]．审计研究，2008，6：49-58.

120. 朱春艳，伍利娜．上市公司违规问题的审计后果研究——基于证券监管部门处罚公告的分析 [J]．审计研究，2009，4：42-51.

121. 朱红军，何贤杰，孙跃等．市场在关注审计师的职业声誉吗？——基于"科龙电器事件"的经验与启示 [J]．审计研究，2008，4：44-52.

122. 注册会计师执业环境问题课题组. 注册会计师执业环境与审计质量问题研究——供给与需求的视角 [J]. 会计研究，2006，10：72 - 78.

123. Ashbaugh-skaife H，Collins D W，Kinney W R，et al. The Effect of SOX Internal Control Deficiencies and Their Remediation on Accrual Quality [J]. *The Accounting Research*，2008，83（1）：217 - 250.

124. Bamber L，Jiang J，Wang I. What's My Style? The Influence of Top Managers on Voluntary Corporate Financial Disclosure [J]. *The Accounting Review*，2010，85（4）：1131 - 1162.

125. Beck P J，Wu M G H. Learning by Doing and Audit Quality [J]. *Contemporary Accounting Research*，2006，23（1）：1 - 30.

126. Becker C L，Defond M L，Jiambalvo J，et al. The Effect of Audit Quality on Earnings Management [J]. *Contemporary Accounting Research*，1998，15（1）：1 - 24.

127. Bedard J，Coram P，Mock T J. Does Recent Academic Research Support Changes to Audit Reporting Standards? [J]. *Accounting Horizons*，2016，30（2）：255 - 275.

128. Bedard J. Expertise and Its Relation to Audit Decision Quality [J]. *Contemporary Accounting Research*，1991，8（1）：198 - 219.

129. Behn B K，Choi J，Kang T. Audit Quality and Propertises of Analyst Earnings Forecasts [J]. *The Accounting Review*，2008，83（2）：327 - 349.

130. Bell T. ，M. Causholli，W. Knechel. Audit Firm Tenure，Non-audit Services，and Internal Assessments of Audit Quality [J]. *Journal of Accounting Research*，2015，53（3）：461 - 509.

131. Bertrand M，Schoar A. Managing with Style：The Effect of Managers on Firm Policies [J]. *The Quarterly Journal of Economics*，2003，118（4）：1169 - 1208.

132. Bleibtreu C. ，U. Stefani. The Effects of Mandatory Audit Firm Rotation on Client Importance and Audit Industry Concentration [J]. *The Accounting Review*，2018，93（1）：1 - 27.

133. Bloomfield R, Nelson M W, Soltes E. Gathering Data for Archival, Field, Survey, and Experimental Accounting Research [J]. *Journal of Accounting Research*, 2016, 54 (2): 341 – 395.

134. Boone C, Olffen W V, Witteloostuijn A V, Brabander B D. The Genesis of Top Management Team Diversity: Selective Turnover among Top Management Teams in Dutch Newspaper Publishing 1970 – 1994 [J]. *Academy of Management Journal*, 2004, 47 (5): 633 – 656.

135. Brasel K, Doxey M M, Grenier J H, Reffett A. Risk Disclosure Preceding Negative Outcomes: the Effects of Reporting Critical Audit Matters on Judgments of Auditor Liability [J]. *The Accounting Review*, 2016, 91 (5): 1345 – 1362.

136. Brown C D, Raghunandan K. Audit Quality in Audits of Federal Programs by Non-federal Auditors [J]. *Accounting Horizons*, 1995 (93): 1 – 10.

137. Brown S. V. , W. R. Kenechel. Auditor-client Compatibility and Audit Firm Selection [J]. *Journal of Accounting Research*, 2016, 54 (3): 725 – 775.

138. Bryan D, Liu M H, Trias L, Zhuang Z. Optimal Versus Suboptimal Choices of Accounting Expertise on Audit Committees and Earnings Quality [J]. *Review of Accounting Studies*, 2013, 18 (4): 1123 – 1158.

139. Burmett B M, Cripe B M, Maritn G W, et al. Audit Quality and the Trade-off between Accretive Stock Repurchases and Accrual-based Earnings Management [J]. *The Accounting Review*, 2012, 87 (6): 1861 – 1884.

140. Bushee B J, Core J E, Guay W, Hamm S J W. The Role of the Business Press as An Information Intermediary [J]. *Journal of Accounting Research*, 2010, 48 (1): 1 – 19.

141. Cahan S, Zhang W, Veenman D. Did the Waste Management Audit Failures Signal Lower Firm-Wide Audit Quality at Arthur Andersen? [J]. *Contemporary Accounting Research*, 2011, 28 (3): 859 – 836.

142. Callen J L, X Fang. Religion and Stock Price Crash Risk [J]. *Journal of Financial and Quantitative Analysis*, 2015, 50 (1/2): 169 – 195.

143. Callen J. L. , X. Fang. Crash Risk and the Auditor-client Relationship [J]. *Contemporary Accounting Research*, 2017, 34 (3): 1715 – 1750.

144. Camelo-Ordaz C, Hernandez-Lara A B, Ramon V R. The Relationship between Top Management Teams and Innovative Capacity in Companies [J]. *Journal of Management Development*, 2005, 24 (8): 683 – 705.

145. Cao J, Chen F, Higgs J L. Late for a Very Important Date: Financial Reporting and Audit Implications of Late 10-K Filings [J]. *Review of Accounting Studies*, 2016, 21: 633 – 671.

146. Casterella J R, Jensen K L, Knechel W B. Is Self-regulated Peer Review Effective at Signaling Audit Quality? [J]. *The Accounting Review*, 2009, 84 (3): 713 – 735.

147. Chan D K, Kit P W. Scope of Auditors' Liability, Audit Quality, and Capital Investment [J]. *Review of Accounting Studies*, 2002, 7 (1): 97 – 122.

148. Chan K H, Lin K Z, Mo P H. A Political-Economic Analysis of Auditor Reporting and Auditor Switches [J]. *Review of Accounting Studies*, 2006, 11 (1): 21 – 48.

149. Chan K H, Mo P H. Ownership Effects on Audit-Detected Error Characteristics: An Empirical Study in an Emerging Economy [J]. *The International Journal of Accounting*, 1988, 33 (2): 235 – 261.

150. Chan K H, Wu D. Aggregate Quasirents and Auditor Independence: Evidence from Audit Firm Mergers in China [J]. *Contemporary Accounting Research*, 2011, 28 (1): 175 – 213.

151. Chen C J P, Su X J, Zhao R. An Emerging Market's Reaction to Initial Modified Audit Opinions: Evidence from the Shanghai Stock Exchange [J]. *Contemporary Accounting Research*, 2000, 17 (3): 429 – 455.

152. Chen C Y, Lin C J, Lin Y C. Audit Partner Tenure, Audit Firm Tenure, and Discretionary Accruals: Does Long Auditor Tenure Impair Earnings Quality? [J]. *Contemporary Accounting Research*, 2008, 25 (2): 415 – 445.

153. Chen F, Peng S, Xue S, et al. Do Audit Clients Successfully Engage

in Opinion Shopping? Partner-level Evidence [J]. *Journal of Accounting Research*, 2016, 54 (1): 79 – 112.

154. Chen F, O K Hope, Q Y Li, X. Wang. Financial Reporting Quality and Investment Efficiency of Private Firms in Emerging Markets [J]. *The Accounting Review*, 2011, 86 (4): 1255 – 1288.

155. Chen H, Chen J Z, Lobo G J, et al. Effects of Audit Quality on Earnings Management and Cost of Equity Capital: Evidence from China [J]. *Contemporary Accounting Research*, 2011, 28 (3): 892 – 925.

156. Chen K, Cheng Q, Lin Y C, et al. Financial Reporting Quality of Chinese Reverse Merger Firms: The Reverse Merger Effect or the Weak Country Effect? [J]. *The Accounting Review*, 2016, 91 (5): 1363 – 1390.

157. Chen P F, He S, Ma Z, Stice D. The Information Role of Audit Opinions in Debt Contracting [J]. *Journal of Accounting and Economics*, 2016, 61: 121 – 144.

158. Chen S, Sun S Y J, Wu D. Client Importance, Institutional Improvements, and Audit quality in China: An Office and Individual Auditor Level Analysis [J]. *The Accounting Review*, 2010, 85 (1): 127 – 158.

159. Chi W, Huang H, Liao Y, Xie H. Mandatory Audit-partner Rotation, Audit Quality and Market Perception: Evidence from Taiwan [J]. *Contemporary Accounting Research*, 2009, 26 (2): 359 – 391.

160. Chi W, Lisic L L, Pevzner M. Is Enhanced Audit Quality Associated with Greater Real Earnings Managemnt? [J]. *Accounting Horizons*, 2011, 25 (2): 315 – 335.

161. Chin C, Chi C Y. Reducing Restatements with Increased Industry Expertise [J]. *Contemporary Accounting Research*, 2009, 26 (3): 729 – 765.

162. Christensen B E, Glover S M, Omer T C, Shelley M K. Understanding Audit Quality: Insights from Audit Professionals and Investors [J]. *Contemporary Accounting Research*, 2016, 33 (40): 1648 – 1684.

163. Church B, Davis S, McCraken S. The Auditor's Reporting Model: A

Literature Overview and Research Synthesis [J]. *Accounting Horizons*, 2008, 22 (1): 69 – 90.

164. Clarkson P M, Simunic D A. The Association between Audit Quality, Retained Ownership, and Firm-specific Risk in US versus Canadian IPO Markets [J]. *Journal of Accounting and Economics*, 1994, 17 (1 – 2): 207 – 228.

165. Collins D, Kothari S. An Analysis of the Cross-sectional and Intertemporal Determinants of Earnings Response Coefficients [J]. *Journal of Accounting and Economics*, 1989, 11 (2 – 3): 143 – 181.

166. Copley P A, Doucet M S, Gacer K M. A Simultaneous Equations Analysis of Quality Conteol Review Outcomes and Engagement Fees for Audits of Recipients of Federal Financial Assistance [J]. *The Accounting Review*, 1994, 69 (1): 244 – 256.

167. Craswell A, Francis J, Taylor S. Auditor Brand Name Reputations and Industry Specializations [J]. *Journal of Accounting and Economics*, 1995, 20 (3): 297 – 323.

168. Dao M, Raghunandan K, Rama D V. Shareholder Voting on Auditor Selection, Audit Fees, and Audit Quality [J]. *The Accounting Review*, 2012, 87 (1): 149 – 171.

169. Datar S, Feltham G A, Hughes J S. The Role of Audits and Audit Quality in Valuing New Issues [J]. *Journal of Accounting and Economics*, 1991, 14 (1): 3 – 49.

170. Davis L R, Soo B S, Trompeter G M. Auditor Tenure and the Ability to Meet or Beat Earnings Forecasts [J]. *Contemporary Accounting Research*, 2009, 26 (2): 517 – 548.

171. DeAngelo L., Auditor Independence, 'Low-balling' and Disclosure Regulation [J]. *Journal of Accounting and Economics*, 1981a, (3): 113 – 127.

172. DeAngelo L. E. Auditor Size and Audit Quality [J]. *Journal of Accounting and Economics*, 1981b, 3 (3): 183 – 199.

173. DeFond M L, Lennox C S. The Effect of SOX on Small Auditor Exits

and Audit Quality ［J］. *Journal of Accounting and Economics*, 2011, 52（1）: 21 - 40.

174. DeFond M L, Wong T J, Li S. The Impact of Improved Auditor Independence on Audit Market Concentration in China ［J］. *Journal of Accounting and Economics*, 2000, 28（3）: 269 - 305.

175. DeFond M, Francis J. Audit Research after Sarbanes-Oxley ［J］. *Auditing: A Journal of Practice and Theory*, 2005, 24（Supplement）: 5 - 30.

176. DeFond M, Zhang J. A Review of Archival Auditing Research ［J］. *Jounal of Accounting and Economics*, 2014, 58（2/3）: 275 - 326.

177. Deng M, Lu T, Simunic D, et al. Do Joint Audits Improve or Impair Audit Quality ［J］. *Journal of Accounting Research*, 2014, 52（5）: 1029 - 1060.

178. Dhaliwal D, Naiker V, Navissi F. The Association Between Accruals Quality and the Characteristics of Accounting Experts and Mix of Expertise on Audit Committees ［J］. *Contemporary Accounting Research*, 2010, 27（3）: 787 - 812.

179. Dunn K A, Mayhew B W. Audit Firm Industry Specializaion and Client Disclosure Quality ［J］. *Review of Accounting Studies*, 2004, 9（1）: 35 - 58.

180. Dyck A, Volchkova N, Zingales L. The Corporate Governance Role of the Meidia: Evidence from Russia ［J］. *Journal of Finance*, 2008, 63（3）: 1093 - 1135.

181. Dyck A, Zingales L. Private Benefits of Control: An International Comparison ［J］. *Journal of Finance*, 2004, 59（2）: 537 - 600.

182. Dyreng S D, Hanlon M, Maydew E L. The Effects of Executives on Corporate Tax Avoidance ［J］. *The Accounting Review*, 2010, 85（4）: 1163 - 1189.

183. Faccio M. Politically Connected Firms ［J］. *American Economic Review*, 2006, 96（1）: 369 - 386.

184. Fama E F, Jensen M C. Agency Problems and Residual Claims ［J］. *Journal of Law and Economics*, 1983, 26（2）: 327 - 349.

185. Fama E F. Agency Problems and the Theory of the Firm ［J］. *The*

Journal of Political Economy, 1980, 88 (2): 288 – 307.

186. Fan J P H, Wong T J. Do External Auditors Perform a Corporate Governance Role in Emerging Markets? Evidence from East Asia [J]. *Journal of Accounting Research*, 2005, 43 (1): 35 – 72.

187. Fang J, Pittman J, Zhang Y, et al. Auditor Choice and its Implications for Group-affiliated Firms [J]. *Contemporary Accounting Research*, 2017, forthcoming.

188. Fang L, Peress J. Media Coverage and the Cross-section of Stock Returns [J]. *Journal of Finance*, 2009, 64 (5): 2023 – 2052.

189. Fellner G, Maciejovsky B. Risk Attitude and Market Behavior: Evidence from Experimental Asset Markets [J]. *Journal of Economic Psychology*, 2007, 28 (3): 338 – 350.

190. Firth M, Fung P M Y, Rui O M. Ownership, Two-tier Board Structure, and the Informativeness of Earnings: Evidence from China [J]. *Journal of Accoutning and Public Policy*, 2007, 26 (4): 463 – 496.

191. Firth M. An Analysis of Audit Fees and their Determinants in New Zealand Auditing [J]. *Auditing: A Journal of Practice and Theory*, 1985, 4 (2): 23 – 37.

192. Fischbacher U, Stefani U. Strategic Errors and Audit Quality: An Experimental Investigation [J]. *The Accounting Review*, 2007, 82 (3): 679 – 704.

193. Francis B B, D M Hunter, D M. Robison, X. Yuan. Auditor changes and the cost of bank debt [J]. *The Acconting Review*, 2017, 92 (3): 1 – 30.

194. Francis J R, Michas P N. The Contagion Effect of Low-quality Audits [J]. *The Accounting Review*, 2013, 88 (2): 521 – 539.

195. Francis J R, Paul N, Seavey S E. Does Audit Market Concentration Harm the Quality of Audited Earnings? Evidence from Audit Markets in 42 Countries [J]. *Contemporary Accounting Research*, 2013, 30 (1): 325 – 346.

196. Francis J R, Wang D. The Joint Effect of Investor Protection and Big 4 Audits on Earnings Quality Around the World [J]. *Contemporary Accounting Re-*

search, 2008, 25 (1): 4 – 38.

197. Francis J R, Yu M D. Big 4 Office Size and Audit Quality [J]. *The Accounting Review*, 2009, 84 (5): 1521 – 1553.

198. Francis J R. A Framework for Understanding and Researching Audit Quality [J]. *Auditing: A Journal of Practice and Theory*, 2011, 30 (2): 125 – 152.

199. Francis J, Krishnan J. Accounting Accruals and Auditor Reporting Conservatism [J]. *Contemporary Accounting Research*, 1999, 16 (1): 135 – 165.

200. Francis J, Wilson E. Auditor Changes: A Joint Test of Theories Relating to Agency Costs and Auditor Differentiation [J]. *The Accounting Review*, 1988, 63 (4): 663 – 682.

201. Francis J. The Effect of Audit Firm Size on Audit Prices: A Study of the Australia Market [J]. *Journal of Accounting and Economics*, 1984, 8 (6): 133 – 151.

202. Francis J. What do We Know about Audit Quality? [J]. *The British Accounting Review*, 2004, 36 (4): 345 – 368.

203. Fraser S, Greene F J. The Effects of Experience on Entrepreneurial Optimism and Uncertainty [J]. *Economica*, 2006, 73 (290): 169 – 192.

204. Frost C A. Loss Contingency Reports and Stock Prices: A Replication and Extension of Banks and Kinney [J]. *Journal of Accounting Research*, 1991, 29 (1): 157 – 169.

205. Gerakos J, C Syverson. Competition the Audit Market: Policy Implication [J]. *Journal of Accounting Research*, 2015, 53 (4): 725 – 775.

206. Ghosh A, Moon D. Auditor Tenure and Perceptions of Audit Quality [J]. *The Accounting Review*, 2005, 80 (2): 585 – 612.

207. Gold A, Hunton J, Gomaa M. The Impact of Client and Auditor Gender on Auditors' Judgments [J]. *Accounting Horizons*, 2009, 23 (1): 1 – 18.

208. Goldman A, Barlev B. The Auditor-Firm Conflict of Interests: Its Implications for Independence [J]. *The Accounting Review*, 1974, 49 (4): 707 – 718.

209. Gong Q, Li O Z, Lin Y, et al. On the Benefits of Audit Market Consolidation: Evidence from Merged Audit Firms [J]. *The Accounting Review*, 2016, 91 (2): 463 – 488.

210. Goodwin J, Wu D. What is the Relationship between Audit Partner Busyness and Audit Quality? [J]. *Contemporary Accounting Research*, 2016, 33 (1): 341 – 377.

211. Guan Y, Su L N, Wu D, et al. Do School Ties between Auditors and Client Executives Influence Audit Outcomes [J]. *Journal of Accounting and Economics*, 2016, 61 (2 – 3): 506 – 525.

212. Gul F A, Fung S Y K, Jaggi B. Earnings Quality: Some Evidence on the Role of Auditor Tenure and Auditors' Industry Expertise [J]. *Journal of Accounting and Economics*, 2009, 47 (3): 265 – 287.

213. Gul F A, Sami H, Zhou H. Auditor Disaffiliation Program in China and Auditor Independence [J]. *Auditing: A Journal of Practice and Theory*, 2009, 28 (1): 29 – 52.

214. Gul F A, Wu D, Yang Z. Do Individual Auditors Affect Audit Quality? Evidence from Archival Data [J]. *The Accounting Review*, 2013, 88 (6): 1993 – 2023.

215. Healy P M, Wahlen J M. A Review of the Earnings Management Literature and Its Implications for Standards Setting [J]. *Accounting Horizons*, 1999, 13 (4): 365 – 383.

216. Hogan C E. Costs and Benefits of Audit Quality in the IPO Market: A Self-selection Analysis [J]. *The Accounting Review*, 1997, 72 (1): 67 – 86.

217. Houston R W, Stefaniak C M. Audit Partner Perceptions of Post-audit Review Mechanisms: An Examination of Internal Quality Reviews and PCAOB Inspections [J]. *Accounting Horizons*, 2013, 27 (1): 23 – 46.

218. Huyghebaert N, Xu W. Bias in the Post-IPO Earnings Forecasts of Affiliated Analysts: Evidence from a Chinese Natural Experiment [J]. *Journal of Accounting and Economics*, 2016, 61 (2 – 3): 486 – 505.

219. Jeppesen L. Organizational Risk in Large Audit Firms [J]. *Managerial Auditing Journal*, 2007, 22（6）: 590 – 603.

220. Joe J R, Louis H, Robinson D. Managers and Investors' Responses to Media Exposure of Board Ineffectiveness [J]. *Journal of Financial and Quantiative Analysis*, 2009, 44（3）: 579 – 605.

221. Joe J R. Why Press Coverage of a Client Influences the Audit Opinion [J]. *Journal of Accounting Research*, 2003, 41（1）: 109 – 133.

222. Johnson V E, Khurana I K. Reynolds J K. Audit-firm Tenure and the Quality of Financial Reports [J]. *Contemporary Accounting Research*, 2002, 19（4）: 637 – 660.

223. Kadous K. The Effects of Audit Quality and Consequence Severity on Juror Evaluation of Auditor Responsibility for Plaintiff Losses [J]. *The Accounting Review*, 2000, 75（3）: 327 – 341.

224. Kanagaretnam K, Krishnan G V, Lobo G J. An Empirical Analysis of Auditor Independence in the Banking Industry [J]. *The Accounting Review*, 2010, 85（6）: 2011 – 2046.

225. Kausar A, Shroff N, White H. Real Effects of the Audit Choice [J]. *Journal of Accounting and Economics*, 2016, 62: 157 – 181.

226. Kim J B, L Zhang. Financial Reporting Opacity and Expected Crash Risk: Evidence from Implied Volatility Smirks [J]. *Contemporary Accounting Research*, 2014, 31（3）: 851 – 875.

227. Kim J B, Y Li, L. Zhang. Corporate Tax Avoidance and Stock Price Crash Risk: Firm-level Analysis [J]. *Journal of Financial Economics*, 2011a, 100（3）: 639 – 662.

228. Kim J B, Z Wang, L Zhang. CEO Overconfidence and Stock Price Crash Risk [J]. *Contemporary Accounting Research*, 2016, 33（4）: 1720 – 1749.

229. King R R, Schwartz R. Legal Penalties and Audit Quality: An Experimental Investigation [J]. *Contemporary Accounting Research*, 1999, 16（4）: 685 – 710.

230. Klibanoff P, Lamont O, Wizman T A. Investor Reaction to Salient News in Closed-end Country Funds [J]. *Journal of Finance*, 1998, 53 (2): 673 – 699.

231. Knechel W R, KrishnanG V, Pevzner M L, et al. Audit Quality: Insights from the Academic Literature [J]. *Auditing: A Journal of Practice and Theory*, 2013, 32 (Supplement 1): 385 – 421.

232. Koh K, Rajgopal S, Srinivasan S. Non-audit Services and Financial Reporting Quality: Evidence from 1978 to 1980 [J]. *Review of Accounting Studies*, 2013, 18 (1): 1 – 33.

233. Kothari S P, Li X, Short J E. The Effect of Disclosures by Management, Analysts and Business Press on Cost of Capital, Return Volatility and Analyst Forecasts: A Study Using Content Analysis [J]. *Accounting Review*, 2009, 84 (5): 1639 – 1670.

234. Krishnan G. Did Houston Clients of Arthur Andersen Recognize Publicly Available Bad News in a Timely Manner? [J]. *Contemporary Accounting Research*, 2005, 22 (1): 165 – 193.

235. Krishnan G. Does Big 6 Auditor Industry Expertise Constrain Earnings Management? [J]. *Accounting Horizons*, 2003, 17 (Supplement): 1 – 16.

236. Krishnan J, Wen Y, Zhao W. Legal Expertise Corporate Audit Committees and Financial Reporting Quality [J]. *The Accounting Review*, 2011, 86 (6): 2099 – 2130.

237. Krishnan J. Audit Committee Quality and Internal Control: An Empirical Analysis [J]. *The Accounting Review*, 2007, 82 (4): 803 – 835.

238. La Porta R, Lopez-de-Silanes F, Shleifer A, et al. Corporate Ownership Around the World [J]. *Journal of Finance*, 1999, 54 (2): 471 – 517.

239. La Porta R, Lopez-de-Silanes F, Shleifer A, et al. Investor Protection and Corporate Governance [J]. *Journal of Financial Economics*, 2000, 58 (1 – 2): 3 – 27.

240. La Porta R, Lopez-de-Silanes F, Shleifer A, et al. Investor Protection

and Corporate Valuation〔J〕. *Journal of Finance*, 2002, 57（3）: 1147 – 1170.

241. La Porta R, Lopez-de-Silanes F, Shleifer A, et al. Law and Finance〔J〕. *Journal of Political Economy*, 1998, 106: 1113 – 1155.

242. Laerence A, Minuti-Meza M, Zhang P. Can Big 4 versus Non-Big 4 Differences in Audit-Quality Proxies Be Attributed to Client Characteristics?〔J〕. *The Accounting Review*, 2011, 86（1）: 259 – 286.

243. Laurion H, A Lawrence, J P Ryans. U. S. Audit Partner Rotation〔J〕. *The Accounting Review*, 2017, 92（3）: 209 – 237.

244. Lawson B P, Wang D. The Earnings Quality Information Content of Dividend Policies and Audit Pricing〔J〕. *Contemporary Accounting Research*, 2016, 33（4）: 1685 – 1719.

245. Lennox C S, Wu X, Zhang T. Does Mandatory Rotation of Audit Partners Improve Audit Quality?〔J〕. *The Accounting Review*, 2014, 89（5）: 1775 – 1802.

246. Lennox C, Wu X, Zhang T. The Effect of Audit Adjustments on Earnings Quality: Evidence from China〔J〕. *Journal of Accounting and Economics*, 2016, 61（2 – 3）: 545 – 562.

247. Lennox C. Are Large Auditors More Accurate than Small Auditors?〔J〕. *Accounting and Business Research*, 1999, 29（3）: 217 – 227.

248. Lennox C. Audit Quality and Executive Officers' Affiliations with CPA Firms〔J〕. *Journal of Accounting and Economics*, 2005, 39（2）: 201 – 231.

249. Lennox C S, X Wu, T Zhang. Does Mandatory Rotation of Audit Partners Improve Audit Quality〔J〕. *The Accounting Review*, 2014, 89（5）: 1775 – 1803.

250. Li C. Does Client Importance Affect Auditor Independence at the Office Level? Empirical Evidence from Going-concern Opinions〔J〕. *Contemporary Accounting Research*, 2009, 26（1）: 201 – 230.

251. Li D. Does Auditor Tenure Affect Accounting Conservatism? Further Evidence〔J〕. *Journal of Accounting Public Policy*, 2010, 29: 226 – 241.

252. Li L, Qi B, Tian G, et al. The Contagion Effect of Low-quality Audits

at the Level of Individual Auditors ［J］. *The Accounting Review*, 2017, 92 (1): 137 – 163.

253. Lim C, Tan H. Does Auditor Tenure Improve Audit Quality? Moderating Effects of Industry Specialization and Fee Dependence ［J］. *Contemporary Accounting Research*, 2010, 27 (3): 923 – 945.

254. Lim C-Y, Tan H-T. Non-audit Service Fees and Audit Quality: The Impact of Auditor Specialization ［J］. *Journal of Accounting Research*, 2008, 46 (1): 199 – 246.

255. Loeb S E. The Auditor-Firm Conflict of Interests: Its Implications for Independence: A Comment ［J］. *The Accounting Review*, 1975, 50 (4): 844 – 847.

256. Lu T. Does Opinion Shopping Impair Auditor Independence and Audit Quality? ［J］. *Journal of Accounting Research*, 2006, 44 (3): 561 – 583.

257. Lubman S. Introduction: The Future of Chinese Law ［J］. *The China Quarterl*, 1995, 141: 1 – 21.

258. Magee R, Tseng M. Audit Pricing and Independence ［J］. *The Accounting Review*, 1990, 65 (2): 315 – 336.

259. Mansi S, Maxwell W, Miller D. Does Auditor Quality and Tenure Matter to Inventors? Evidence from the Bond Market ［J］. *Journal of Accounting Research*, 2004, 42 (4): 755 – 793.

260. Mautz R, H Sharaf. *The Philosophy of Auditing* (Monograph No. 6) ［M］. American Accounting Association, 1961.

261. Melumad N D, Ziv A. A Theoretical Examination of the Market Reaction to Auditors' Qualification ［J］. *Journal of Accounting Research*, 1997, 35 (2): 239 – 256.

262. Menon K, Williams D D. Investor Reaction to Going Concern Audit Reports ［J］. *The Accounting Review*, 2010, 85 (6): 2075 – 2105.

263. Miller C S. The Press as a Watchdog for Accounting Fraud ［J］. *Journal of Accounting Research*, 2006, 44 (5): 1001 – 1033.

264. Miller T. Do We Need to Consider the Individual Auditor when Discus-

sing Auditor Independence? [J]. *Accounting, Auditing and Accountability Journal*, 1992, 5 (2): 74 – 84.

265. Minutti-Meza M. Does Auditor Industry Specialization Improve Audit Quality [J]. *Journal of Accounting Research*, 2013, 51 (4): 779 – 817.

266. Mutchler J F, Hopwood W, McKeown J M. The Influence of Contrary Information and Mitigating Factors on Audit Opinion Decisions on Bankrupt Companies [J]. *Journal of Accounting Research*, 1997, 35 (2): 295 – 310.

267. Myers J N, Myers A, Omer T C. Exploring the Term of the Auditor-client Relationship and the Quality of Earnings: A Case for Mandatory Auditor Rotation? [J]. *The Accounting Review*, 2003, 78 (3): 779 – 799.

268. Nagy A L. Mandatory Audit Firm Turnover, Financial Reporting Quality, and Client Bargaining Power: The Case of Arthur Andersen [J]. *Accounting Horizons*, 2005, 19 (2): 51 – 68.

269. Nelson M, Elliott J, Tarpley R. Evidence from Auditors about Manager's and Auditor's Earnings Management Decisions [J]. *The Accounting Review*, 2002, 77 (Supplement 1): 175 – 202.

270. Nelson M, Tan H. Judgment and Decision Making Research in Auditing: A Task, Person, and Interpersonal Interaction Perspective [J]. *Auditing: A Journal of Practice and Theory*, 2005, 24 (Supplement): 41 – 71.

271. Nelson M. A Model and Literature Review of Professional Skepticism in Auditing [J]. *Auditing: A Journal of Practice and Theory*, 2009, 28 (2): 1 – 34.

272. Pae S, Yoo S-W. Strategic Interaction in Auditing: An Analysis of Auditors' Legal Liability, Internal Control System Quality, and Audit Effort [J]. *The Accounting Review*, 2001, 76 (3): 333 – 356.

273. Palmrose Z. An Analysis of Auditor Litigation and Audit Service Quality [J]. *The Accounting Review*, 1988, 63 (1): 55 – 73.

274. Palmrose Z. Audit Fees and Auditor Size: Further Evidence [J]. *Journal of Accounting Research*, 1986, 24 (1): 97 – 110.

275. Peecher M E, Piercey M D. Judging Audit Quality in Light of Adverse Outcomes: Evidence of Outcome Bias and Reverse Outcome Bias [J]. *Contemporary Accounting Research*, 2008, 25 (1): 7 – 31.

276. Peter C, Roger S. Audit Partner Tenure and Audit Quality [J]. *The Accounting Review*, 2006, 81 (3): 653 – 676.

277. Petersen M A. Estimating Standard Errors in Finance Panel Data Sets: Comparing Approaches [J]. *Review of Financial Studies*, 2009, 22 (1): 435 – 480.

278. Pistor K, Xu C. Governing Stock Markets in Transition Economies: Lessons from China [J]. *American Law and Economics Review*, 2005, 7 (1): 184 – 210.

279. Prawitt D F, Smith J L, Wood D A. Internal Audit Quality and Earnings Management [J]. *The Accounting Review*, 2009, 84 (4): 1225 – 1280.

280. Ramgopal V, Weber J P, Michael W. Litigation Risk, Audit Quality, and Audit Fees: Evidence from Initial Public Offerings [J]. *The Accounting Review*, 2008, 83 (5): 1315 – 1345.

281. Reichelt K J, Wang D. National and Office-specific Measures of Auditor Industry Expertise and Effects on Audit Quality [J]. *Journal of Accounting Research*, 2010, 48 (3): 647 – 686.

282. Reid L C, Carcello J V. Investor Reaction to the Prospect of Mandatory Audit Firm Rotation [J]. *The Accounting Review*, 2017, 92 (1): 183 – 211.

283. Reynolds J, Francis J. Does Size Matter? The Influence of Large Clients on Office-level Auditor Reporting Decisions [J]. *Journal of Accounting and Economics*, 2000, 30 (3): 375 – 400.

284. Schwartz R. Legal Regimes, Audit Quality and Investment [J]. *The Accounting Review*, 1997, 72 (3): 385 – 406.

285. Simunic D A. The Pricing of Audit Services: Theory and Evidence [J]. *Journal of Accounting Research*, 1980, 18 (1): 161 – 190.

286. Simunic D, Stein M. Product Differentiation in Auditing: Auditor

Choice in the Market for Unseasoned New Issues [J]. *The Accounting Review*, 1989, 64 (3): 571 - 572.

287. Skinner D, Srinvivasan S. Audit Quality and Auditor Reputation: Evidence from Japan [J]. *The Accounting Review*, 2012, 87 (5): 1737 - 1765.

288. Spence C, J. Zhu, T, Endo, S. Matsubara. Money, Honour and Duty: Global Professional Service Firms in Comparative Perspective [J]. *Accounting, Organizations and Society*, 2017, (62): 82 - 97.

289. Srinidhi B N, Gul F A. The Differential Effects of Auditors' Non-audit and Audit Fees on Accrual Quality [J]. *Contemporary Accounting Research*, 2007, 24 (2): 9 - 31.

290. Teoh S H, Wong T J. Perceived Auditor Quality and the Earnings Response Coefficient [J]. *The Accounting Review*, 1993, 68 (2): 346 - 366.

291. Tetlock P C, Saar-Tsechansky M, Macskassy S. More than Words: Quantifying Language to Measure Firms' Fundamentals [J]. *Journal of Finance*, 2008, 63 (3): 1437 - 1467.

292. Tetlock P C. Giving Content to Investor Sentiment: the Role of Media in the Stock Market [J]. *Journal of Finance*, 2007, 62 (3): 1139 - 1168.

293. Tihanyi L, Ellstrand A E, Daily C M, Dalton D R. Composition of the Top Management Team and Firm Diversification [J]. *Journal of Management*, 2000, 26 (6): 1157 - 1177.

294. Trotman K, Wright A, Wright S. An Examination of the Effects of Auditor Rank on Prenegotiation Judgments [J]. *Auditing: A Journal of Practice and Theory*, 2009, 28 (1): 191 - 203.

295. Vafeas N. Audit Committees, Boards, and the Quality of Reported Earnings [J]. *Contemporary Accounting Research*, 2005, 22 (4): 1093 - 1122.

296. Wang D, Zhou J. The Impact of PCAOB Auditing Standard No. 5 on Audit Fees and Audit Quality [J]. *Accounting Horizons*, 2012, 26 (3): 493 - 511.

297. Wang Q, Wong T J, Xia L J. State Ownership, the Institutional Environment, and Auditor Choice: Evidence from China [J]. *Journal of Accounting*

and Economics, 2008, 46 (1): 112 – 134.

298. Watts R L, Zimmerman L L. Agency Problems, Auditing and the Theory of the Firm: Some Evidence [J]. *Journal of Law and Economics*, 1983, 26: 613 – 633.

299. Wong T J. Corporate Governance Research on Listed Firms in China: Institutions, Governance and Accountancy [J]. *Foundations and Trends in Accounting*, 2016, 9 (4): 259 – 326.

300. Yang L, Tang Q, Kilgore A, et al. Auditor-government Associations and Auditor Independence in China [J]. *The British Accounting Review*, 2001, 33 (2): 175 – 189.

301. Yang Z. Do Political Connections Add Value to Audit Firms? Evidence from IPO Audits in China [J]. *Contemporary Accounting Research*, 2013, 30 (3): 891 – 921.

302. Zhang P. The Impact of the Public's Expectations of Auditors on Audit Quality and Auditing Standards Compliance [J]. *Contemporary Accounting Research*, 2007, 24 (2): 10 – 37.